Staatsrecht II

Hemmer/Wüst/Christensen/Grieger

Hemmer/Wüst Verlagsgesellschaft

Hemmer/Wüst/Christensen/Grieger, Staatsrecht II

ISBN 978-3-86193-791-3

10. Auflage 2018

gedruckt auf chlorfrei gebleichtem Papier
von Schleunungdruck GmbH, Marktheidenfeld

Staatsrecht II mit der **hemmer-Methode**

Wer in vier Jahren sein Studium abschließen will, kann sich einen Irrtum in Bezug auf Stoffauswahl und -aneignung nicht leisten. Hoffen Sie nicht auf leichte Rezepte und den einfachen Rechtsprechungsfall. Hüten Sie sich vor Übervereinfachung beim Lernen. Stellen Sie deswegen frühzeitig die Weichen richtig.

Stoffauswahl und Schwerpunktbildung im Staatsorganisationsrecht **(Staatsrecht II)** orientieren sich am praktischen Bedürfnis von Klausur und Hausarbeit. Da in diesem Bereich häufig nach dem Prinzip „terra incognita" gelernt wurde, gilt es Lücken zu schließen. Wer Staatsrecht richtig gelernt hat, kann jeden Fall lösen. Lernen Sie mit der **hemmer-Methode**, sich Ihres Verstandes zu bedienen. Es gilt der Wahlspruch der Aufklärung „sapere aude". Die wenigen Klassiker, die immer wieder in die Klausur eingebaut sind, muss man kennen. Diese sind prozessual: Organstreitigkeiten, abstrakte und konkrete Normenkontrolle, föderale Streitigkeiten (Bund-/Länderstreitigkeiten); materiell: Staatszielbestimmungen (Art. 20, 20a GG), Finanzverfassung, oberste Staatsorgane, Gesetzgebungskompetenz und –verfahren, Verwaltungsorganisation, politische Parteien, auswärtige Gewalt.

Die **hemmer-Methode** vermittelt Ihnen die **erste richtige Einordnung** und das **Problembewusstsein**, welches Sie brauchen, um an einer Klausur bzw. dem Ersteller nicht vorbeizuschreiben. Häufig ist dem Studenten nicht klar, warum er schlechte Klausuren schreibt. Wir geben Ihnen **gezielte Tipps**! Vertrauen Sie auf unsere **Expertenkniffe**.

Durch die ständige Diskussion mit unseren Kursteilnehmern ist uns als erfahrenen Repetitoren klar geworden, welche **Probleme** der Student hat, sein **Wissen anzuwenden**. Wir haben aber auch von unseren Kursteilnehmern profitiert und von ihnen erfahren, welche **Argumentationsketten** in der Prüfung zum Erfolg geführt haben.

Die **hemmer-Methode** gibt **jahrelange Erfahrung** weiter, erspart Ihnen viele schmerzliche Irrtümer, setzt richtungsweisende Maßstäbe und begleitet Sie als **Gebrauchsanweisung** in Ihrer Ausbildung:

1. Grundwissen:

Die **Grundwissenskripten** sind für den Studenten in den ersten Semestern gedacht. In den Theoriebänden Grundwissen werden leicht verständlich und kurz die wichtigsten Rechtsinstitute vorgestellt und das notwendige Grundwissen vermittelt. Die Skripten werden durch den jeweiligen Band unserer **Reihe „Die wichtigsten Fälle"** ergänzt.

2. Basics:

Das Grundwerk für Studium und Examen. Es schafft schnell **Einordnungswissen** und mittels der hemmer-Methode richtiges Problembewusstsein für Klausur und Hausarbeit. Wichtig ist, **wann und wie** Wissen in der Klausur angewendet wird.

3. Skriptenreihe:

Vertiefendes Prüfungswissen: Über 1.000 Klausuren wurden auf ihre „essentials" abgeklopft.

Anwendungsorientiert werden die für die Prüfung nötigen Zusammenhänge umfassend aufgezeigt und wiederkehrende Argumentationsketten eingeübt.

Gleichzeitig wird durch die **hemmer-Methode** auf **anspruchsvollem Niveau** vermittelt, nach welchen Kriterien Prüfungsfälle beurteilt werden. Mit dem Verstehen wächst die Zustimmung zu Ihrem Studium. Spaß und Motivation beim Lernen entstehen erst durch Verständnis.

Lernen Sie, durch Verstehen am juristischen Sprachspiel teilzunehmen. Wir schaffen den „background", mit dem Sie die innere Struktur von Klausur und Hausarbeit erkennen: **„Problem erkannt, Gefahr gebannt"**. Profitieren Sie von unserem **strategischen Wissen**. Wir werden Sie mit unserem know-how auf das Anforderungsprofil einstimmen, das Sie in Klausur und Hausarbeit erwartet. Die Theoriebände Grundwissen, die Basics, die Skriptenreihe und der Hauptkurs sind als **modernes, offenes und flexibles Lernsystem** aufeinander abgestimmt und ergänzen sich ideal. Die **studentenfreundliche Preisgestaltung** ermöglicht den **Erwerb als Gesamtwerk**.

4. Hauptkurs:

Schulung am examenstypischen Fall mit der Assoziationsmethode. Trainieren Sie unter professioneller Anleitung, was Sie im Examen erwartet und wie Sie bestmöglich mit dem Examensfall umgehen.

Nur wer die Dramaturgie eines Falles verstanden hat, ist in Klausur und Hausarbeit auf der sicheren Seite! Häufig hören wir von unseren Kursteilnehmern: **„Erst jetzt hat Jura richtig Spaß gemacht"**.

Die Ergebnisse unserer Kursteilnehmer geben uns Recht. Maßstab ist der Erfolg. Die Examensergebnisse zeigen, dass unsere Kursteilnehmer überdurchschnittlich abschneiden.

Die Examensergebnisse unserer Kursteilnehmer können auch Ansporn für Sie sein, intelligent zu lernen: Wer nur auf vier Punkte lernt, landet leicht bei drei.
Lassen Sie sich aber nicht von diesen Supernoten verschrecken, sehen Sie dieses Niveau als Ansporn für Ihre Ausbildung.

Wir hoffen, als Repetitoren mit unserem Gesamtangebot bei der Konkretisierung des Rechts mitzuwirken und wünschen Ihnen **viel Spaß beim Durcharbeiten** unserer Skripten.

Wir würden uns freuen, mit Ihnen als Hauptkursteilnehmer mit der **hemmer-Methode** gemeinsam Verständnis an der Juristerei zu trainieren. Nur wer erlernt, was ihn im Examen erwartet, lernt richtig!

So leicht ist es, uns kennenzulernen: Probehören ist jederzeit in den jeweiligen Kursorten möglich.

Karl-Edmund Hemmer & Achim Wüst

Kursorte im Überblick

Augsburg
Wüst
Mergentheimer Str. 44
97082 Würzburg
Tel.: (0931) 79 78 230
Fax: (0931) 79 78 234
Mail: augsburg@hemmer.de

Bayreuth
Daxhammer/d´Alquen
Parkweg 7
97944 Boxberg
Tel.: (07930) 99 23 38
Fax: (07930) 99 22 51
Mail: bayreuth@hemmer.de

Berlin-Dahlem
Gast
Schumannstraße 18
10117 Berlin
Tel.: (030) 240 45 738
Fax: (030) 240 47 671
Mail: mitte@hemmer-berlin.de

Berlin-Mitte
Gast
Schumannstraße 18
10117 Berlin
Tel.: (030) 240 45 738
Fax: (030) 240 47 671
Mail: mitte@hemmer-berlin.de

Bielefeld
Lück
Salzstr. 14/15
48143 Münster
Tel.: (0251) 67 49 89 70
Fax.: (0251) 67 49 89 71
Mail: bielefeld@hemmer.de

Bochum
Schlömer/Sperl
Salzstr. 14/15
48143 Münster
Tel.: (0251) 67 49 89 70
Fax.: (0251) 67 49 89 71
Mail: bochum@hemmer.de

Bonn
Ronneberg/Clobes/Geron
Meckenheimer Allee 148
53115 Bonn
Tel.: (0228) 91 14 125
Fax: (0228) 91 14 141
Mail: bonn@hemmer.de

Bremen
Kulke/Hermann
Mergentheimer Str. 44
97082 Würzburg
Tel.: (0931) 79 78 257
Fax: (0931) 79 78 240
Mail: bremen@hemmer.de

Dresden
Stock
Zweinaundorfer Str. 2
04318 Leipzig
Tel.: (0341) 6 88 44 90
Fax: (0341) 6 88 44 96
Mail: dresden@hemmer.de

Düsseldorf
Ronneberg/Clobes/Geron
Meckenheimer Allee 148
53115 Bonn
Tel.: (0228) 91 14 125
Fax: (0228) 91 14 141
Mail: duesseldorf@hemmer.de

Erlangen
Grieger/Tyroller
Mergentheimer Str. 44
97082 Würzburg
Tel.: (0931) 79 78 230
Fax: (0931) 79 78 234
Mail: erlangen@hemmer.de

Frankfurt/M.
Geron
Dreifaltigkeitsweg 49
53489 Sinzig
Tel.: (02642) 61 44
Fax: (02642) 61 44
Mail: frankfurt.main@hemmer.de

Frankfurt/O.
Gast
Schumannstraße 18
10117 Berlin
Tel.: (030) 240 45 738
Fax: (030) 240 47 671
Mail: mitte@hemmer-berlin.de

Freiburg
Behler/Rausch
Rohrbacher Str. 3
69115 Heidelberg
Tel.: (06221) 65 33 66
Fax: (06221) 65 33 30
Mail: freiburg@hemmer.de

Gießen
Sperl
Parkweg 7
97944 Boxberg
Tel.: (07930) 99 23 38
Fax: (07930) 99 22 51
Mail: giessen@hemmer.de

Göttingen
Schlömer/Sperl
Kirchhofgärten 22
74635 Kupferzell
Tel.: (07944) 94 11 05
Fax: (07944) 94 11 08
Mail: goettingen@hemmer.de

Greifswald
Joh. Lück
c/o HLS Rechtsanwälte
Knieperstraße 20 / Alter Markt
18439 Stralsund
Tel.: (03831) 26 27 17
Fax: (03831) 26 27 28
Mail: greifswald@hemmer.de

Halle
Luke
Rödelstr. 13
04229 Leipzig
Tel.: (0341) 49 25 54 70
Fax: (0341) 49 25 54 71
Mail: halle@hemmer.de

Hamburg
Schlömer/Sperl
Steinhöft 5-7
20459 Hamburg
Tel.: (040) 317 669 17
Fax: (040) 317 669 20
Mail: hamburg@hemmer.de

Hannover
Daxhammer/Sperl
Matzenhecke 23
97204 Höchberg
Tel.: (0931) 400 337
Fax: (0931) 404 3109
Mail: hannover@hemmer.de

Heidelberg
Behler/Rausch
Rohrbacher Str. 3
69115 Heidelberg
Tel.: (06221) 65 33 66
Fax: (06221) 65 33 30
Mail: heidelberg@hemmer.de

Jena
Richard Weber
c/o Kanzlei Luke
Rödelstr. 13
04229 Leipzig

Mail: jena@hemmer.de

Kiel
Schlömer/Sperl
Kirchhofgärten 22
74635 Kupferzell
Tel.: (07944) 94 11 05
Fax: (07944) 94 11 08
Mail: kiel@hemmer.de

Köln
Ronneberg/Clobes/Geron
Meckenheimer Allee 148
53115 Bonn
Tel.: (0228) 91 14 125
Fax: (0228) 91 14 141
Mail: koeln@hemmer.de

Konstanz
Guldin/Kaiser
Hindenburgstr. 15
78467 Konstanz
Tel.: (07531) 69 63 63
Fax: (07531) 69 63 64
Mail: konstanz@hemmer.de

Leipzig
Luke
Rödelstr. 13
04229 Leipzig
Tel.: (0341) 49 25 54 70
Fax: (0341) 49 25 54 71
Mail: leipzig@hemmer.de

Mainz
Geron
Dreifaltigkeitsweg 49
53489 Sinzig
Tel.: (02642) 61 44
Fax: (02642) 61 44
Mail: mainz@hemmer.de

Mannheim
Behler/Rausch
Rohrbacher Str. 3
69115 Heidelberg
Tel.: (06221) 65 33 66
Fax: (06221) 65 33 30
Mail: mannheim@hemmer.de

Marburg
Sperl
Parkweg 7
97944 Boxberg
Tel.: (07930) 99 23 38
Fax: (07930) 99 22 51
Mail: marburg@hemmer.de

München
Wüst
Mergentheimer Str. 44
97082 Würzburg
Tel.: (0931) 79 78 230
Fax: (0931) 79 78 234
Mail: muenchen@hemmer.de

Münster
Schlömer/Sperl
Salzstr. 14/15
48143 Münster
Tel.: (0251) 67 49 89 70
Fax.: (0251) 67 49 89 71
Mail: muenster@hemmer.de

Osnabrück
Fethke
Dankwartstraße 46
23966 Wismar
Tel.: (0541) 18 55 21 79
Fax.: ---
Mail: osnabrueck@hemmer.de

Passau
Köhn/Rath
Mergentheimer Str. 44
97082 Würzburg
Tel.: (0931) 79 78 230
Fax: (0931) 79 78 234
Mail: passau@hemmer.de

Potsdam
Gast
Schumannstraße 18
10117 Berlin
Tel.: (030) 240 45 738
Fax: (030) 240 47 671
Mail: mitte@hemmer-berlin.de

Regensburg
Daxhammer/d´Alquen
Parkweg 7
97944 Boxberg
Tel.: (07930) 99 23 38
Fax: (07930) 99 22 51
Mail: regensburg@hemmer.de

Rostock
Joh. Lück
c/o HLS Rechtsanwälte
Knieperstraße 20 / Alter Markt
18439 Stralsund
Tel.: (03831) 26 27 17
Fax: (03831) 26 27 28
Mail: rostock@hemmer.de

Saarbrücken
Bold/Hein/Issa
Preslesstraße 2
66987 Thaleischweiler-Fröschen
Tel.: (06334) 98 42 83
Fax: (06334) 98 42 83
Mail: saarbruecken@hemmer.de

Trier
Geron
Dreifaltigkeitsweg 49
53489 Sinzig
Tel.: (02642) 61 44
Fax: (02642) 61 44
Mail: trier@hemmer.de

Tübingen
Guldin/Kaiser
Hindenburgstr. 15
78465 Konstanz
Tel.: (07531) 69 63 63
Fax: (07531) 69 63 64
Mail: tuebingen@hemmer.de

Würzburg - ZENTRALE -
Mergentheimer Str. 44
97082 Würzburg
Tel.: (0931) 79 78 230
Fax: (0931) 79 78 234
Mail: wuerzburg@hemmer.de

Assessorkursorte im Überblick

Bayern
Würzburg/München/Nürnberg/Regensburg/Postversand

RA I. Gold
Mergentheimer Str. 44
97082 Würzburg
Tel.: (0931) 79 78 2-50
Fax: (0931) 79 78 2-51
Mail: assessor@hemmer.de

Baden-Württemberg
Konstanz/Tübingen/Postversand

Rae F. Guldin/B. Kaiser
Hindenburgstr. 15
78467 Konstanz
Tel.: (07531) 69 63 63
Fax: (07531) 69 63 64
Mail: konstanz@hemmer.de

Stuttgart

Rae R. Rödl / A. Baier
Mergentheimerstr. 44
97082 Würzburg
Tel. 0931-7978230
Fax. 0931-7978234
Mail: stuttgart@hemmer.de

Berlin/Potsdam/Brandenburg
Berlin

RA L. Gast
Schumannstr. 18
10117 Berlin
Tel.: (030) 24 04 57 38
Fax: (030) 24 04 76 71
Mail: mitte@hemmer-berlin.de

Bremen/Hamburg
Hamburg/Postversand

Rae M. Sperl/Clobes/Dr.Schlömer
Kirchhofgärten 22
74635 Kupferzell
Tel.: (07944) 94 11 05
Fax: (07944) 94 11 08
Mail: assessor-nord@hemmer.de

Hessen
Frankfurt

RA A. Geron
Dreifaltigkeitsweg 49
53489 Sinzig
Tel.: (02642) 61 44
Fax: (02642) 61 44
Mail: frankfurt.main@hemmer.de

Mecklenburg-Vorpommern
Postversand

Ludger Burke/Johannes Lück
Buchbinderstr. 17
18055 Rostock
Tel.: (0381) 37 77 40 0
Fax: (0381) 37 77 40 1
Mail: rostock@hemmer.de

Rheinland-Pfalz
Postversand

RA A. Geron
Dreifaltigkeitsweg 49
53489 Sinzig
Tel.: (02642) 61 44
Fax: (02642) 61 44
Mail: trier@hemmer.de

Niedersachsen
Hannover

RAe M. Sperl/Dr. Schlömer
Steinhöft 5 - 7
20459 Hamburg
Tel.: (040) 317 669 17
Fax: (040) 317 669 20
Mail: assessor-nord@hemmer.de

Hannover Postversand

RAe M. Sperl/Clobes/Dr. Schlömer
Kirchhofgärten 22
74635 Kupferzell
Tel.: (07944) 94 11 05
Fax: (07944) 94 11 08
Mail: assessor-nord@hemmer.de

Nordrhein-Westfalen
Köln/Bonn/Dortmund/Düsseldorf/Postversand

Dr. A. Ronneberg
Meckenheimer Allee 148
53113 Bonn
Tel.: (0228) 91 14 125
Fax: (0228) 91 14 141
Mail: koeln@hemmer.de

Schleswig-Holstein
Postversand

RAe M. Sperl/Clobes/Dr. Schlömer
Kirchhofgärten 22
74635 Kupferzell
Tel.: (07944) 94 11 05
Fax: (07944) 94 11 08
Mail: assessor-nord@hemmer.de

Thüringen
Postversand

RA Stock, RA Hunger & Kollegen
Zweinaundorfer Str. 2
04318 Leipzig
Tel.: (0341) 6 88 44 90 oder -93
Fax: (0341) 6 88 44 96
Mail: dresden@hemmer.de

Sachsen
Dresden/Leipzig/Postversand

RA Stock, RA Hunger & Kollegen
Zweinaundorfer Str. 2
04318 Leipzig
Tel.: (0341) 6 88 44 90 oder -93
Fax: (0341) 6 88 44 96
Mail: dresden@hemmer.de

Sachsen-Anhalt
Postversand

RA Stock, RA Hunger & Kollegen
Zweinaundorfer Str. 2
04318 Leipzig
Tel.: (0341) 6 88 44 90 oder -93
Fax: (0341) 6 88 44 96
Mail: dresden@hemmer.de

Kommentare:

Ak-Bearbeiter	Kommentar zum Grundgesetz für die Bundesrepublik Deutschland (Reihe Alternativkommentare), 2 Bde.
BoK-Bearbeiter	Kommentar zum Bonner Grundgesetz (Bonner Kommentar)
Jarass/Pieroth	Grundgesetz für die Bundesrepublik Deutschland
M/D-Bearbeiter	Maunz/Dürig, Grundgesetz, Kommentar
vMÜ-Bearbeiter	v- Münch/Kunig (Hg.), Grundgesetz-Kommentar

Lehrbücher:

Benda/Klein	Lehrbuch des Verfassungsprozessrechts
Degenhart	Staatsrecht I
Hesse	Grundzüge des Verfassungsrechts der Bundesrepublik Deutschland
Maunz/Zippelius	Deutsches Staatsrecht
Pestalozza	Verfassungsprozessrecht
Pieroth/Schlink	Staatsrecht II/Grundrechte
Schlaich	Das Bundesverfassungsgericht
Schwerdtfeger	Öffentliches Recht in de Fallbearbeitung
Stein	Staatsrecht
Stern	Das Staatsrecht der Bundesrepublik Deutschland, 5 Bände
Zuck	Das Recht der Verfassungsbeschwerde

Weitere Nachweise (insbesondere auf Aufsätze) in den Fußnoten.

EINLEITUNG

Das Staatsorganisationsrecht ist bei vielen Studenten kein sehr beliebtes Rechtsgebiet. Es beinhaltet nämlich (in der politischen Wirklichkeit freilich sehr wichtige, aber) äußerst inhomogene Problemstellungen, die sich für die Klausur nur schwer in ein System bringen lassen. 1

Bedeutung des Staatsorganisationsrechts in Klausur und Hausarbeit

Es wird deshalb auch eher in Hausarbeiten abgeprüft, in denen ausreichend Zeit und Literatur zur Verfügung stehen. Doch auch in (Examens-)Klausuren werden immer wieder staatsorganisationsrechtliche Fälle gestellt. Diese sind zwar nicht immer, aber doch recht häufig an einer mehr oder weniger aktuellen Frage aufgehängt. Dass dieses Skript nicht auf all diese (in ihrer Aktualität ständig wechselnden) Fragen eingehen kann, liegt auf der Hand.[1] Es soll Ihnen vielmehr auf vielerlei Weise helfen, gerade in der Klausursituation ohne weitere Hilfsmittel einen staatsorganisationsrechtlichen Fall in den Griff zu bekommen:[2]

⇨ Zum einen soll hier das nötige Grundlagenwissen vermittelt werden, damit Sie den für das Verständnis des Sachverhalts und die Argumentation erforderlichen Überblick bekommen,

⇨ ferner sollen die wenigen „Klassiker“ dargestellt werden, die immer wieder geprüft werden und bei denen auch in einer Klausur gewisse Kenntnisse erwartet werden,

⇨ darüber hinaus soll - soweit möglich - die richtige Einordnung in die Klausur gezeigt werden, damit Sie wissen, wo bzw. in welchem Zusammenhang Sie Ihre vorhandenen Kenntnisse bestmöglich „verkaufen“.

⇨ Schließlich wird an einigen Stellen auch mit kurzen Fällen bzw. dargestellten Gerichtsentscheidungen versucht, Ihnen Beispiele für die Argumentation in einer staatsorganisationsrechtlichen Klausur an die Hand zu geben.

hemmer-Methode: Gerade im Staatsorganisationsrecht gilt: Man kann nicht alles wissen. Wichtig ist deshalb das Verständnis für die Klausursituation und das saubere juristische Arbeiten. Geradezu unverzichtbar ist eine sorgfältige Sachverhaltsanalyse. Speziell in staatsorganisationsrechtlichen Klausuren werden häufig die entscheidenden Argumente schon im Vortrag der Beteiligten im Sachverhalt codiert. Nutzen Sie hier im Examen Ihre Erfahrung aus der Arbeit mit der hemmer-Methode im Hauptkurs! Hüten Sie sich auch davor zu meinen, im Staatsorganisationsrecht würde nur „geschwafelt“. Sie können sich positiv absetzen, wenn Sie ihre Argumentation immer an eine Norm anknüpfen. Lesen Sie auch zu einer sauberen Abwägung noch einmal Hemmer/Wüst, Staatsrecht I, Rn. 135!

Da auch im Staatsorganisationsrecht mitunter ein prozessualer Einstieg verlangt ist, werden im Folgenden zunächst die Verfahrensarten vor dem BVerfG außer der Verfassungsbeschwerde[3] kurz dargestellt, anschließend folgen sechs Abschnitte mit den wichtigsten materiellen Problemen.

---

1 Aus diesem Grund enthält das Skript zu vielen Gebieten auch relativ ausführliche Nachweise z.B. auf weiterführende Aufsätze in den Fußnoten.

2 Zur Bearbeitung einer staatsorganisationsrechtlichen Klausur unbedingt lesenswert die Bearbeitungshinweise bei Schwerdtfeger, Rn. 600 ff.; als ein Beispiel sei auch der Bericht über eine staatsrechtliche Hausarbeit mit (damals) aktuellen Bezügen zur ersten gesamtdeutschen Wahl von Ipsen/Epping, JuS 1991, 1022, genannt.

3 Dazu ausführlich unser Skript **Hemmer/Wüst, Staatsrecht I**.

1. KAPITEL: WICHTIGSTE VERFASSUNGSRECHTSBEHELFE

Während im Band **Hemmer/Wüst, Staatsrecht I** die Verfassungsbeschwerde als Rechtsschutzmöglichkeit des Bürgers zur Verwirklichung der v.a. individualrechtsschützenden Grundrechte behandelt wird, beinhaltet dieser Band u.a. die übrigen Verfassungsrechtsbehelfe, in denen u.U. über staatsorganisationsrechtliche Fragen entschieden wird. 2

hemmer-Methode: Lernen Sie gerade im öffentlichen Recht, materielles Recht und prozessuale Fragen richtig einzuordnen und miteinander zu verknüpfen! Hüten Sie sich aber auch vor Übervereinfachungen und Schubladendenken. Im unten dargestellten Organstreitverfahren geht es z.B. auch um Rechtspositionen, die dem Antragsteller zustehen, allerdings sind dies hier nicht Grundrechte der Bürger. Außerdem kann z.B. im Rahmen einer abstrakten Normenkontrolle ein Gesetz ebenso wegen eines Grundrechtsverstoßes als verfassungswidrig bewertet werden, wie es i.R.d. Verfassungsbeschwerde darauf ankommt, dass ein Gesetz kompetenzgemäß erlassen wurde.

Die hier behandelten Rechtsbehelfe sind von unterschiedlicher, in der Tendenz aber eher geringerer Bedeutung als die Verfassungsbeschwerde. Insbesondere werden weniger Einzelkenntnisse verlangt. Die Darstellung der Zulässigkeit erfolgt dementsprechend knapper und dient v.a. zwei Zwecken: Zum einen sollen Sie bei der Lektüre der folgenden Kapitel das Gesetz zur Hand nehmen, um die einschlägigen Vorschriften schon einmal gelesen zu haben. Zum anderen sollen die wenigen klassischen Probleme genannt werden, die im Zusammenhang mit dem jeweiligen Rechtsbehelf häufig in der Klausur auftauchen und deren Kenntnis vom Korrektor noch am ehesten erwartet wird.

§ 1 ORGANSTREITVERFAHREN[4]

Organstreit: Art. 93 I Nr. 1 GG, §§ 13 Nr. 5, 63 - 67 BVerfGG

Das Organstreitverfahren ist in Art. 93 I Nr. 1 GG genannt und seine Voraussetzungen sind in §§ 13 Nr. 5, 63 - 67 BVerfGG einfachgesetzlich näher geregelt. Es handelt sich um ein kontradiktorisches Verfahren, d.h. Antragsteller und Antragsgegner stehen sich als Parteien gegenüber. 3

A) Zuständigkeit des BVerfG

Die Zuständigkeit des BVerfG ergibt sich aus Art. 93 I Nr. 1 GG, § 13 Nr. 5 BVerfGG. 4

hemmer-Methode: § 13 BVerfGG enthält eine abschließende Aufzählung der beim BVerfG statthaften Verfahren. Ein Verfahren, das in § 13 BVerfGG nicht genannt ist, ist schon deshalb unzulässig.[5] Aus diesem Grund sollten Sie bei jedem Verfahren die entsprechende Ziffer des § 13 BVerfGG mitzitieren und sich nicht auf Art. 93 GG beschränken.

B) Parteifähigkeit

parteifähig: oberste Bundesorgane u. sonstige Beteiligte mit eigenen Rechten im GG oder GeschOen

Parteifähig sind nach Art. 93 I Nr. 1 GG die obersten Bundesorgane sowie andere Beteiligte, die durch das Grundgesetz oder die Geschäftsordnung eines obersten Bundesorgans mit eigenen Rechten ausgestattet sind. Es kommen also jedenfalls in Betracht[6] als 5

- ⇨ oberste Bundesorgane: Bundespräsident, Bundestag, Bundesrat, Bundesregierung und Bundesversammlung
- ⇨ sonstige Beteiligte: die Präsidenten von Bundestag und Bundesrat, der Bundeskanzler und Bundesminister sowie Fraktionen und Ausschüsse des Bundestages

hemmer-Methode: Für die sonstigen Beteiligten ist aus dem Grundgesetz oder der Geschäftsordnung eine Rechtsposition bzw. eine Kompetenz zu suchen, über deren Auslegung im Organstreitverfahren gestritten werden könnte. Um was es in der Sache geht, wird regelmäßig aus dem Sachverhalt zu entnehmen sein. Wo dies geregelt ist, können Sie - falls kein Hinweis im Sachverhalt besteht – normalerweise mit Hilfe der Inhaltsverzeichnisse bzw. Zwischenüberschriften schnell herausfinden. Ob die gefundene Norm die behauptete Kompetenz gewährt, ist durch Auslegung derselben zu entscheiden, wobei im Einzelfall schwierig sein kann, was man bereits bei der Parteifähigkeit, was bei der Prozessführungsbefugnis und was man erst in der Begründetheit anspricht. Es sind dann Ihre juristische Arbeitstechnik und Ihr Argumentationsvermögen gefragt. So dürften z.B. Minister wegen der Regelung in Art. 65 S. 3 GG bei regierungsinternen Streitigkeiten schon nicht beteiligtenfähig sein. Wichtige Vorschriften, die ein Recht i.S.d. Art. 93 I Nr. 1 GG geben können, sind aus dem Grundgesetz: Art. 21, 42 I S. 2, 44 I GG; aus der GeschOBT: §§ 6, 10, 54, 76, 85 GeschOBT. Nach dem Wortlaut des Art. 93 I Nr. 1 GG eindeutig nicht beteiligtenfähig sind Landesorgane.[7]

auch einzelne Abgeordnete und Parteien, soweit Rechte aus Art. 38 I S. 2 GG bzw. Art. 21 GG betroffen sind

Nach der Rechtsprechung des BVerfG sind auch der einzelne Bundestagsabgeordnete sowie politische Parteien parteifähig im Organstreitverfahren.[8]

---

[4] Vgl. dazu auch Robbers, JuS 1994, 129, 130 ff.

[5] Vgl. BVerfG, Beschluss vom 20.02.2013, 2 BvE 11/12 = **Life&Law 07/2013, 523** **Unser Service-Angebot an Sie: kostenlos hemmer-club-Mitglied werden (www.hemmer-club.de) und Entscheidungen der Life&Law lesen und downloaden** = **juris**byhemmer.

[6] Vgl. Jarass/Pieroth, Art. 93 GG, Rn. 9 ff.

[7] BVerfG, NVwZ 2004, 850 = **juris**byhemmer (Wenn dieses Logo hinter einer Fundstelle abgedruckt wird, finden Sie die Entscheidung online unter „juris by hemmer“: www.hemmer.de).

[8] Vgl. Jarass/Pieroth, a.a.O.; zu den Parteien vgl. BVerfGE 83, 322 (335); 44, 125 (136); 24, 300 (328); NVwZ 2004, 850; **alle Entscheidungen** = **juris**byhemmer; zur Kritik an dieser Rechtsprechung vgl. m.w.N. Lenz, NVwZ 2003, 49 ff.; BVerfG, NVwZ 1224.

Hier ist aber zu beachten, dass dies nur dann gilt, wenn gerade über ihre Rechte als Verfassungsorgan gestritten wird, also über Rechte aus Art. 38 I S. 2 GG bzw. Art. 21 GG; geht es um Grundrechtsverletzungen (z.B. hinsichtlich Art. 38 I S. 1 GG oder bei den Parteien Art. 5 I, 14 GG), sind die Rechte in der Verfassungsbeschwerde geltend zu machen. Diese greift auch subsidiär ein, wenn ein Organstreit mangels Parteifähigkeit des Antragsgegners ausscheidet.[9]

hemmer-Methode: Der wesentliche Unterschied zwischen einem Organstreitverfahren und einer Verfassungsbeschwerde ist, dass nur bei letzterer die Einschränkungen der Rechtswegerschöpfung und der Subsidiarität gelten.

Seinem Wortlaut nach ist § 63 BVerfGG hinsichtlich der Parteifähigkeit enger gefasst als Art. 93 I Nr. 1 GG: Sollten sich (durch verfassungskonforme Auslegung nicht behebbare) Unterschiede ergeben, geht der Verfassungstext vor. 6

***Bsp.:** Parteien lassen sich zwar unter den Wortlaut des Art. 93 I Nr. 1 GG subsumieren, da sie im Grundgesetz mit eigenen Rechten ausgestattet sind. Unter den engeren Wortlaut des § 63 BVerfGG fallen sie allerdings nicht, da sie nicht Teil eines dort genannten Bundesorgans sind. Gleiches gilt für die Bundesversammlung, die als oberstes Bundesorgan unter Art. 93 I Nr. 1 GG fällt, aber nicht von der abschließenden Aufzählung in § 63 BVerfGG erfasst ist.*[10]

Die genannten Anforderungen gelten gleichermaßen für Antragsteller und Antragsgegner, d.h. nur wenn beide parteifähig sind, ist ein Organstreit zulässig. 7

hemmer-Methode: Der Prüfungspunkt der Parteifähigkeit kann sehr unterschiedlich ausfallen: Handelt es sich z.B. um einen Streit des Bundestages mit dem Bundespräsidenten um die Ausfertigung eines Gesetzes, kann die Parteifähigkeit der beiden Bundesorgane im Urteilsstil festgestellt werden. Es kann hier aber auch ein Schwerpunkt der Prüfung liegen. Wenn es sich um eine politische Partei oder gar eine nur in einer Geschäftsordnung genannte Gruppierung handelt: dann wird erwartet, dass Sie ausführlich und begründet zur Parteifähigkeit Stellung nehmen.

C) Verfahrensgegenstand

Streitgegenstand: Maßnahme oder Unterlassen des Antragsgegners mit Auswirkung auf Antragsteller

Nach § 64 I BVerfGG ist Streitgegenstand die Frage, ob eine Maßnahme oder ein Unterlassen des Antragsgegners den Antragsteller in seinen Rechten verletzen. An diesem Punkt ist in der Zulässigkeit zu prüfen, ob die Maßnahme bzw. das Unterlassen rechtserheblich sind. Dies wird verneint für Meinungsäußerungen,[11] aber auch für Rügen durch den Bundestagspräsidenten gegenüber einem Abgeordneten.[12] Die Maßnahme muss also irgendwie Auswirkungen auf die Position des Antragstellers haben, die er im verfassungsrechtlichen Verhältnis zum Antragsgegner hat. 8

9 Vgl. Jarass/Pieroth, Art. 21 GG, Rn. 36; Art. 38 GG, Rn. 36.

10 BVerfG, Urteil vom 10.06.2014, 2 BvE 2/09, 2 BvE 2/10 = Life&Law 07/2015 = **juris**byhemmer.

11 Vgl. schon BVerfGE 2, 143 (158) = **juris**byhemmer.

12 Vgl. BVerfGE 60, 374 (381) = **juris**byhemmer.

D) Antragsbefugnis

Antragsbefugnis: schlüssige Behauptung einer Rechtsverletzung bzw. -gefährdung

Der Antragsteller muss schlüssig behaupten, dass er und der Antragsgegner in einem verfassungsrechtlichen Rechtsverhältnis zueinander stehen und dass er durch die Maßnahmen bzw. das Unterlassen des Antragsgegners in seinen daraus erwachsenden Rechten verletzt oder unmittelbar gefährdet ist, vgl. § 64 I BVerfGG.[13] Es genügt hier also nicht die Verletzung einer Rechtsposition nur aus einer GeschO, wenn diese nicht verfassungsrechtlich verankert ist. 9

Dabei ist für die Zulässigkeit die Möglichkeit einer Verletzung bzw. Gefährdung ausreichend.

hemmer-Methode: Insofern besteht eine Parallele zum Verwaltungsprozess: Auch hier muss der Kläger bei § 42 II VwGO eine eigene Rechtsverletzung dartun, wobei für die Zulässigkeit nach der Möglichkeitstheorie ausreicht, dass diese nicht von vornherein ausgeschlossen ist.
Auch wie beim Verwaltungsprozess ist es eine Frage des Einzelfalls, wie tief man schon hier in die Prüfung einsteigt und was erst zur Begründetheitsstation gehört. Insbesondere wenn man bei der Parteifähigkeit „sonstiger Beteiligter“ ein dem Antragsteller zugewiesenes Recht im Grundgesetz ausfindig gemacht hat, ist es aber i.d.R. vorzuziehen, bei einer möglichen Verletzung dieses Rechts großzügig zu sein und Einzelheiten in der Begründetheit anzusprechen.

§ 64 BVerfGG: (aktive) Prozessstandschaft eines Organteils möglich

Eine Besonderheit ergibt sich beim Organstreit noch daraus, dass § 64 I BVerfGG ausdrücklich eine Prozessstandschaft eines Organteils für das Organ - auch gegen dessen mehrheitlichen Willen[14] - vorsieht.[15] 10

hemmer-Methode: Gewinnen Sie auch im Verfassungsrecht Verständnis für gesetzliche Regelungen! Die Prozessstandschaft ist wegen politischer Opportunitäten von praktischer Bedeutung, weil z.B. regelmäßig Regierung und Parlamentsmehrheit der gleichen Partei angehören. Um den kontradiktorischen Charakter des Organstreitverfahrens zu wahren, wäre es aber wohl unzulässig, wenn ein Organteil (z.B. eine Fraktion) ein Verfahren gegen das Organ, dem es angehört (hier also den Bundestag), anstrebt.[16]

Es ist deshalb immer sorgfältig zu prüfen, ob das Organteil eigene Rechte oder Rechte des Organs geltend macht. Antragsgegner ist dagegen immer die handelnde Gruppierung, es gibt also keine passive Prozessstandschaft.

E) Sonstige Voraussetzungen

Form und Frist: §§ 23, 64 BVerfGG

I. Frist und Form ergeben sich aus §§ 23, 64 II - IV BVerfGG, wobei es für die die Frist in Gang setzende Kenntnis bei Kollegialorganen auf Kenntnis (bzw. Kennenmüssen) aller Glieder des Organs ankommt. Im Übrigen bestehen insoweit keine spezifischen Probleme. 11

Beitrittsmöglichkeit, § 65 BVerfGG

II. Nach § 65 BVerfGG können den Parteien des Organstreits auch andere parteifähige Organ(teil)e beitreten, wenn auch ihre Kompetenzen vom Streit betroffen sind. 12

---

13 § 64 BVerfGG wird von der ganz h.M. als zulässige Konkretisierung des seinem Wortlaut nach weiteren Art. 93 I Nr. 1 GG gesehen.

14 BVerfG, NJW 2009, 2767 = **Life&Law 09/2009, 618** = **juris**byhemmer.

15 Vgl. zur Einordnung der Prozessstandschaft unter die Antragsbefugnis auch Robbers, JuS 1994, 129 (132). Denkbar wäre auch die Prüfung in einem eigenen Punkt „Prozessführungsbefugnis“.

16 Vgl. BVerfG, NJW 1999, 2030 = **juris**byhemmer; BVerfG, NJW 2005, 2059 = **Life&Law 08/2005, 568** = **juris**byhemmer.

allgemeines Rechtsschutzbedürfnis

III. Auch für den Organstreit ist ein allgemeines Rechtsschutzbedürfnis erforderlich, welches nicht vorliegen soll, wenn der Antragsteller durch eigenes politisches Handeln die gerügte Verfassungsverletzung hätte verhindern können. 13

hemmer-Methode: Hier wird in der Klausur kaum ein Problem bestehen bzw., wenn es besteht, im Sachverhalt deutlich darauf hingewiesen werden.

F) Begründetheit

Begründetheit bei Vorliegen des gerügten Verfassungsverstoßes und Rechtsverletzung des Antragstellers

Der Antrag im Organstreit ist begründet, wenn der geltend gemachte Verfassungsverstoß vorliegt und die Stellung des Antragstellers verletzt ist, § 67 BVerfGG.

Strittig ist, ob es in der Begründetheit nur auf die objektive Verfassungsverletzung durch den Antragsteller ankommt, wofür der Wortlaut des § 67 BVerfGG spricht, oder ob entsprechend § 64 BVerfGG auch eine subjektive Rechtsverletzung des Antragstellers zu prüfen ist.[17]

hemmer-Methode: Da Sie in der Zulässigkeit die Möglichkeit einer Verletzung organschaftlicher Rechte des Antragstellers bereits bejaht haben, wird sich nun auch die tatsächliche Rechtsverletzung bejahen lassen, sodass Sie diesen Meinungsstreit nahezu immer offen lassen können!

Prüfungsmaßstab sind jedenfalls nur Verfassungsrecht (nicht auch eine GeschO) und dabei nur die vom Antragsteller als verletzt gerügten Rechte. 14

Es findet keine allgemeine Rechtmäßigkeitskontrolle statt. In seiner Entscheidung spricht das BVerfG auch nur die Verletzung aus, nicht z.B. die Nichtigkeit eines Gesetzes. Letzteres ist dann relevant, wenn sich der Bundesrat gegen ein Gesetz wenden will. Zwar ist er im abstrakten Normenkontrollverfahren nicht antragsberechtigt, wohl kann er aber einen Organstreitantrag mit der Begründung stellen, z.B. in seinen Rechten aus Art. 77 GG verletzt zu sein.[18]

---

17 Jarras/Pieroth, Art. 93 GG, Rn. 34; das BVerfG prüft eine solche subjektive Rechtsverletzung, ohne auf diese Streitfrage einzugehen, vgl. BVerfG, NVwZ-RR 2010, 41 = **Life&Law 08/2010, 538** = **juris**byhemmer.

18 Schlaich, Rn. 97.

§ 2 ABSTRAKTE NORMENKONTROLLE[19]

abstrakte Normenkontrolle: Art. 93 I Nr. 2 GG, §§ 13 Nr. 6, 75 - 79 BVerfGG

Die sog. abstrakte Normenkontrolle ist in Art. 93 I Nr. 2 GG genannt und ihre Voraussetzungen sind in §§ 13 Nr. 6, 76 - 79 BVerfGG näher geregelt. Sie ist abstrakt i.S.v. losgelöst von einem konkreten Rechtsstreit und somit (selbstverständlich) i.S.d. Begriffspaars prinzipal - inzident eine prinzipale, originäre Normenkontrolle. Die Norm wird um ihrer selbst willen und nicht zur Vorbereitung der Entscheidung in einem konkreten Rechtsstreit überprüft. Das Verfahren ist nicht kontradiktorisch und dient in keiner Weise dem Individualrechtsschutz, weshalb auch die Behauptung der Verletzung eigener Rechte nicht erforderlich ist. 15

A) Zuständigkeit

Die Zuständigkeit des BVerfG ergibt sich aus Art. 93 I Nr. 2 GG, § 13 Nr. 6 BVerfGG. 16

B) Antragsberechtigung

Antragsberechtigung: abschließende Aufzählung in Art. 93 I Nr. 2 GG

Ein Antrag zur Einleitung einer abstrakten Normenkontrolle kann nur gestellt werden:

⇨ von der Bundesregierung

⇨ einer Landesregierung oder

⇨ einem Viertel der Mitglieder des Bundestages.

Dabei muss den Regierungsanträgen ein Kabinettsbeschluss zugrunde liegen. Das Viertel der Mitglieder des Bundestages bestimmt sich nach der Zahl der Abgeordneten, die ihm in der jeweiligen Legislaturperiode angehören.

Die klare Regelung in Art. 93 I Nr. 2 GG ist abschließend zu verstehen, d.h. eine Erweiterung der Antragsberechtigung über den Verfassungswortlaut ist ausgeschlossen.[20]

hemmer-Methode: In der Praxis liegt der abstrakten Normenkontrolle zumeist ein Streit zwischen Regierung und Opposition zugrunde: Letztere ist aber nicht schon als Fraktion antragsberechtigt, sondern nur, wenn sie ein Viertel des Bundestages zählt. Bis zur Änderung des Art. 93 I Nr. 2 GG im Juli 2009 war für einen Normenkontrollantrag noch ein Drittel der Abgeordneten erforderlich. Die Folge war, dass auch bei einer knappen Entscheidung die Unterlegenen nicht gegen eine Verfassungsänderung vorgehen konnten, da hierfür ja mindestens 2/3 der Abgeordneten gestimmt hatten, Art. 79 II GG. Außerdem zeigte sich hier die besondere Problematik einer großen Koalition. Die Opposition zählte weniger als ein Drittel des Bundestages, sodass eine Normenkontrolle durch die Opposition ausschied. Da ein Normenkontrollantrag der Bundesregierung naturgemäß äußerst selten ist und auch die Landesregierungen hier in Zeiten einer großen Koalition große Zurückhaltung an den Tag legen, da zumindest immer eine der im Bund regierenden Parteien auch an den Landesregierungen beteiligt ist, wurde in der Konstellation der großen Koalition von 2005 - 2009 kaum ein Normenkontrollantrag gestellt. In der großen Koalition von 2013 bis 2017 erreichte die Opposition noch nicht einmal das Viertel des jetzigen Art. 93 I Nr. 2 GG. Umso wichtiger ist bzw. war die Inzidentkontrolle der Gesetze im Wege der konkreten Normenkontrolle, der Verfassungsbeschwerde und durch das Prüfungsrecht des Bundespräsidenten.

[19] Vgl. auch Maurer, JuS 1987, L 89 ff.; Robbers, JuS 1994, 397 ff.

[20] Vgl. BVerfGE 21, 52 (53 f.) = jurisbyhemmer; 68, 346 (349) = jurisbyhemmer; Robbers, JuS 1994, 397 (398).

Sehen Sie auch folgenden Zusammenhang: Nach Art. 79 II GG bedarf eine Verfassungsänderung einer Zwei-Drittel-Mehrheit. Kommt diese zustande, soll die unterlegene Minderheit eine Möglichkeit haben, Gesetze auf deren Verfassungsmäßigkeit hin prüfen zu lassen. Aus diesem Grund war die Änderung des Antragsquorums von einem Drittel zu einem Viertel äußerst sinnvoll.

Die abstrakte Normenkontrolle kennt zwar keinen Antragsgegner, allerdings kann das BVerfG den in § 77 BVerfGG bestimmten Organen eine Gelegenheit zur Äußerung geben.

C) Prüfungsgegenstand

Prüfungsgegenstand: Gesetze im materiellen Sinn

Überprüft werden können Bundes- und Landesgesetze im materiellen Sinn, also neben Parlamentsgesetzen auch Verordnungen und Satzungen, wohl aber keine Verwaltungsvorschriften.[21] Auch Gesetze im (nur) formellen Sinn, also v.a. Haushaltsgesetze, können überprüft werden. Dabei ist aber die Überprüfung insbesondere untergesetzlichen Landesrechts selten, soweit diese auch nach § 47 VwGO möglich ist. 18

Das BVerfG hält auch die Überprüfung von verfassungsrechtlichen Normen für möglich, v.a. bei Verfassungsänderungen.[22] Dabei stellt sich freilich v.a. materiell-rechtlich das dogmatisch schwierige Problem des „verfassungswidrigen Verfassungsrechts".[23]

völkerrechtliche Verträge nur über Zustimmungsgesetz

Völkerrechtliche Verträge und damit auch das primäre europäische Unionsrecht sind über die Zustimmungsgesetze i.S.d. Art. 59 II GG einer abstrakten Normenkontrolle zugänglich.[24]

sekundäres Unionsrecht

Sekundäres Unionsrecht, insbesondere Verordnungen, sind nach der Solange-Rechtsprechung des BVerfG zwar grundsätzlich tauglicher Gegenstand einer Normenkontrolle. Das BVerfG überprüft diese aber nur noch am Maßstab der sog. Identitäts- und der Ultra-vires-Kontrolle.[25] Das BVerfG nimmt seine damit eigentlich gegebene Prüfungskompetenz allerdings solange nicht mehr wahr, wie der vorrangig zur Prüfung berufene EuGH einen ausreichenden Grundrechtsschutz gewährleistet.[26] Diese Rechtsprechung überträgt das BVerfG auch auf Richtlinienumsetzungsgesetze. Auch diese sind grundsätzlich nicht überprüfbar, soweit sie mit den Vorgaben der EU-Richtlinie identisch sind.[27]

grds. erst ab Verkündung der Norm (Ausnahme: Gesetze nach Art. 59 II GG)

„Gesetz" i.S.d. Art. 93 I Nr. 2 GG ist eine Norm grds. erst ab ihrer Verkündung, eine präventive Normenkontrolle ist somit unzulässig.[28] Etwas anderes gilt lediglich bei Zustimmungsgesetzen zu völkerrechtlichen Verträgen, damit nicht eine irreversibel völkerrechtliche Verpflichtung geschaffen werden muss, die verfassungsrechtlich nicht zu erfüllen wäre.[29] Außer Kraft getretene Normen können noch überprüft werden, wenn sie noch Rechtswirkungen haben.[30]

---

21 Vgl. Jarass/Pieroth, Art. 93 GG, Rn. 37.

22 Vgl. BVerfGE 3, 225 (233) = **juris**byhemmer und v.a. BVerfGE 30, 1 (15) = **juris**byhemmer, Abhörurteil zu Art. 10 II S. 2 GG.

23 Nach ganz h.M. kann zumindest eine Verfassungsänderung bzw. genauer das verfassungsändernde Gesetz verfassungswidrig und damit unwirksam sein. Dies ergibt sich letztlich bereits aus Art. 79 GG. Allerdings ist der materielle Prüfungsmaßstab stark eingeschränkt. Die Verfassungsänderung ist allein an Art. 79 III, 1 und 20 GG zu messen.

24 Vgl. hierzu ausführlich **Hemmer/Wüst, Europarecht, Rn. 285 ff.**

25 Ausführlich hierzu auch Rn. 29a.

26 BVerfG, 2 BvR 2661/06 = **juris**byhemmer; DVBl. 2010, 1229 = **Life&Law 10/2010, 694** = **juris**byhemmer, sowie unten Rn. 29a.

27 BVerfG, NVwZ 2004, 1346 = **juris**byhemmer.

28 Ganz h.M., vgl. nur Jarass/Pieroth, Art. 93 GG, Rn. 37.

29 Vgl. bereits BVerfGE 1, 396 (413) = **juris**byhemmer; h.M.

30 Vgl. Jarass/Pieroth, Art. 93 GG, Rn. 37 m.w.N.

D) Antragsgrund

Antragsgrund: Zweifel oder Meinungsverschiedenheit über Verfassungsmäßigkeit

Die abstrakte Normenkontrolle erfordert zwar keine Antragsbefugnis i.S. einer Behauptung einer eigenen Rechtsverletzung (vgl. o.), jedoch müssen als Antragsgrund nach Art. 93 I Nr. 2 GG Zweifel oder Meinungsverschiedenheiten über die förmliche oder sachliche Vereinbarkeit der zu überprüfenden Norm mit dem Grundgesetz bestehen. Diese müssen aber nicht notwendig beim Antragsteller vorliegen.[31] 19

Art. 93 I Nr. 2 GG vorrangig vor engerer Fassung des § 76 Nr. 1 BVerfGG

Demgegenüber ist § 76 BVerfGG in zweifacher Hinsicht enger: Zum einen konkretisiert er die „Meinungsverschiedenheiten oder Zweifel" zu einem „für nichtig halten", zum anderen soll dies beim Antragsberechtigten selbst vorliegen müssen. 20

Soweit sich daraus Unterschiede zu Art. 93 I Nr. 2 GG ergeben, wird § 76 Nr. 1 BVerfGG z.T. für nichtig gehalten, die weite Fassung des GG-Textes sei also ausschlaggebend. Das BVerfG hat sich nicht abschließend dazu geäußert, scheint aber dazu zu neigen, § 76 BVerfGG als zulässige Konkretisierung des Art. 93 I Nr. 2 GG anzusehen.[32]

Das gilt auch für § 76 Nr. 2 BVerfGG, wonach für das „Normbestätigungsverfahren" die Zulässigkeit von einer Entscheidung in einem konkreten Rechtsstreit abhängig gemacht wird.

E) Sonstiges

Klarstellungsinteresse (durch Antrag indiziert)

I. Wegen des rein objektiven Charakters der abstrakten Normenkontrolle ist grds. auch kein Rechtsschutzbedürfnis i.e.S. erforderlich, allerdings verlangt das BVerfG ein Klarstellungsinteresse. Hieran werden allerdings keine strengen Anforderungen gestellt, sodass bereits der Antrag dieses indiziert und eine Unzulässigkeit wohl nur bei evidenter Missbrauchsabsicht anzunehmen ist.[33] 21

hemmer-Methode: Beachten Sie die Unterschiede z.B. zur Verfassungsbeschwerde: Im Vergleich zum engen Kreis der Antragsberechtigten bei der abstrakten Normenkontrolle kann diese jedermann erheben, allerdings wird dafür die Beschwerdebefugnis relativ streng geprüft.

Form: § 23 BVerfGG

II. Formen und Fristen sind in den §§ 76 ff. BVerfGG nicht genannt, somit ist keine Frist einzuhalten und die Form bestimmt sich nach der allgemeinen Vorschrift des § 23 BVerfGG (Schriftform). 22

F) Begründetheit

Begründetheit bei Verstoß gegen Verfassungsrecht

Prüfungsmaßstab ist bei der Überprüfung von Bundesrecht das Grundgesetz, bei der Überprüfung von Landesrecht das Bundesrecht einschließlich bundesrechtlicher Rechtsverordnungen. Insbesondere wird untergesetzliches Bundesrecht nicht an allen Bundesgesetzen gemessen, allerdings muss eine Verordnung von der Ermächtigungsgrundlage gedeckt sein, da sonst Art. 80 GG und damit Verfassungsrecht verletzt ist. 23

[31] Vgl. Robbers, JuS 1994, 397 (398).

[32] BVerfG, NJW 1998, 589 = **juris**byhemmer.

[33] Vgl. Robbers, JuS 1994, 397 (398 f.); Maurer, JuS 1987, L 89.

Grundsatz: Nichtigerklärung

Wird die Unvereinbarkeit mit dem Prüfungsmaßstab festgestellt, wird die Norm i.d.R. für nichtig erklärt, § 78 BVerfGG, wobei dieser Ausspruch nach § 31 II S. 1 BVerfGG Gesetzeskraft hat. 24

hemmer-Methode: Die Gesetzeskraft nach § 31 II BVerfGG will die Wirkung „inter-omnes" herbeiführen, hindert den Gesetzgeber aber nicht daran, das für nichtig erklärte Gesetz erneut zu erlassen: Das spätere Gesetz verdrängt das frühere. Dieser Neuerlass scheitert aber regelmäßig an der Bindungswirkung des § 31 I BVerfGG, solange sich nicht die tatsächlichen oder rechtlichen Rahmenbedingungen der Entscheidung des Verfassungsgerichts geändert haben.

Ausnahmen

Keine Nichtigkeits-, sondern eine bloße Unvereinbarkeitserklärung verbunden mit einem Regelungsauftrag an den Gesetzgeber findet statt, wenn das entstehende Vakuum der Verfassung noch weniger entsprechen würde.

> ***Bsp.:*** *Die Nichtigerklärung des EStG würde den Staat in den finanziellen Ruin stürzen.*

Ein Regelungsauftrag ergeht auch dann, wenn die gerügte Verfassungsverletzung auf mehreren Wegen aus der Welt geschafft werden kann. Durch eine Nichtigerklärung in diesem Fall würde der Gewaltenteilungsgrundsatz missachtet.

> ***Bsp.:*** *Die bei Einführung des LPartG im Jahr 2001 bestehende Möglichkeit für einen Lebenspartner, neben seiner Partnerschaft auch noch eine Ehe einzugehen, verstieß gegen Art. 6 I GG. Diese Verfassungsverletzung kann der Gesetzgeber durch ein Eheverbot für bereits „Verpartnerte" oder durch die automatische Auflösung der Lebenspartnerschaft im Moment der Eheschließung beseitigen.*[34]

Ein solcher Regelungsauftrag ist i.d.R. bei Verstößen gegen Art. 3 I GG geboten, da der Gesetzgeber die vom Grundgesetz geforderte Gleichheit immer auf verschiedenen Wegen herstellen kann.

G) Sonderfall des Art. 93 I Nr. 2a GG

Sonderfall: Art. 93 I Nr. 2a GG zur Überprüfung der Anforderungen des Art. 72 II GG n.F.

Art. 93 I Nr. 2a GG ist im Zusammenhang mit der Regelung des Art. 72 II GG[35] zu sehen.[36] Danach hat der Bund in den dort aufgezählten Fällen der „Konkurrierenden Gesetzgebung" die Kompetenz nur, „wenn und soweit die Herstellung gleichwertiger Lebensverhältnisse im Bundesgebiet oder die Wahrung der Rechts- oder Wirtschaftseinheit im gesamtstaatlichen Interesse eine bundesgesetzliche Regelung erforderlich macht." 25

Um diese materielle Regelung verfahrensrechtlich abzusichern, wurde mit Art. 93 I Nr. 2a GG eine Sonderregelung für die abstrakte Normenkontrolle geschaffen, bei der v.a. die von der Ausuferung der Bundesgesetzgebung betroffenen Länder eine stärkere Stellung innehaben:

antragsberechtigt: auch Länderparlamente und Bundesrat

I. Der Stärkung der Länder entsprechend ist in Art. 93 I Nr. 2a GG die Antragsberechtigung auf den Bundesrat und die Volksvertretung der Länder ausgedehnt. Davon bleibt freilich die Möglichkeit der in Art. 93 I Nr. 2a GG nicht erwähnten Bundesregierung und Ein-Drittel der Bundestagsmitglieder unberührt, einen Antrag nach Art. 93 I Nr. 2 GG auf eine Unvereinbarkeit mit Art. 72 II GG zu stützen.

---

34 BVerfG, NJW 2002, 2543 = **juris**byhemmer.

35 Vgl. dazu unten Rn. 155 ff.

36 Siehe hierzu den Überblick bei Aulehner, „Art. 93 I Nr. 2a GG – abstrakte Normenkontrolle oder föderative Streitigkeit?", DVBl. 1997, 982 ff.

hemmer-Methode: Art. 93 I Nr. 2a GG verdrängt Nr. 2 also nicht für den Bereich des Art. 72 II GG, sondern ergänzt ihn, wie sich v.a. aus seinem Zweck und seiner Entstehungsgeschichte ergibt und was auch der Wortlaut ohne weiteres zulässt. Die Antragsbefugnis des Bundesrates als Länderkammer ist zwar auf den ersten Blick verständlich, bringt aber keine wesentliche Veränderung, da diesem ja die schon früher nach Art. 93 I Nr. 2 GG antragsberechtigten Landesregierungen angehören.

II. Prüfungsgegenstand sind bei Art. 93 I Nr. 2a GG nur Bundesgesetze.[37]

III. Die Meinungsverschiedenheiten oder Zweifel dürfen sich bei Art. 93 I Nr. 2a GG nur auf die Voraussetzungen des Art. 72 II GG beziehen.

IV. Im Übrigen gelten die Ausführungen zur Normenkontrolle nach Art. 93 I Nr. 2 GG entsprechend, wobei freilich auch in der Begründetheit nur Art. 72 II GG Prüfungsmaßstab ist.

hemmer-Methode: Das Verfahren nach Art. 93 I Nr. 2a GG ist bislang reine Theorie, es wurde seit seiner Einführung 1994 kein einziges Mal angewendet.

H) Sonderfall des Art. 93 II GG

Sonderfall des Art. 93 II GG

Art. 93 II GG wurde im Rahmen der Föderalismusreform zum 01.09.2006 eingeführt. Er ist die verfahrensrechtliche „Absicherung" der Art. 72 IV, 125a GG. Während zuvor nur der Bundesgesetzgeber feststellen konnte, dass die Erforderlichkeit im Sinne des Art. 72 II GG nicht mehr besteht und so die entsprechende Gesetzgebungsmaterie den Ländern öffnen konnte, kann dies nun auch gegen den Willen des Bundestages durch das BVerfG geschehen. Allerdings sind an die Zulässigkeit des entsprechenden Antrags hohe Anforderungen gestellt, vgl. Art. 93 II S. 3 GG. *25a*

hemmer-Methode: Durch die Einführung des Art. 93 II GG hat sich ein Problem weitgehend erledigt: Zuvor stellte sich die Frage, was gilt, wenn der Bund eine bestimmte Materie in der Vergangenheit geregelt hatte, eine Änderung dieses Gesetzes aber nicht erforderlich i.S.d. Art. 72 II GG ist? Eine Änderung durch Bundesgesetz scheint damit auszuscheiden. Eine Änderung durch Landesgesetz setzt eine entsprechende bundesgesetzliche Ermächtigung voraus, Art. 125a II S. 2 GG. Was aber, wenn der Bund genau dies nicht will? Das BVerfG hat dem Bund insoweit eine Änderung der Altgesetze unter Übergehung des Art. 72 II GG erlaubt, solange nur die Grundkonzeption dieser Gesetze nicht in Frage gestellt wurde.[38] Nunmehr können die Länder in vergleichbaren Fällen einen Antrag nach Art. 93 II GG stellen.

Die stattgebende Entscheidung des BVerfG ersetzt ein Gesetz des Deutschen Bundestages, Art. 93 II S. 2 GG.[39]

---

37 Vgl. Jarass/Pieroth, Art. 93 GG, Rn. 49.

38 BVerfG, NJW 2004, 2363 = **juris**byhemmer.

39 Eben dies hält der damalige Präsident des BVerfG für zumindest dogmatisch problematisch, vgl. Papier, „Aktuelle Fragen der bundesstaatlichen Ordnung", NJW 2007, 2145.

§ 3 KONKRETE NORMENKONTROLLE

konkrete Normenkontrolle: Art. 100 GG, §§ 13 Nr. 11, 80 - 82 BVerfGG

Die konkrete Normenkontrolle ist in Art. 93 I GG nicht genannt, seine Voraussetzungen sind aber in Art. 100 I GG und einfachgesetzlich in §§ 13 Nr. 11, 80 - 82 BVerfGG geregelt. Sie ist konkret insofern, als die Verfassungsmäßigkeit der Norm aus Anlass eines bestimmten Rechtsstreits überprüft wird. Es handelt sich dabei gewissermaßen um ein verselbstständigtes Zwischenverfahren in Form einer prinzipalen Normenkontrolle. Die Regelung in Art. 100 I GG löst den Konflikt, der zwischen der Bindung des Richters an die Verfassung und der selbstständigen Stellung des Gesetzgebers besteht: Der Richter darf (und muss) zwar die Verfassungsmäßigkeit eines Gesetzes überprüfen („Prüfungskompetenz"), kann aber formelle Gesetze nicht selbst unangewendet lassen (keine „Verwerfungskompetenz“), dies bleibt vielmehr dem BVerfG vorbehalten.[40] 26

hemmer-Methode: Hintergrund dieser Regelung ist der Schutz des parlamentarischen Gesetzgebers vor der „Willkür“ des einzelnen Richters. Diesem soll auch im Interesse der Rechtseinheit nicht die Befugnis zukommen, Gesetze des parlamentarischen Gesetzgebers zu verwerfen.

A) Zuständigkeit

Die Zuständigkeit des BVerfG ergibt sich aus Art. 100 I GG, § 13 Nr. 11 BVerfGG. 27

hemmer-Methode: Achten Sie im Folgenden darauf: Gerade bei der konkreten Normenkontrolle lassen sich die vier wichtigsten Zulässigkeitsvoraussetzungen (Vorlagekompetenz, Vorlagegegenstand, Überzeugung von Verfassungswidrigkeit, Entscheidungserheblichkeit) sehr gut unmittelbar aus dem Verfassungstext ableiten, zumal wenn man diesen entsprechend kennzeichnet.[41]

B) Vorlagekompetenz

vorlageberechtigt: Gerichte

Zur Vorlage berechtigt sind Gerichte, d.h. von der gesetzgebenden und vollziehenden Gewalt verschiedene, unabhängige und nur dem Gesetz unterworfene staatliche bzw. staatlich legitimierte Organe der rechtsprechenden Gewalt. 28

hemmer-Methode: Liegt im Sachverhalt z.B. ein ordentliches oder ein Verwaltungsgericht in einem „normalen“ Rechtsstreit vor, muss man hierzu keine weiteren Ausführungen machen. Liegt ein Grenzfall vor, ist es natürlich gut, wenn Sie eine Definition wie oben kennen, aber es ist nicht erforderlich, dass Sie diese auswendig lernen. Merken Sie sich besser ihre wichtigsten Strukturmerkmale: unabhängig von Exekutive und Legislative, dem Gesetz unterworfen, staatlicher Gewaltträger.

Vorlageberechtigt sind Gerichte aller Instanzen, auch die der Standesorganisationen als Körperschaften des öffentlichen Rechts, soweit sie obiger Definition entsprechen. Kein Gericht i.S.d. Art. 100 I GG sind dagegen der Rechtspfleger,[42] kirchliche Gerichte und private Schiedsgerichte.

---

40 Vgl. zur Einordnung Maurer, JuS 1987, L 89 (91); das RG (Z 111, 320) hatte sich noch befugt gesehen, ein verfassungswidriges Gesetz einfach nicht anzuwenden.

41 Im Text wird im Folgenden grds. von der Vorlage eines (Bundes- oder Landes-)Gesetzes an das BVerfG wegen Verstoßes gegen das GG ausgegangen. Für die übrigen Fälle des Art. 100 GG gilt sinngemäß jeweils das Gleiche, soweit keine Abweichungen genannt werden.

42 Vgl. BVerfGE 61, 75 (77) = **juris**byhemmer.

Bei Kollegialgerichten ist i.d.R. nur das Kollegium als Ganzes vorlageberechtigt.

auch Pflicht zur (ggf. sogar Mehrfach-)Vorlage

Der Vorlageberechtigung entspricht im Übrigen nach dem eindeutigen Wortlaut auch eine Vorlagepflicht, die unmittelbar (d.h. ohne z.B. die Einschaltung einer höheren Instanz) gilt. Dies soll nach wohl h.M. auch gelten, wenn schon andere Gerichte vorgelegt haben, aber keine Entscheidung des BVerfG bislang ergangen ist („Pflicht auch zur Mehrfachvorlage“).[43]

hemmer-Methode: Kommt ein Gericht der Vorlagepflicht nicht nach, so liegt darin ein Verstoß gegen Art. 101 I S. 2 GG, das BVerfG ist also insoweit gesetzlicher Richter. Dieser Verstoß kann, zumindest wenn er willkürlich erfolgte, mit der Verfassungsbeschwerde gerügt werden, vgl. Art. 93 I Nr. 4a GG.

C) Vorlage- bzw. Prüfungsgegenstand

Prüfungsgegenstand nach h.M. formelle, nachkonstitutionelle Gesetze

Während die abstrakte Normenkontrolle theoretisch alle Rechtssätze erfasst (vgl. o.), beschränkt sich die konkrete Normenkontrolle auf formelle nachkonstitutionelle Gesetze. 29

Über die Verfassungsmäßigkeit von untergesetzlichem Recht entscheidet also jeder Richter in eigener Kompetenz, was freilich zu Unterschieden in der Rechtsanwendung führen kann.

vorkonstitutionelles Recht bei Bestätigung durch Gesetzgeber

Vorkonstitutionelles Recht, also Gesetze aus der Zeit vor dem 24.05.1949, 00:00 Uhr,[44] ist grds. nicht vorlagefähig. Auch hier entscheiden die Instanzgerichte selbst. Etwas anderes gilt allerdings, wenn der nachkonstitutionelle Gesetzgeber das frühere Gesetz in seinen Willen aufgenommen hat. Dies ist dann anzunehmen, wenn die Norm selbst oder in engem Zusammenhang dazu stehende Normen z.B. bei einer Gesetzesänderung vom Bestätigungswillen des Gesetzgebers objektiv erfasst sind. Dies ist jedenfalls der Fall bei Neuverkündung (nicht bloß Neubekanntmachung) eines ganzen Gesetzes. Auch der Zeitablauf seit Inkrafttreten des Grundgesetzes gilt als Indiz für den Aufnahmewillen.[45]

hemmer-Methode: Ein typisches Problem ist bzw. war die Vorlage von Normen des BGB. Das BVerfG ging in ständiger Rechtsprechung davon aus, dass bspw. das BGB trotz vielfacher Änderungen durch den nachkonstitutionellen Gesetzgeber in weiten Teilen vorkonstitutionelles Recht war.[46] Hier musste grundsätzlich jede Norm des BGB für sich gesondert betrachtet werden. Dieses Problem hat sich durch das Einfügen amtlicher Überschriften im Rahmen der Schuldrechtsreform zum 01.01.2002 allerdings wohl erledigt. Indem der Gesetzgeber jede einzelne Vorschrift mit einer solchen amtlichen Überschrift versehen hat, hat er auch jede Vorschrift in seinen nachkonstitutionellen Willen übernommen.

Überprüfung sekundären Unionsrechts

Vorlagefähig ist grds. nur deutsches Recht. Demnach wäre sekundäres Unionsrecht nicht vorlagefähig.[47] Wenn aber eine deutsche Behörde oder ein Gericht eine Unionsverordnung anwendet, kommt es zur Ausübung deutscher Staatsgewalt. 29a

---

43 Vgl. Jarass/Pieroth, Art. 100 GG, Rn. 3; sobald eine Entscheidung des BVerfG ergangen ist, erfordert eine erneute Vorlage, dass das vorlegende Gericht darlegt, was sich seit der letzten Entscheidung tatsächlich oder rechtlich geändert haben soll; BVerfG, NJW 1999, 2581 = **juris**byhemmer.

44 Vgl. BVerfGE 70, 126 (129) = **juris**byhemmer.

45 Vgl. zum Ganzen Robbers, JuS 1994, 397 (400); Jarass/Pieroth, Art. 100 GG, Rn. 8 f.

46 Vgl. m.w.N. BVerfG, NJW 1998, 3557 = **juris**byhemmer.

47 Anders primäres Unionsrecht. Hier wird nicht der EUV selbst, sondern das Zustimmungsgesetz des Deutschen Bundestages zum Vertragsschluss vorgelegt. Hierbei handelt es sich unstr. um ein formelles, nachkonstitutionelles Gesetz.

Die unbestrittene Grundrechtsbindung dieser Organe lässt sich aber in einem Verfahren nach Art. 100 I GG überprüfen.

Eine Verordnung der Union wirkt in Deutschland wie ein Gesetz des Deutschen Bundestages, ja geht einem solchen im Kollisionsfall sogar vor. Aus diesem Grund ist eine Vorlage sekundären Europarechts grundsätzlich denkbar.

Solange-Rechtsprechung

In seinem Solange II–Beschluss stellt das BVerfG aber fest, dass es sekundäres Unionsrecht nicht mehr an den Grundrechten messen wird, solange die Gemeinschaft den Schutz der Grundrechte generell gewährleistet und dieser dem vom Grundgesetz als unabdingbar gebotenen Grundrechtsschutz im Wesentlichen gleich zu achten ist. Dabei muss der Wesensgehalt der Grundrechte generell verbürgt sein.[48]

Das BVerfG hält an dieser Linie in seiner Maastricht-[49] und Lissabon-Entscheidung[50] fest. In beiden Entscheidungen stellt das Gericht zunächst fest, dass grds. auch sekundäres Unionsrecht auf seine Vereinbarkeit mit dem Grundgesetz hin überprüft werden kann, da es Aufgabe des Gerichts sei, den Grundrechtsschutz in Deutschland auch gegenüber einer fremden öffentlichen Gewalt zu gewährleisten. Ferner führt das Gericht aus: „Allerdings übt das BVerfG seine Gerichtsbarkeit über die Anwendbarkeit von abgeleitetem Unionsrecht in Deutschland in einem 'Kooperationsverhältnis' zum EuGH aus, in dem der EuGH den Grundrechtsschutz in jedem Einzelfall für das gesamte Gebiet der ... Union garantiert, das BVerfG sich deshalb auf eine generelle Gewährleistung des unabdingbaren Grundrechtsstandards beschränken kann.“[51]

hemmer-Methode: In Anwendung dieses Urteils hat das BVerfG eine Vorlage des VG Frankfurt hinsichtlich der Bananenmarktordnung der EU als unzulässig abgewiesen.[52] Es genügt angesichts dieses Kooperationsverhältnisses für eine Vorlage nicht, dass der EuGH in einem konkreten Urteil hinter einem unabdingbaren Grundrechtsstandard zurückgeblieben ist. Vielmehr ist erforderlich, dass der EuGH generell diesen Standard nicht mehr gewährleistet. Angesichts dieser Rspr. sind Vorlagen sekundären Europarechts auf die Vereinbarkeit mit den Grundrechten des Grundgesetzes zwar theoretisch denkbar, werden aber in der Praxis nicht (zulässig) vorkommen, zumal wenn man davon ausgeht, dass auf Unionsebene der Grundrechtsschutz bspw. durch die Grundrechtscharta von Nizza weiter intensiviert und nicht vermindert werden wird.

Identitäts- und ultra-vires-Kontrolle

Die Solange-Rechtsprechung gilt aber nur soweit, wie es sich um „einfache“ Grundrechtsrügen handelt, nicht aber dann, wenn das vorlegende Gericht dartun kann, dass das sekundäre Unionsrecht gegen Art. 23 I S. 3, 79 III, 1 und 20 GG verstößt. Verstößt eine EU-Verordnung gegen diesen Kernbereich des Grundgesetzes (sog. Identitätskontrolle) bzw. geht sie über die Reichweite der nach Art. 23 I S. 2 GG übertragenen Gesetzgebungsbefugnis hinaus (sog. ultra-vires-Kontrolle), kommt eine Überprüfung durch das BVerfG ohne die Einschränkungen durch die Solange-Rechtsprechung in Betracht.[53]

---

48 Zur Solange – Rechtsprechung (Solange I – BVerfGE 27, 271, 281 ff. = **juris**byhemmer; Solange II – BVerfGE 73, 339, 376 = **juris**byhemmer) vgl. ausführlicher **Hemmer/Wüst, Europarecht, Rn. 290 ff.**

49 BVerfG, NJW 1993, 3047 = **juris**byhemmer.

50 BVerfG, NJW 2009, 2767 = **Life&Law 09/2009, 618**.

51 BVerfG, NJW 1993, 3047 f. = **juris**byhemmer.

52 BVerfG vom 07.06.2000 = NJW 2000, 3124 = **juris**byhemmer.

53 In der Lissabon-Entscheidung ist dies nicht eindeutig geklärt, vgl. BVerfG, NJW 2009, 2767 = **Life&Law 09/2009, 618**. In dieser Deutlichkeit nun aber BVerfG, Beschluss vom 27.01.2010, 2 BvR 2253/06 = **juris**byhemmer, sowie BVerfG, Beschluss vom 27.04.2010, 2 BvR 1848/07 = **Life&Law 10/2010, 694** = **juris**byhemmer.

hemmer-Methode: Die ultra-vires-Kontrolle bedeutet letztlich, dass das BVerfG künftig prüfen wird, ob die Organe der EU die Ermächtigungsgrundlage des EUV bzw. AEUV eingehalten haben. Das BVerfG maßt sich damit eine Prüfung an, die eine originäre Aufgabe des EuGH ist. Wohl auch aus Angst vor der eigenen Courage beschränkt das BVerfG die ultra-vires-Kontrolle auf schwerwiegende und evidente Fälle.[54]

D) Überzeugung von Verfassungswidrigkeit

Überzeugung von Verfassungswidrigkeit (Zweifel genügen nicht)

Die Vorlage ist nur zulässig, wenn das Gericht von der Verfassungswidrigkeit überzeugt ist. Soweit nach Art. 100 I S. 2 Alt. 2 GG Landesgesetze überprüft werden, kann stattdessen auch die Überzeugung von der Unvereinbarkeit mit Bundesrecht bestehen. Zweifel alleine reichen nicht aus, insbesondere geht dann die verfassungskonforme Auslegung vor. Das BVerfG stellt hier in der Praxis sehr hohe Anforderungen an eine Richtervorlage. Das vorlegende Gericht muss seine Rechtsauffassung detailliert darlegen und sich insbesondere mit der bereits vorhandenen Rechtsprechung des BVerfG auseinandersetzen.[55] 30

E) Entscheidungserheblichkeit

Entscheidungserheblichkeit: Tenor muss bei Nichtigkeit anders lauten

Es muss nach Art. 100 I GG auf die Gültigkeit bei der Entscheidung ankommen, d.h. die Entscheidung müsste bei Gültigkeit anders ausfallen als bei Nichtgültigkeit.[56] Als Faustregel gilt: Anders wäre die Entscheidung, wenn der Tenor anders lauten würde.[57] 31

hemmer-Methode: Insofern werden in der Praxis hohe Anforderungen gestellt. Dies nicht nur, um einer Überlastung des BVerfG vorzubeugen, sondern auch, um das Vorlagegericht zu sorgfältigem und umfassendem Arbeiten anzuleiten. Dies ist zum einen seine Pflicht, zum anderen wird für den Fall, dass gleichwohl eine Vorlage erforderlich ist, dem BVerfG schon ausreichend Material zur Entscheidung zugeleitet. Großzügiger ist das BVerfG allerdings analog § 90 II S. 2 BVerfGG, wenn die Sache von allgemeiner und grundsätzlicher Bedeutung und die Entscheidung deswegen dringlich ist. In der Klausur wird die Erheblichkeit meistens relativ eindeutig sein, mehr Vorsicht ist bei der Überzeugung von der Verfassungswidrigkeit geboten, wenn im Sachverhalt z.B. nur von „Zweifeln des Gerichts“ die Rede ist.

Für die Frage der Entscheidungserheblichkeit soll es nach dem BVerfG grds. auf die Sichtweise des vorlegenden Gerichts ankommen, wenn diese nicht offensichtlich unhaltbar ist.[58]

hemmer-Methode: Deutlich strenger ist das BVerfG bei der Vorlage von sekundärem EU-Recht. Das BVerfG prüft dann unter der Entscheidungserheblichkeit nicht nur, ob das EU-Recht für die Entscheidung des Gerichts relevant ist im obigen Sinne einer Auswirkung auf den Tenor. Das BVerfG verlangt zusätzlich, dass gerade auch seine Antwort auf die Vorlage entscheidungserheblich ist, was nur der Fall ist, wenn das BVerfG überhaupt in der Sache über die vorgelegte Norm entscheiden darf.

---

[54] BVerfG, Beschluss vom 27.04.2010, 2 BvR 1848/07 = **Life&Law 10/2010, 694** = **juris**byhemmer.

[55] Besonders problematisch ist der Fall, dass ein Gericht ein Gesetz vorlegt, welches in der Vergangenheit vom BVerfG für verfassungsgemäß erachtet wurde. Hier muss das vorlegende Gericht sich mit dieser Entscheidung des BVerfG auseinandersetzen und darlegen, was sich rechtlich oder tatsächlich geändert haben soll, BVerfG, DVBl. 2002, 769, 771 = **juris**byhemmer.

[56] Vgl. Jarass/Pieroth, Art. 100 GG, Rn. 15 m.w.N.; Robbers, JuS 1994, 392 (400); BVerfG, DVBl. 1998, 326 = **juris**byhemmer.

[57] Vgl. Jarass/Pieroth, Art. 100 GG, Rn. 16.

[58] Vgl. BVerfGE 44, 297 (299); 56, 128 (136 f.); 78, 1 (5) (ständige Rspr.): **alle Entscheidungen** = **juris**byhemmer.

Damit prüft das BVerfG unter dem Punkt der Entscheidungserheblichkeit, ob eine der oben angesprochenen Fallgruppen der Identitäts- oder ultra-vires-Kontrolle eingreift bzw. ob es nach der Solange-Rechtsprechung in der Sache entscheiden darf.[59]

„Entscheidung" i.S.d. Art. 100 GG sind v.a. Endentscheidungen. Im vorläufigen Rechtsschutz wird es häufig wegen der nur summarischen Prüfung für die Entscheidungserheblichkeit in der Hauptsache fehlen.[60]

F) Sonstiges

Form: § 80 II BVerfGG

I. Fristen sind in den §§ 80 ff. BVerfGG nicht genannt. V.a. in der Praxis ein großes Problem ist jedoch die formgerechte Vorlagebegründung des § 80 II BVerfGG, an die das BVerfGG strenge Anforderungen stellt. 32

neben Vorlagen zu Landesverfassungsgerichten möglich

II. Bestehen andere Vorlagemöglichkeiten, z.B. an die Landesverfassungsgerichte, sind diese Vorlagen nach h.M. neben- und unabhängig voneinander möglich,[61] ebenso ist nach § 80 III BVerfGG der Antrag des Gerichts von einer Rüge durch einen anderen Prozessbeteiligten in seiner Zulässigkeit unabhängig. Eine Vorlage ist dann unzulässig, wenn das gleiche Gesetz bereits in einem anderen Verfahren vom BVerfG überprüft wurde und für verfassungsgemäß befunden wurde.[62] 33

G) Begründetheit

Prüfungsmaßstab: GG bzw. Bundesrecht

Prüfungsmaßstab ist wie bei der abstrakten Normenkontrolle für Bundesgesetze das Grundgesetz, für Landesgesetze zusätzlich Bundesrecht[63] bzw. statt des Grundgesetzes die entsprechende Landesverfassung, wenn es sich um eine Vorlage an das Landesverfassungsgericht handelt (Art. 100 I S. 1 Alt. 2 GG). 34

Entschieden wird über die Vereinbarkeit des Prüfungsgegenstandes mit dem Prüfungsmaßstab, nie aber über den Ausgangsrechtsstreit.

Im Übrigen gilt über den Verweis in § 82 BVerfGG auf §§ 77 - 79 BVerfGG das zur abstrakten Normenkontrolle Ausgeführte entsprechend.

---

59 BVerfG, Beschluss vom 27.04.2010, 2 BvR 1848/07 = **Life&Law 10/2010, 694** = **juris**byhemmer.

60 Näher dazu Jarass/Pieroth, Art. 100 GG, Rn. 16; Robbers, JuS 1994, 397 (401).

61 Vgl. BVerfGE 60, 175 (206 f.) = **juris**byhemmer; 69, 112 (116 f.) = **juris**byhemmer.

62 BVerfG, NJW 1999, 2581 = **juris**byhemmer.

63 Allerdings nur, wenn dieses vor dem vorgelegten Gesetz bereits in Kraft war. Existierte zunächst das Landesgesetz, wird dieses durch ein späteres Bundesgesetz automatisch unwirksam, was der einzelne Richter selbst feststellen kann.

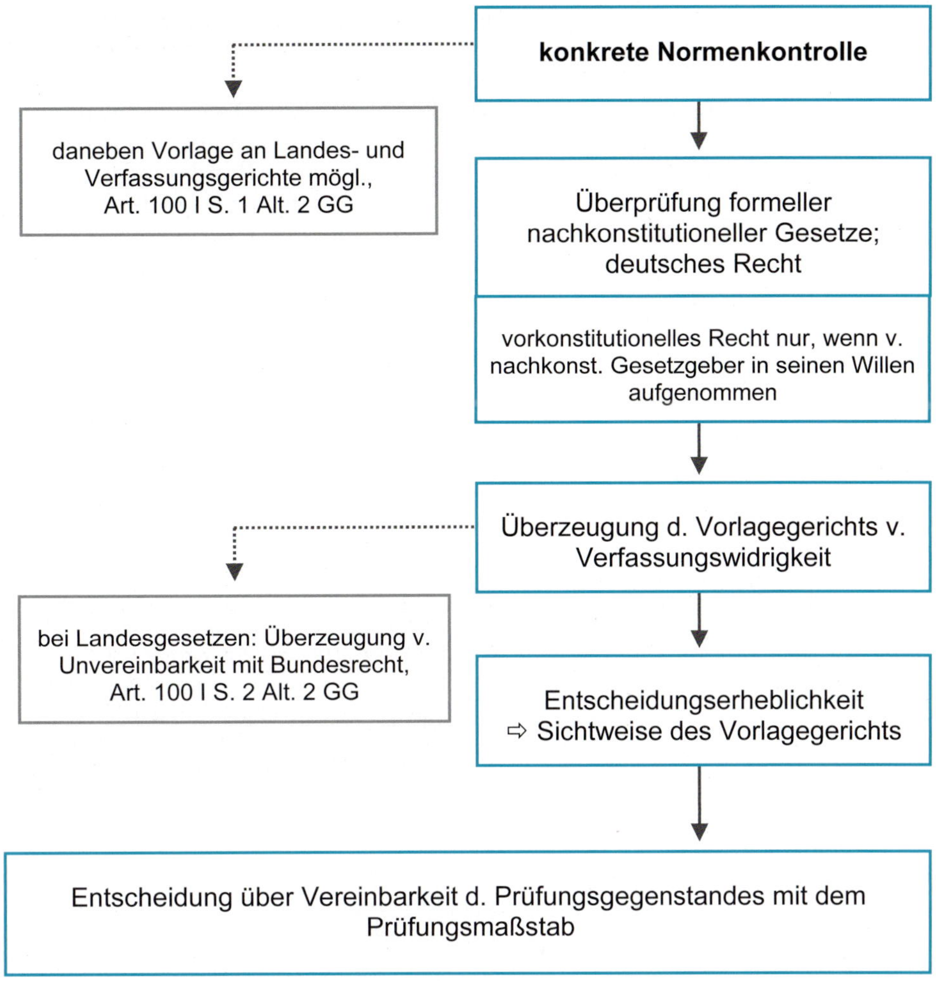
konkrete Normenkontrolle
daneben Vorlage an Landes- und Verfassungsgerichte mögl., Art. 100 I S. 1 Alt. 2 GG
Überprüfung formeller nachkonstitutioneller Gesetze; deutsches Recht
vorkonstitutionelles Recht nur, wenn v. nachkonst. Gesetzgeber in seinen Willen aufgenommen
Überzeugung d. Vorlagegerichts v. Verfassungswidrigkeit
bei Landesgesetzen: Überzeugung v. Unvereinbarkeit mit Bundesrecht, Art. 100 I S. 2 Alt. 2 GG
Entscheidungserheblichkeit ⇨ Sichtweise des Vorlagegerichts
Entscheidung über Vereinbarkeit d. Prüfungsgegenstandes mit dem Prüfungsmaßstab

§ 4 FÖDERATIVE STREITIGKEITEN[64]

Art. 93 I Nr. 3 und 4 GG: föderative Streitigkeiten aus bundesstaatlichen Konfliktfeldern

Art. 93 I Nr. 3 und 4 GG weisen dem BVerfG verschiedene sog. föderative Streitigkeiten zu. Es geht hier um typische politische Konfliktfelder in einem Bundesstaat, deren praktische Bedeutung wohl noch größer wäre, wenn nicht die Interessensgegensätze zwischen Bund und Ländern z.T. durch die zwischen den im Bund und in den jeweiligen Ländern regierenden Parteien überlagert würden. 35

Größte Bedeutung innerhalb dieser Auflistung haben die verfassungsrechtlichen Bund-Länder-Streitigkeiten des Art. 93 I Nr. 3 GG, insbesondere die nichtverfassungsrechtlichen Bund-Länder-Streitigkeiten und die Binnenländerstreitigkeiten spielen dagegen (auch wegen der Subsidiaritätsklausel) praktisch keine Rolle.

A) Bund-Länder-Streitigkeiten

verfassungsrechtl. Bund-Länder-Streit: Art. 93 I Nr. 3 GG, §§ 13 Nr. 7, 68 - 70 BVerfGG

Im Folgenden werden deshalb zunächst die Voraussetzungen des Bund-Länder-Streits nach Art. 93 I Nr. 3 GG dargestellt, der näher in §§ 13 Nr. 7, 68 - 70 BVerfGG geregelt ist, wobei v.a. die Verweisung des § 69 BVerfGG auf die §§ 64 - 67 BVerfGG über das Organstreitverfahren von Bedeutung sind. 36

I. Parteifähigkeit

parteifähig: ausschließlich Bund und Länder

Parteifähig im kontradiktorischen Bund-Länder-Streit sind ausschließlich der Bund und die Länder, nicht dagegen z.B. Gemeinden oder ausländische Gebietskörperschaften. Der Antrag kann jeweils nur von der entsprechenden Bundes- bzw. Landesregierung aufgrund eines Kabinettsbeschlusses gestellt werden, § 68 BVerfGG.[65] 37

hemmer-Methode: Parteifähig sind auch untergegangene Länder, soweit es um Rechte und Pflichten geht, die dem untergegangenen Land zugeordnet gewesen sein sollen. Das Land wird dann durch die fortexistierende Gebietskörperschaft vertreten.[66] Für die Klausur ein Problem mehr!

II. Streitgegenstand

Streitgegenstand: Maßnahmen oder Unterlassungen des Antragsgegners

Streitgegenstand in Bund-Länder-Streitigkeiten nach Art. 93 I Nr. 3 GG können nach § 69 BVerfGG i.V.m. § 64 I BVerfGG Maßnahmen oder Unterlassungen des Antragsgegners sein, die in einem verfassungsrechtlichen Rechtsverhältnis zum Antragsteller stattfinden. Die Beschränkung auf verfassungsrechtliche Fragen durch § 64 I BVerfGG entspricht dabei durchaus Art. 93 I Nr. 3 GG, wie der Gegenschluss zu den „anderen öffentlich-rechtlichen Streitigkeiten“ in Art. 93 I Nr. 4 GG zeigt. Hierzu gilt im Prinzip das zum Organstreit Ausgeführte entsprechend. Häufiger Streitgegenstand werden Maßnahmen der Verwaltungsaufsicht nach Art. 83 f. GG bzw. der Legislative sein, dagegen kommen Gerichtsurteile durch Länder- bzw. Bundesgerichte nicht in Betracht, da diese ja unabhängig sind. 38

III. Antragsbefugnis

Antragsbefugnis: Behauptung einer Rechtsverletzung

Der Antragsteller muss nach § 69 BVerfGG i.V.m. § 64 I BVerfGG geltend machen, in seinen ihm durch das Grundgesetz übertragenen Rechten und Pflichten verletzt oder gefährdet zu sein. Insoweit gilt das zum Organstreit Ausgeführte entsprechend. 39

---

64 Ausführlich dazu Kunig, Jura 1995, 262.

65 Vgl. auch BVerfGE 6, 309, 323 f. = jurisbyhemmer; dies ließe sich in der Klausur auch als „Prozessfähigkeit“ einordnen, vgl. Robbers, JuS 1994, 670 (671).

66 Vgl. dazu BVerfGE 22, 221 (231) = jurisbyhemmer; 62, 295, 312 = jurisbyhemmer.

hemmer-Methode: An sich verschärft auch § 64 BVerfGG die Zulässigkeitsvoraussetzungen gegenüber Art. 93 I Nr. 3 GG. Entgegen dem Verständnis der §§ 63, 76 BVerfGG (vgl. o.) wird hier die Konkretisierung von der h.M. hingenommen. Dies lässt sich damit begründen, dass letztlich der berücksichtigenswerte Rechtsschutz der im Grundgesetz vorgesehenen Antragsteller nicht nennenswert erschwert wird.

IV. Sonstiges

in Fällen des Art. 84 IV GG vorher Beschluss des Bundesrates

1. Liegt der Streitigkeit ein Fall des Art. 84 IV GG zugrunde (Feststellung der Bundesregierung, dass die Länder die Bundesgesetze i.S.d. Art. 84 I GG schlecht ausführen[67]), ist gleichsam als Vorverfahren zur Bund-Länder-Streitigkeit der Beschluss des Bundesrates nach Art. 84 IV S. 1 GG herbeizuführen. Gegen diesen kann das BVerfG angerufen werden, wobei Streitgegenstand der ursprüngliche bleibt, nicht der Beschluss des Bundesrates. 40

Form und Frist

2. Frist und Form ergeben sich aus §§ 23, 69 BVerfGG i.V.m. § 64 II - IV BVerfGG. Nach Beschlüssen des Bundesrates (vgl. o.) gilt nach Art. 84 IV GG i.V.m. § 70 BVerfGG eine Monatsfrist.

3. Zu § 69 BVerfGG i.V.m. § 65 BVerfGG (Beitritt zum Verfahren) gilt das zum Organstreit Ausgeführte entsprechend.

4. Liegt dem Bund-Länder-Streit ein erlassenes Gesetz zugrunde, kann unabhängig davon z.B. auch eine abstrakte Normenkontrolle stattfinden,[68] wobei die Entscheidung des BVerfG jedoch unterschiedlich ausfallen kann, da die Verfahren unterschiedliche Zielrichtungen haben.

V. Begründetheit

Prüfungsmaßstab: GG und ungeschriebener Grundsatz der Bundestreue

Prüfungsmaßstab ist das Grundgesetz, dabei primär die Vorschriften, die das Bund-Länder-Verhältnis regeln sowie der ungeschriebene Grundsatz der Bundestreue.[69] Das BVerfG hat zwar auch schon das Grundrecht aus Art. 5 GG in seiner Garantie der Rundfunkfreiheit herangezogen,[70] indes dürfte dies eine wegen der Besonderheiten des Rundfunkrechts[71] nur äußerst vorsichtig auszuweitende Ausnahme sein. 41

B) Nicht-verfassungsrechtliche Bund-Länder-Streitigkeiten

Art. 93 I Nr. 4 Var. 1 GG: nicht-verfassungsrechtl. Bund-Länder-Streit

Nach Art. 93 I Nr. 4 Var. 1 GG entscheidet das BVerfG subsidiär auch über nicht-verfassungsrechtliche Streitigkeiten zwischen dem Bund und einem Land. Für die Voraussetzungen würden grds. die zur verfassungsrechtlichen Streitigkeit entsprechend (nur eben auf nicht verfassungsrechtlicher Ebene) gelten, wobei der Verweis auf § 64 III BVerfG hier in § 71 II BVerfGG verankert ist. 42

Aufgrund der Subsidiarität läuft diese Zuständigkeit allerdings leer, da entsprechende Streitigkeiten i.d.R. bereits durch §§ 40 I, 50 I VwGO (bzw. spezieller durch §§ 51, 39 II SGG) anderen Gerichten zugewiesen sind.

---

[67] Zur Verwaltungsorganisation näher unten Rn. 181 ff., speziell zur Aufsicht vgl. Rn. 188 f.

[68] Vgl. BVerfGE 1, 14 (30) = **juris**byhemmer; 8, 104 (110) = **juris**byhemmer.

[69] Vgl. BVerfGE 42, 103 (117) = **juris**byhemmer.

[70] Vgl. BVerfGE 12, 205 (259) = **juris**byhemmer.

[71] Vgl. dazu auch **Hemmer/Wüst, Staatsrecht I, Rn. 208 f.**

C) Zwischenländerstreitigkeiten

Art. 93 I Nr. 4 Var. 2 GG: Zwischen-Länder-Streitigkeiten

Art. 93 I Nr. 4 Var. 2 GG weist dem BVerfG auch die Zuständigkeit für Streitigkeiten zwischen den Ländern zu. Aufgrund der Subsidiarität spielen auch hier praktisch nur die verfassungsrechtlichen Streitigkeiten eine Rolle, da im Übrigen wieder §§ 40 I, 50 I VwGO i.d.R. vorgehen. 43

Parteifähig sind die Länder in der Art wie bei der Bund-Länder-Streitigkeit, die wieder durch die Landesregierungen vertreten werden. Für Verfahrensgegenstand und Antragsbefugnis gelten die Ausführungen zur Bund-Länder-Streitigkeit entsprechend, wobei sich die verletzten Rechte auch aus Nicht-Verfassungsrecht ergeben könnten. In diesem Fall dürfte dann allerdings i.d.R. wieder das BVerfG nicht mehr zuständig sein, vgl. oben.

Für die Frist ergibt sich auch hier der Verweis auf § 64 III BVerfGG aus § 71 II BVerfGG.

In der Entscheidung kann das BVerfG über §§ 67, 69 BVerfGG hinausgehend nach § 72 I Nr. 2 BVerfGG auch Verpflichtungen zum Handeln aussprechen.

D) Binnenländerstreitigkeiten

Art. 93 I Nr. 4 Var. 3 GG: Binnenländerstreitigkeiten

Art. 93 I Nr. 4 Var. 3 GG eröffnet auch für öffentlich-rechtliche Streitigkeiten innerhalb eines Landes eine subsidiäre Zuständigkeit des BVerfG. Es handelt sich dabei um länderinterne Organstreitigkeiten, sodass die Ausführungen zum Bundes-Organstreitverfahren[72] grds. entsprechend gelten, allerdings ist keine § 64 I BVerfGG entsprechende Prozessstandschaft von Organteilen vorgesehen. 44

Die Bedeutung dieser Zuständigkeit ist angesichts der Subsidiarität allerdings ebenfalls gering, da der Rechtsweg zu den Landesverfassungsgerichten vorrangig ist.

72 Vgl. oben Rn. 5 ff.

§ 5 EINSTWEILIGE ANORDNUNG GEM. § 32 BVERFGG

große Bedeutung des einstweiligen Rechtsschutzes vor dem BVerfGG

Wie alle sonstigen Gerichtsbarkeiten kennt auch der Verfassungsprozess die Möglichkeit des vorläufigen Rechtsschutzes gemäß § 32 BVerfGG. Durch die vorläufige Sicherung und Regelung einer Situation soll verhindert werden, dass durch längeren Zeitablauf oder schnelle Entwicklung der Fakten die Entscheidung in der Hauptsache zu spät käme. Eine Vielzahl wichtiger Entscheidungen des BVerfG in jüngerer Zeit[73] belegt die Bedeutung einstweiliger Anordnungen in der Praxis des Gerichts. 45

hemmer-Methode: Gerade wegen der langen Verfahrensdauer einer Verfassungsbeschwerde und mangels der aufschiebenden Wirkung ihrer Einlegung nimmt die Möglichkeit der einstweiligen Anordnung für die Verfassungsbeschwerde eine besonders wichtige Stellung ein.[74] Sie ist aber bei allen Verfahrensarten vor dem BVerfG möglich. Aus diesem Grund und angesichts der Vielzahl aktueller Entscheidungen über einstweilige Anordnungen ist sie durchaus klausurrelevant, weshalb sie hier auch relativ ausführlich behandelt wird. Gut denkbar wäre in einer Klausur v.a. eine Zusatzfrage folgender Art: „Könnte der Beschwerdeführer auch einstweiligen Rechtsschutz beantragen und wie hätte das BVerfG darüber zu entscheiden?".

A) Zulässigkeit der einstweiligen Anordnung

Zulässigkeitsschema

Ein Zulässigkeitsschema für die Klausur könnte wie folgt aussehen:

I. Statthaftigkeit

II. Antrag

III. Antragsberechtigung

IV. Keine evidente Unzulässigkeit

V. Keine Vorwegnahme der Hauptsache

VI. Rechtsschutzinteresse

VII. Form und Frist

I. Statthaftigkeit

über speziell geregelte Fälle hinaus nach § 32 BVerfGG in allen Verfahren vor dem BVerfGG (vgl. § 13 BVerfGG) statthaft

Das Grundgesetz (Art. 61 II S. 2 GG), Bundesverfassungsgerichtsgesetz (§§ 53, 58 I, 105 V BVerfGG) und Wahlprüfungsgesetz (§ 16 III WahlprüfG) sehen für bestimmte Fälle den Erlass einer einstweiligen Anordnung ausdrücklich vor. Daraus kann indes nicht im Umkehrschluss auf die Unzulässigkeit einer einstweiligen Anordnung im Übrigen geschlossen werden. 46

Vielmehr ist ihr Erlass gemäß § 32 BVerfGG in allen Verfahrensarten statthaft.[75]

73 Z.B. § 218a StGB, BVerfG, NJW 1992, 2343; Fernsehberichterstattung beim Honecker-Prozess, BVerfG, NJW 1992, 3288; Zulassung als Journalist zum Honecker-Prozess, BVerfG, NJW 1993, 915; Awacs-Einsatz der Bundeswehr, BVerfG, NJW 1993, 1317; Somalia-Einsatz der Bundeswehr, BVerfG, NJW 1993, 2038; allerdings zeigt auch hier die Statistik, dass nur wenige Anträge beim BVerfG erfolgreich gewesen sind (genaue Aufgliederung bei Zuck, Rn. 1099 ff.); eine Ausnahme sind Entscheidungen des BVerfG zu NPD-Versammlungen, vgl. BVerfG, NJW 2001, 2069, 2072, 2075, 2076, 2078: **alle Entscheidungen** = **juris**byhemmer.

74 Vgl. Zuck, Rn. 1099 ff.

75 BVerfGE 1, 74 ff. (75); 1, 85 ff. (86); 12, 36 ff. (39); 55, 1 (3 ff.): **alle Entscheidungen** = **juris**byhemmer; Robbers, JuS 1994, 1031; Benda/Klein, Rn. 1325; Schlaich, Rn. 462.

auch keine Beschränkung auf kontradiktorische Streitigkeiten

Dabei muss es sich nicht um eine kontradiktorische Streitigkeit handeln, wie der Begriff „Streitfall" in § 32 BVerfGG nahelegen könnte. Eine Beschränkung der Statthaftigkeit widerspricht sowohl dem Willen des Gesetzgebers, der § 32 BVerfGG als allgemeine Vorschrift für alle Verfahrensarten konzipiert hat,[76] als auch dem generellen Sicherungszweck der einstweiligen Anordnung.[77]

Voraussetzung für die Statthaftigkeit ist allerdings, dass das BVerfG überhaupt zur Entscheidung über den Streitfall befugt ist. Rechtsfragen, die wegen des Enumerationsprinzips in Art. 93 GG, § 13 BVerfGG nicht im Hauptsacheverfahren vor das BVerfG gebracht werden können, kann das BVerfG auch nicht im Wege einer einstweiligen Anordnung vorläufig regeln. Das Hauptsacheverfahren muss aber noch nicht eingeleitet sein, die einstweilige Anordnung ist bereits zuvor statthaft.[78]

II. Einleitung des Verfahrens – Antragserfordernis

str., ob Antrag zwingend vorliegen muss oder auch Entscheidung ex officio möglich

Wie jedes Verfahren vor dem BVerfG ist auch die einstweilige Anordnung grundsätzlich gemäß § 23 BVerfGG durch einen Antrag einzuleiten. Streitig ist indes, ob das BVerfG eine einstweilige Anordnung auch ohne Antrag von Amts wegen erlassen kann. 47

Das BVerfG hat mehrfach die Auffassung vertreten, es könne von Amts wegen einstweilige Anordnungen erlassen, also das Verfahren selbst einleiten,[79] da § 32 BVerfGG den Erlass einer einstweiligen Anordnung nicht ausdrücklich von einem Antrag abhängig mache.

Dagegen wird eingewandt, dass die ex officio erlassene Anordnung nicht in das System der Zuständigkeiten des Gerichts passe.[80] Kein Verfahren könne das Gericht von Amts wegen einleiten, stets sei es auf die Antragstellung angewiesen, und wäre es noch so geboten, dass ein unparteiisches Gericht eingreife. Selbst wenn das Verfahren bereits eingeleitet sei, müsse es den Beteiligten überlassen bleiben, sich um ihre und die von ihnen vertretenen öffentlichen Belange zu kümmern. Dieser Ansicht zufolge kann die einstweilige Anordnung nur über einen Antrag eingeleitet werden.

jedenfalls dann keine Entscheidung ex officio, wenn Hauptsache noch nicht anhängig

Der Einwand, die ohne Antrag erlassene Entscheidung sei mit dem Gerichtscharakter des BVerfG unvereinbar, ist zumindest für den Fall überzeugend, dass die Hauptsache beim Gericht überhaupt noch nicht anhängig ist, selbst wenn zu erwarten ist, dass ein Hauptsacheverfahren demnächst anhängig gemacht wird. Wäre hier eine ex-officio-Einleitung möglich, würden sich daraus weitreichende Folgen auch für den Gesetzgeber ergeben. Das BVerfG bekäme eine im Verhältnis zu seiner bisherigen Position im Gefüge der Staatsfunktionen radikal geänderte Position, die nicht mit seiner Funktion als Gericht zu vereinbaren ist.[81] Daher ist eine den Antrag erlassende Anordnung für den Fall auszuschließen, dass das Hauptsacheverfahren noch nicht anhängig ist.

dagegen wohl zuzulassen, wenn Hauptsache anhängig und Beeinflussung durch andere Verfassungsorgane zu befürchten

Weniger problematisch ist es, wenn das BVerfG im Hinblick auf ein bereits bei ihm anhängiges Verfahren eine einstweilige Anordnung erlässt. Jedenfalls dann, wenn andere Verfassungsorgane das Bundesverfassungsgericht zu überspielen und seinen Entscheidungsspielraum faktisch einzuengen versuchen, sollte das BVerfG von Amts wegen einschreiten dürfen.[82]

---

[76] BVerfGE 1, 281 ff.(282) = **juris**byhemmer; 12, 36 ff. (39) = **juris**byhemmer.

[77] Schlaich, Rn. 464 m.w.N.

[78] Std. Rspr., vgl. m.w.N. BVerfG, NJW 2003, 2084 = **juris**byhemmer.

[79] BVerfGE 1, 74 ff. (75); 1, 281 ff. (283); 42, 103 ff. (119 f.): **alle Entscheidungen** = **juris**byhemmer; zustimmend etwa Robbers, JuS 1994, 1032.

[80] Pestalozza, § 18, Rn. 4.

[81] Robbers, JuS 1994, 1032; Benda/Klein, Rn. 1317 m.w.N.

[82] Benda/Klein, Rn. 1318 m.w.N.

Von solchen denkbaren Machenschaften erfährt u.U. der (private) Antragsteller gar nichts, sodass er auch keinen entsprechenden Antrag stellen wird, sodass hier das BVerfG durch sein Tätigwerden ex officio nur die Entscheidungsfreiheit des Antragstellers sichert und deswegen in diesem Fall keine Bedenken gegen eine amtswegige einstweilige Anordnung bestehen.

hemmer-Methode: I.d.R. wird hier in der Klausur kein Problem liegen, da gerade einer der Beteiligten einstweiligen Rechtsschutz beantragt bzw. fragt, was er tun kann. Dann können Sie diesen Punkt rasch abhaken. Wenn sich das Problem aber stellt, können Sie punkten, wenn Sie zu den Bearbeitern gehören, die es kennen.

III. Antragsberechtigung

Antragsberechtigung wie in Hauptsache

Weiterhin muss der Antragsteller für das Verfahren der einstweiligen Anordnung antragsberechtigt sein. Antragsberechtigt ist jedermann, der an dem Hauptsacheverfahren beteiligt ist oder, wenn es erst noch anhängig zu machen ist, beteiligt sein kann. Dazu gehören nicht die bloß Anhörungsberechtigten.[83] 48

IV. Keine evidente Unzulässigkeit des Hauptverfahrens

zwar keine umfassende Prüfung der Zulässigkeit der Hauptsache, aber bei evidenter Unzulässigkeit auch Antrag auf einstweiligen Rechtsschutz unzulässig

Um die Zulässigkeit des Verfahrens der einstweiligen Anordnung zu bejahen, muss die Zulässigkeit des Hauptverfahrens nicht umfassend geklärt sein.[84] Das folgt schon daraus, dass der Antrag nach § 32 BVerfGG gestellt werden kann, bevor die Hauptsache anhängig gemacht ist.[85] Wegen der Voraussetzung der Dringlichkeit und wegen des Charakters des vorläufigen Rechtsschutzes wird man den Antrag auf Erlass einer einstweiligen Anordnung jedenfalls dann für unzulässig halten müssen, wenn sich die Unzulässigkeit des Hauptsacheverfahrens ohne weiteres ergibt, vor allem wegen des Ablaufs von Fristen oder Missachtung von Formvorschriften.[86] Bei evidenter Unzulässigkeit kann die Abhilfe nämlich nicht dringlich sein. Sind hingegen eingehendere Überlegungen zur Zulässigkeit des Hauptsacheverfahrens notwendig, wird davon die Zulässigkeit des Verfahrens nach § 32 BVerfGG nicht berührt. 49

dagegen Begründetheit der Hauptsache in Zulässigkeit nicht zu prüfen

Ob die evidente Unbegründetheit des Hauptsacheverfahrens die Zulässigkeit des einstweiligen Anordnungsverfahrens beeinflusst, ist streitig. Richtigerweise sollten in der Prüfung der Zulässigkeit keine Begründetheitsaspekte untersucht werden, da dies die Prüfung unnötig kopflastig gestaltet und nicht dem summarischen Charakter des Verfahrens entspricht.[87] 50

V. Keine Vorwegnahme der Hauptsache

grds. keine Vorwegnahme der Hauptsache erlaubt, aber Ausnahmen, wenn:

Aus dem Charakter der einstweiligen Anordnung als Entscheidung zur vorläufigen Sicherung und Regelung folgt, dass in diesem Verfahren grundsätzlich die Entscheidung in der Hauptsache nicht vorweggenommen werden darf.[88] 51

---

83 BVerfGE 11, 339 (342) = **juris**byhemmer; 79, 379 (383) = **juris**byhemmer.

84 BVerfGE 12, 36 (39) = **juris**byhemmer; 16, 220 (226) = **juris**byhemmer; Benda/Klein, Rn. 1327.

85 BVerfGE 3, 267 (277) = **juris**byhemmer; 35, 193 (195) = **juris**byhemmer; Robbers, JuS 1994, 1032.

86 BVerfGE 16, 236 (238); 24, 252 (257 f.); 28, 97 (103); 67, 149 (151): **alle Entscheidungen** = **juris**byhemmer; Pestalozza, § 18, Rn. 7; Benda/Klein, Rn. 1327.

87 Benda/Klein, Rn. 1327; dagegen Pestalozza, § 18 Rn. 7 unter c); dagegen wohl auch BVerfG, NJW 1999, 1951 = **juris**byhemmer.

88 Ständige Rspr., BVerfGE 3, 41(43); 16, 220 (226); 46, 160 (163): **alle Entscheidungen** = **juris**byhemmer.

Ausnahmen von diesem allgemeinen prozessualen Grundsatz dürfen nur unter zwei Voraussetzungen gemacht werden:

Entscheidung in Hauptsache zu spät und sonst kein wirksamer Rechtsschutz möglich

⇨ Erste Voraussetzung ist, dass die Entscheidung in der Hauptsache zu spät käme und der Antragsteller in anderer Weise keinen ausreichenden Rechtsschutz mehr erlangen könnte.[89]

daraus schwerer, nicht hinnehmbarer Nachteil für Antragsteller

⇨ Weitere Voraussetzung ist, dass dieser als schwerer Nachteil anzusehende Schaden bei Erfolg in der Hauptsache nicht ausgeglichen werden kann und dass es dem Antragsteller billigerweise nicht zuzumuten ist, diesen Nachteil unkompensiert zu tragen.[90]

Bsp.: *Die A-Partei wendet sich dagegen, dass auch bei der ersten gesamtdeutschen, kurzfristig angesetzten Bundestagswahl die Zulassung ihrer Landeslisten in den neuen Bundesländern 2000 Unterschriften von Wahlberechtigten des Landes voraussetzt. Das BVerfG hat diese Regelung für die konkrete Wahl im Wege der einstweiligen Anordnung außer Kraft gesetzt.*[91]

hemmer-Methode: Dieses Beispiel verdeutlicht zugleich, dass die Voraussetzung „keine Vorwegnahme der Hauptsache“ nicht bedeutet, dass der Antrag i.S.d. § 32 BVerfGG mit dem Hauptsacheantrag identisch sein muss. Der Sicherungscharakter macht es gerade oft notwendig, dass der vorläufige Rechtsschutz auch etwas anderes verlangen kann als die Entscheidung in der Hauptsache.[92] So kann beispielsweise nur im Verfahren nach § 32 BVerfGG ein Gesetz außer Vollzug gesetzt werden, was im Normenkontroll- oder Verfassungsbeschwerdeverfahren als dem dazugehörigen Hauptsacheverfahren als Entscheidungsinhalt nicht verlangt werden kann. Durch eine einstweilige Anordnung kann die Maßnahme eines Verfassungsorgans suspendiert werden, während in dem dazugehörigen Organstreit die Verfassungswidrigkeit der Maßnahme festzustellen wäre. Zu beachten ist indessen, dass mit dem vorläufigen Rechtsschutz kein Zustand herbeigeführt werden darf, der die im Hauptsacheverfahren mögliche Entscheidung gar nicht zu sichern in der Lage ist. Entscheidend ist, dass die einstweilige Anordnung nicht zu endgültigem Rechtsschutz führen darf, denn dann läge eine unzulässige Vorwegnahme der Hauptsache vor.

VI. Rechtsschutzinteresse

Rechtsschutzinteresse, das auf Erlass der einstweiligen Anordnung gerichtet ist

Im Verfahren der einstweiligen Anordnung muss der Antragsteller ein besonderes, auf den Erlass einer einstweiligen Anordnung bezogenes Rechtsschutzbedürfnis besitzen.[93] Gerade die vorläufige Entscheidung des BVerfG muss erforderlich und geeignet sein, seine rechtlich geschützten Interessen zu wahren. 52

Daran fehlt es, wenn

⇨ die beschwerende fachgerichtliche Entscheidung noch nicht ergangen ist[94] oder

⇨ die Entscheidung in der Hauptsache rechtzeitig käme[95] oder

⇨ der Antragsteller durch eigene zumutbare Maßnahmen sein Ziel erreichen könnte (Ausprägung des Subsidiaritätsprinzips).[96]

---

89 BVerfGE 34, 160 (162 f.) = **juris**byhemmer; 67, 149 (151) = **juris**byhemmer; Robbers, JuS 1994, 1032.

90 Vgl. Butzer, JuS 1994, 1047.

91 BVerfGE 82, 353 (363) = **juris**byhemmer.

92 BVerfGE 31, 381 (385 f.) = **juris**byhemmer; Benda/Klein, Rn. 1328.

93 BVerfGE 23, 42 (49 f.) = **juris**byhemmer; Benda/Klein, Rn. 1333.

94 BVerfGE 16, 236 (238 f.) = **juris**byhemmer.

95 BVerfGE 16, 220 (226) = **juris**byhemmer; Benda/Klein, Rn. 1334.

96 BVerfGE 23, 42 (48 f.); 16, 236 (238 f.); 160 (226): **alle Entscheidungen** = **juris**byhemmer; Pestalozza, § 18, Rn. 12.

VII. Form und Frist

Form und Frist

Gemäß § 23 BVerfGG muss der Antrag schriftlich erfolgen und begründet werden. Spezifische Fristen sind nicht vorgeschrieben; allerdings wirkt sich die offensichtliche Fristversäumnis bei der Antragstellung im Hauptsacheverfahren negativ auf die Zulässigkeit des Verfahrens nach § 32 BVerfGG aus.[97] 53

B) Begründetheit der einstweiligen Anordnung

Begründetheitsschema:

I. Formel des BVerfG als Obersatz formulieren

II. Anordnungsanspruch

III. Anordnungsgrund, insbes. dringende Gebotenheit

IV. Abwägung zwischen den jeweiligen Folgen, wenn einstweilige Anordnung der Entscheidung in der Hauptsache nicht entspricht

Die einstweilige Anordnung kann gemäß § 32 BVerfGG erlassen werden, wenn sie zur Abwehr schwerer Nachteile, zur Verhinderung drohender Gewalt oder aus einem anderen wichtigen Grund zum gemeinen Wohl dringend geboten ist. Sind die Voraussetzungen gegeben, so muss das Gericht die einstweilige Anordnung erlassen; das Wort „kann" in § 32 BVerfGG bezeichnet die Kompetenz des Gerichts und räumt diesem keinesfalls Ermessen ein.[98] 54

I. Formel des BVerfG

Das BVerfG hat die Prüfung der Begründetheit nicht weitergehend systematisiert, sondern stützt sich in ständiger Rechtsprechung auf folgende Formel[99] (sog. Doppelhypothese):[100] 55

Formel des BVerfGG:

Bei der Prüfung der Begründetheit haben „die Gründe, die für die Verfassungswidrigkeit des angegriffenen Hoheitsaktes vorgetragen werden, grundsätzlich außer Betracht zu bleiben, es sei denn, die Verfassungsbeschwerde (oder das jeweilige Hauptsacheverfahren[101]) erweist sich von vornherein als unzulässig oder offensichtlich unbegründet.[102] Bei offenem Ausgang des Verfahrens haben diese Gründe grundsätzlich außer Betracht zu bleiben.

Das BVerfG muss in diesen Fällen die Folgen, die eintreten würden, wenn eine einstweilige Anordnung nicht erginge, die Verfassungsbeschwerde (oder das einschlägige Verfahren) aber Erfolg hätte, gegenüber den Nachteilen abwägen, die entstünden, wenn die begehrte einstweilige Anordnung erlassen würde, der Verfassungsbeschwerde (bzw. dem Hauptsacheverfahren) aber der Erfolg zu versagen wäre."

[97] Vgl. unten, Rn. 49.

[98] Benda/Klein, Rn. 1340; Robbers, JuS 1994, 1032; Pestalozza, § 18, Rn. 13.

[99] Zuletzt BVerfG, NJW 1994, 2143 (2144) = **juris**byhemmer m.w.N.

[100] Vgl. Schlaich, Rn. 465 ff. m.w.N.

[101] Anmerkung des Verfassers.

[102] M.w.N. BVerfG, NVwZ 2004, 1109 = **juris**byhemmer.

Das BVerfG kombiniert also bei der Begründetheit zweierlei Maßstäbe: einerseits die mutmaßlichen Erfolgsaussichten in der Hauptsache - der Antrag nach § 32 BVerfGG scheitert an der sicheren Misserfolgsaussicht - und andererseits können auch von ihnen unabhängige Abwägungen den Ausschlag geben, wenn der Misserfolg unsicher ist.

Mangels Klarheit und prüfungstechnischer Übersichtlichkeit dieses Ansatzes bietet es sich indes an, eine Parallele zum bekannten Aufbau des vorläufigen Rechtsschutzes zu ziehen.

II. Anordnungsanspruch und Anordnungsgrund

anderer Ansatz (nach § 123 VwGO, §§ 935, 940 ZPO): Anordnungsanspruch und Anordnungsgrund

Nach dem Vorbild der Dogmatik zu §§ 935, 940 ZPO und zu § 123 VwGO lassen sich auch im Rahmen des § 32 BVerfGG Anordnungsanspruch und Anordnungsgrund unterscheiden.[103] 56

Die Anträge auf Erlass einer einstweiligen Anordnung sind also begründet, wenn ein Anordnungsanspruch vorliegt und die einstweilige Anordnung zur Abwehr schwerer Nachteile, zur Verhinderung drohender Gewalt oder aus einem sonstigen wichtigen Grund (Anordnungsgründe) zum gemeinen Wohl dringend geboten ist (sonstige Anordnungsvoraussetzungen). Die Prüfung sollte im Interesse dogmatischer Klarheit diesem Aufbau folgen, ehe im Rahmen der Abwägung auf die Formel des BVerfG zurückzukommen ist.

1. Vorliegen eines Anordnungsanspruches

Anordnungsanspruch, wenn Kläger in Hauptsache erfolgreich wäre (summarische Prüfung)

Ein Anordnungsanspruch besteht, wenn sich der Antragsteller im Hauptsacheverfahren des „Streitfalls“ i.S.d. § 32 BVerfGG durchsetzen würde.[104] Da dies im vorläufigen Rechtsschutz nur summarisch geprüft werden kann und darf, kommt es darauf an, ob er den Anordnungsanspruch glaubhaft macht (vgl. § 294 ZPO). Glaubhaft gemacht ist ein Anspruch, wenn die Erfolgsaussichten im Hauptsacheverfahren überwiegen.[105] Dies ist wiederum niemals der Fall, wenn der Hauptsacheantrag erkennbar unzulässig oder offensichtlich unbegründet ist.[106] 57

Folglich ist zunächst die Zulässigkeit des einschlägigen Hauptsacheverfahrens zu prüfen. Die weitere Voraussetzung der offensichtlichen Unbegründetheit der Hauptsache ist zu verneinen, wenn die Notwendigkeit zur Prüfung schwieriger verfassungsrechtlicher Fragen gegeben ist.[107] Ist es also beispielsweise im Verfassungsbeschwerdeverfahren als Hauptsache notwendig, gründliche rechtliche Prüfungen anzustellen, um eine Grundrechtsverletzung darzulegen, dann darf dies nicht im summarischen Verfahren erfolgen, vielmehr ist dann der Anordnungsanspruch hinreichend glaubhaft gemacht.

2. Anordnungsgrund

Anordnungsgrund: vgl. § 32 BVerfGG

Die Anordnungsgründe ergeben sich aus § 32 BVerfGG. Es muss ein wichtiger Grund vorliegen; „schwere Nachteile“ und „drohende Gewalt“ sind Beispiele eines solchen wichtigen Grundes. Wie alle unbestimmten Gesetzesbegriffe sind die Merkmale auslegungsfähig und -bedürftig. 58

[103] Pestalozza, § 18, Rn. 14; Butzer, JuS 1994, 1048 m.w.N.

[104] Pestalozza, § 18, Rn. 15.

[105] Pestalozza, § 18, Rn. 15; Butzer, JuS 1994, 1048.

[106] BVerfG, NJW 1999, 1951 = **juris**byhemmer; Pestalozza, § 18, Rn. 15; Butzer, JuS 1994, 1048.

[107] Prüfungsvorschlag bei Butzer, JuS 1994, 1049.

Bedeutung hat bisher nur der Begriff des schweren Nachteils gewonnen, den das BVerfG beispielsweise in folgenden Fällen bejaht hat:

> **Bspe.:** *Inhaftierung aufgrund möglicherweise rechtswidriger Anordnung;*[108] *Ruinierung eines Gewerbetreibenden durch Vollzug des angegriffenen Gesetzes;*[109] *Ausstrahlung eines die Resozialisierung des Porträtierten möglicherweise erschwerenden Fernsehspiels;*[110] *Ausweisung eines mit einer Deutschen verheirateten ausländischen Studenten.*[111]

3. Sonstige Anordnungsvoraussetzungen

Die einstweilige Anordnung muss im Hinblick auf den Regelungsanlass zum gemeinen Wohl dringend geboten sein, § 32 I BVerfGG.

a) Dringende Gebotenheit

dringende Gebotenheit

Dringend geboten ist die Anordnung grundsätzlich, wenn anderenfalls irreparable Missstände entstünden.[112] Das Erfordernis der Dringlichkeit ist insofern in seiner Rolle dem Rechtsschutzbedürfnis ähnlich. 59

b) „Zum gemeinen Wohl“ dringend geboten

zum gemeinen Wohl

Die Anordnung muss gerade zum gemeinen Wohl dringend geboten sein. Das gemeine Wohl kann auch irreparable Missstände billigen, in Kauf nehmen oder gar fordern, wenn auf der anderen Seite mehr auf dem Spiel steht.[113] Es hat hier eine Interessensabwägung zwischen den Individualinteressen des Antragstellers und dem gemeinen Wohl stattzufinden.[114] 60

4. Abwägung

Abwägung zwischen Interessen des Antragstellers und gemeinem Wohl

Bei der Abwägung zwischen den Interessen des Antragstellers und dem gemeinen Wohl hat nach ständiger Rechtsprechung des BVerfG die oben (Rn. 55) genannte Abwägung stattzufinden.[115] Diese umfasst nicht nur das Interesse des Antragstellers, sondern alle in Frage kommenden Belange und widerstreitenden Interessen.[116] 61

Wenngleich das BVerfG grundsätzlich die Erfolgsaussichten in der Hauptsache bei der Abwägung außer Acht lassen will, so hat es selbst einige Ausnahmen von diesem Grundsatz zugelassen, indem es sogar ausdrücklich die summarische Prüfung der Hauptsache mit in die Abwägung einbezogen hat[117] oder aber die offensichtliche Unzulässigkeit oder Unbegründetheit der Hauptsache negativ in die Abwägung einstellt.[118]

---

[108] BVerfGE 8, 102 (103) = **juris**byhemmer.

[109] BVerfGE 14, 153 f. = **juris**byhemmer.

[110] BVerfGE 34, 341 (343) = **juris**byhemmer.

[111] BVerfGE 35, 177 (178) = **juris**byhemmer.

[112] Pestalozza, § 18, Rn. 17.

[113] Pestalozza, § 18, Rn. 18.

[114] Butzer, JuS 1994, 1049 m.w.N.

[115] BVerfGE 71, 350 (351 f.); 77, 121 (124 f.); NJW 1994, 2143 (2144): **alle Entscheidungen** = **juris**byhemmer.

[116] BVerfGE 12, 276 (280) = **juris**byhemmer; 66, 26 (37 f.) = **juris**byhemmer; Schlaich, Rn. 465.

[117] BVerfGE 35, 193 (196 f.); 46, 160 (164); 67, 149 (152): **alle Entscheidungen** = **juris**byhemmer.

[118] Ständige Rspr. BVerfGE 66, 39 (56); 71, 350 (352); zuletzt NJW 1994, 2143 (2144): **alle Entscheidungen** = **juris**byhemmer.

Nach weit verbreiteter Ansicht im Schrifttum lassen diese einschneidenden Ausnahmen den Schluss zu, dass bei der Abwägung eine summarische Prüfung der Erfolgsaussichten des Hauptsacheverfahrens einfließt und damit der Unterschied zur verwaltungsgerichtlichen Rechtsprechung nivelliert wird.[119]

C) Sonstiges

weitere Besonderheiten in § 32 BVerfGG

Einige weitere interessante Besonderheiten, die freilich nicht immer in die Zulässigkeits- oder Begründetheitsprüfung in der Klausur gehören, enthält § 32 BVerfGG z.B. zum Erfordernis einer mündlichen Verhandlung (Abs. 2), zum Widerspruch gegen einstweilige Anordnungen (Abs. 3) und zum Außerkrafttreten nach Verlängerung (Abs. 6). Sollte in einer (Zusatz-)Frage etwas aus dem Umfeld der einstweiligen Anordnung zu schreiben sein, empfiehlt es sich, zuerst § 32 BVerfGG auf eine eventuelle Regelung durchzumustern. 62

Bearbeiten Sie die Wiederholungs- und Vertiefungsfragen zum 1. Kapitel!

[119] Vgl. Schlaich, Rn. 465; Berkemann, JZ 1993, 161 ff.

2. KAPITEL: STAATSZIELBESTIMMUNGEN

§ 6 BEDEUTUNG IN DER EXAMENSKLAUSUR

A) Überblick über die Prinzipien

Staatszielbestimmungen/ Strukturprinzipien v.a. in Art. 20, 28 GG: Republik, Demokratie, Bundesstaat, Rechtsstaat und Sozialstaat

Zentrale Prinzipien der Verfassung sind vor allem in den Art. 20 und 63
28 GG festgehalten. Es sind dies die Entscheidungen des Bonner Grundgesetzes für Republik, Demokratie, Bundesstaat, Rechtsstaat und Sozialstaat. Diese Festlegungen sind neben dem Bekenntnis zur freiheitlich-demokratischen Grundordnung und zum parlamentarischen Regierungssystem als tragende Pfeiler der staatlichen Ordnung anzusehen und können auch nicht im Rahmen einer Verfassungsänderung beseitigt werden, vgl. Art. 79 III GG. Sie werden deswegen als Staatsfundamentalnormen bezeichnet. Im Hinblick auf ihre Funktion als gestaltgebende Festlegungen und ordnende Grundsätze sollte man sie parallel zur Terminologie anderer Wissenschaften als Strukturprinzipien bezeichnen.[120]

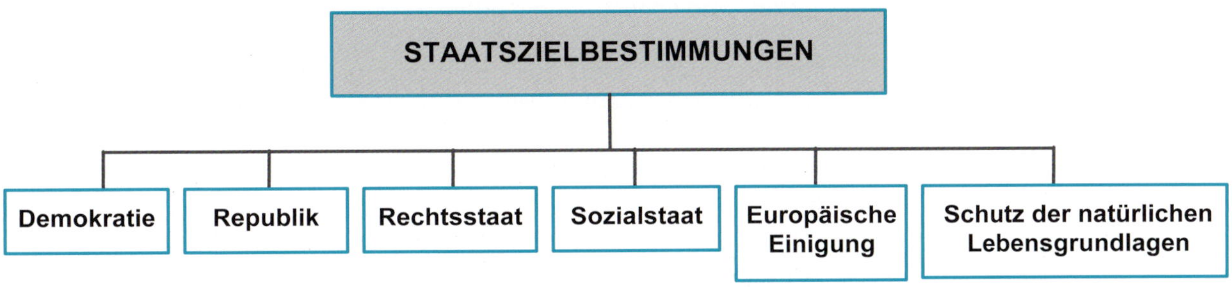

hemmer-Methode: Zum Teil wird die freiheitlich demokratische Grundordnung als weitere Staatszielbestimmung genannt. Dies ist überflüssig, weil die Bestimmung des Inhalts der Grundordnung nur mit Hilfe der übrigen Prinzipien möglich ist und sie deshalb nur die zusammenfassende Beschreibung der grundlegenden Prinzipien ist. Außerdem hat die freiheitlich demokratische Grundordnung eine ganz andere Funktion.

B) Bedeutung bei Themenarbeiten und im Rahmen der Auslegung

Bedeutung in Themenarbeiten, aber auch in der Fallbearbeitung, z.B. als Auslegungshilfe

Die Bedeutung dieser Vorschriften für das Examen zeigt sich zum 64
einen bei Themenarbeiten. Aber auch im Rahmen einer Fallbearbeitung werden die Strukturprinzipien inzident für die Auslegung wichtig. Beispiele sind u.a. die Rückwirkungsproblematik sowie die materielle Schranke für die Verfassungsänderung in Art. 79 III GG[121] und die Bedeutung der allgemeinen Grundsätze im Rahmen der Grundrechtsauslegung. Art. 20 GG wird auch oft eine Verfassung in Kurzform genannt. Er ist auch nicht bloßes Programm, sondern unmittelbar geltende Vorschrift, bedarf aber der Konkretisierung.[122]

Problematik: einzelne Prinzipien können widerstreiten ⇨ Ausgleich muss geschaffen werden

Dabei ist zu beachten, dass Art. 20 GG mehrere Prinzipien enthält, wobei die Akzentuierung des einen das Gewicht des anderen verschiebt. Spannungsverhältnisse bestehen vor allem zwischen dem gewaltenteilenden Rechtsstaat und dem Demokratieprinzip.

---

120 Stern, Staatsrecht, S. 551 ff.; zu den Arten der Verfassungsnormen vgl. Schuppert, AöR 1995, 34, 53 ff.

121 Zu Art. 79 III GG vgl. näher unten Rn. 178 ff.

122 Zur Steuerungsfunktion des Verfassungsrechts: Schuppert, AöR 1995, 34, 60 ff.

Der liberale Traditionsstrang[123] will die individuelle Freiheit nicht allein durch Volkssouveränität schützen, sondern vor allem durch die Garantie einer auch der Volkssouveränität selbst vorgeordneten Sphäre privater Freiheit. Unter der Voraussetzung einer unabhängig vom Staat funktionierenden Wirtschaft ist Demokratie als Herrschaft des Volkes nicht schon in sich selbst Endzweck, sondern Minimallösung, um im Interesse der Freiheit egoistisch wirtschaftender Individuen Herrschaft gering zu halten und zu kontrollieren.[124] 65

Ein zweiter Traditionsstrang will demgegenüber nicht Freiheit von der Gesellschaft als Schutz einer von selbst funktionierenden Verkehrsform, sondern Freiheit in der Gesellschaft mit dem Ziel einer Identität von Regierenden und Regierten.[125] Der den gesetzlichen Regeln Unterworfene soll nach diesem identitären Konzept nur dann gebunden sein, wenn man ihn zugleich als Autor dieser Regeln begreifen kann. 66

Dieses Konzept akzentuiert zwar Schwächen der liberalen Theorie, beinhaltet aber zugleich große Risiken für gesellschaftliche Vielfalt und individuelle Freiheit. Denn eine unbeschränkte Volkssouveränität setzt voraus, dass die das souveräne Volk bildenden Individuen homogene Interessen haben.[126]

Beide Traditionsstränge sind in das Grundgesetz eingegangen. Aber schon die Verortung des Grundrechtsteils vor dem objektiven Verfassungsrecht zeigt, dass im Vordergrund die individuelle Freiheit und ihre gewaltenteilende Sicherung stehen. Identitäre Konzepte sind mit der starken Betonung der Grundrechte und des Rechtsstaatsprinzips im Grundgesetz kaum vereinbar.[127]

§ 7 REPUBLIK

Republik: Ausschluss von Monarchie; Staatsoberhaupt nicht dynastisch bestimmt und nicht auf Lebenszeit

Die Staatszielbestimmung der Republik schließt die Einführung einer Monarchie aus und stellt eine Entscheidung für ein revozierbares Staatsoberhaupt dar. Die Bedeutung des Republikprinzips wird in den Vorschriften über den Bundespräsidenten konkretisiert.[128] 67

---

123 Vgl. zu diesem Traditionsstrang: Habermas, Theorie und Praxis, 1978, S. 89 ff., 92, sowie McLaughlin, A Constitutional History of the United States, 1975.

124 Vgl. dazu Rosenbaum, Naturrecht und positives Recht, 1972, S. 278 ff.; Macpherson, Political Theory of Possessive Individualism, 1962.

125 Vgl. Habermas, ebenda.

126 Vgl. dazu F. Müller, Entfremdung. Zur anthropologischen Begründung der Staatstheorie bei Rousseau, Hegel und Marx 1985, S. 35 ff., Christensen, Freiheitsrechte und soziale Emanzipation, 1987, S. 28 ff.

127 Vgl. zu dieser Problematik: Kägi, Rechtsstaat und Demokratie, Antinomie und Synthese, in: Matz (Herausgeber), Grundprobleme der Demokratie, 1973, S. 107 ff.; Perels, „Sind Grundrechte und Demokratie unvereinbar?“, in: Vorgänge, Heft 1, 1984, S. 1 ff.

128 Zum Bundespräsidenten und seiner Stellung vgl. auch unten Rn. 204 ff.

§ 8 SOZIALSTAAT

A) Verfassungsrechtliche Verankerung des Sozialstaatsprinzips

Sozialstaatsprinzip: v.a. in Art. 20, 28, 14, 15, 6 und 9 III GG verankert

Bedeutung v.a. für Gesetzgebung

Das Sozialstaatsprinzip findet seine rechtliche Ausprägung in den 68
Art. 20 und 28 GG sowie in den Art. 6, 9 III, 14 II und 15 GG. Es wendet sich in erster Linie an den Gesetzgeber mit der Pflicht, eine gerechte soziale Ordnung zu schaffen.[129] In geringerem Maße hat es auch eine Bedeutung für die Rechtsprechung, und zwar bei der Auslegung von vorkonstitutionellem Recht. Bei nachkonstitutionellem Recht ist das Sozialstaatsprinzip ja zumeist schon in das Gesetz eingegangen. Außerdem ermächtigt es die Verwaltung zur Leistung in Notfällen, aber nicht etwa zu Eingriffen. Schließlich hat es auch noch eine subjektiv-rechtliche Seite, indem das Sozialstaatsprinzip für den einzelnen Bürger Anspruchsgrundlage gegen den Staat für ein Existenzminimum sein kann. Dieser theoretische Anspruch wird aber so lange nicht praktisch relevant, als der Gesetzgeber mit dem BSHG eine entsprechende Ausgestaltung geschaffen hat.

Konkrete sozialstaatliche Normen finden sich weiter etwa in Art. 72 II GG („Wahrung der Rechts- oder Wirtschaftseinheit“, „Einheitlichkeit der Lebensverhältnisse“) oder vor allem in Art. 109 II - IV GG mit dem Erfordernis des „gesamtwirtschaftlichen Gleichgewichts“; diese Vorschrift wird im Stabilitätsgesetz weiter konkretisiert. Solche Normen setzen voraus, dass der Staat im Bereich der Gesellschaft tätig wird, also in Wirtschafts- und Gesellschaftsordnung aktiv interveniert. Er ist vor allem in diesem Sinn „Sozialstaat“. Dem Staat sind Aufgaben wie „Einheitlichkeit“ oder „Gleichgewicht“ gestellt, also gesellschaftliches und wirtschaftliches Krisenmanagement mit den Mitteln politischer Steuerung.[130]

hemmer-Methode: Machen Sie sich die Konkretisierungen und Verästelungen der Staatszielbestimmungen im Grundgesetz bewusst: Zwar wird zum Beleg für das Sozialstaatsprinzip (durchaus richtigerweise) i.d.R. nur Art. 20 I GG zitiert, für die Argumentation am Fall kann aber u.U. die (ergänzende) Heranziehung einer anderen Norm besser passen, die auch Ausfluss des Sozialstaatsprinzips, aber für die konkrete Frage aussagekräftiger ist.

B) Inhalte des Sozialstaatsprinzips

Inhalte des Sozialstaats

Der Staat ist danach verpflichtet, soziale Gerechtigkeit und soziale 69
Sicherheit herzustellen und zu erhalten. Dabei bedeutet

soziale Gerechtigkeit

⇨ **soziale Gerechtigkeit:** ein Verteilungsprinzip, wonach jeder Be- 70
völkerungsschicht die Rechte und Güter eingeräumt werden, die erforderlich sind, um das wirtschaftliche und kulturelle Leben auf einem angemessenen Standard zu halten;

sozialer Frieden

⇨ **soziale Sicherheit:** das Vorhandensein von Einrichtungen, die 71
bei Fehlen eigener Reserven bei Krankheit, Arbeitslosigkeit etc. ein Mindestmaß an Daseinshilfe gewähren.

i.d.R. zu unbestimmt für konkrete Ansprüche

Zwar ist das Sozialstaatsprinzip rechtlich verbindlich; es ergibt sich 72
daraus aber nicht, was an wen und wann verteilt wird. Es ist zu weit und zu unbestimmt, als dass hieraus konkrete Ansprüche abgeleitet werden könnten. Davon gibt es natürlich einige Ausnahmen:

---

129 Zum Sozialstaatsprinzip als Motor des sozialgestaltenden Gesetzgebers: Schuppert, AöR 1995, 34, 77 ff.

130 Zur neueren Problematik der sog. „Deregulierung“ vgl. Koenig, Die öffentlich-rechtliche Verteilungslenkung, 1994.

Das Sozialstaatsprinzip entfaltet die Wirkung des Verbots unsozialer Gesetze. Dies bedeutet in der Praxis, dass der sozial Schwächere nicht benachteiligt werden darf.

allerdings Sicherung des Existenzminimums als unmittelbarer Ausfluss

Das Sozialstaatsprinzip bedeutet einen Gesetzgebungsauftrag an den Gesetzgeber, Regelungen zu treffen, die einen bestimmten sozialen Mindeststandard gewährleisten (Existenzminimum).

Bsp.: *Regelungen über den Mutterschutz, Schwerbehindertenschutz, Kranken- und Arbeitslosenversicherung, Mieterschutz.*

Im Ausnahmefall kann das Sozialstaatsprinzip sogar Anspruchsgrundlage für den Einzelnen sein, zumindest aber wirkt es ermessenssteuernd.

Bsp.: *Ein in einer Obdachlosenunterkunft untergebrachter Obdachloser kann verlangen, dass ein Stromanschluss hergestellt wird, falls dies mit zumutbarem Aufwand möglich ist.*

hemmer-Methode: In der Literatur wird zum Teil aus dem Sozialstaatsprinzip eine „Verpflichtung zu sozialer Verantwortung" hergeleitet. Dies wird auch als Grundpflicht zu einem Mindestmaß an Solidarität gegenüber der Gemeinschaft bezeichnet. Aus diesem allgemeinen Zusammenhang wird dann eine Solidaritätspflicht abgeleitet im Sinne einer verfassungsrechtlichen Grundpflicht.[131] Eine solche undifferenzierte, aus allgemeinen Erwägungen abgeleitete verfassungsrechtliche Grundpflicht zur Solidarität würde aber in der Konsequenz eine von vornherein sozialverpflichtete Freiheit produzieren. Im Ergebnis wäre damit das verfassungsrechtlich anerkannte Prinzip der Eigenverantwortung in einem komplexen und sich ständig ausdehnenden Pflichtenkanon aufgelöst. Eine Ableitung von Grundpflichten aus dem Sozialstaatsprinzip würde damit dieses Prinzip entgegen der freiheitlichen Verfassungssystematik überstrapazieren.[132]

Sozialstaatsprinzip baut auf gegebener Rechtswirklichkeit im sozialen Bereich auf ⇨ Kern dieser Rechte nicht mehr abschaffbar

Nach richtiger herrschender Lehre baut das Sozialstaatsprinzip auf der gegebenen Wirklichkeit der Rechtsordnung im sozialen Bereich auf. Der Kern der Rechtsbereiche, die für den sozialen Rechtsstaat als unabdingbar gelten, kann ohne Verfassungsverstoß nicht mehr abgeschafft werden. Wegen des Sozialstaatsprinzips in Art. 20 I und 28 I GG i.V.m. Art. 79 III GG könnte also selbst im Wege der Verfassungsänderung etwa das Arbeitsschutzrecht, Arbeitszeitrecht, das Sozialhilferecht, das Versorgungs- und Versicherungsrecht, das Tarifvertragsrecht oder das Betriebsverfassungsrecht nicht mehr grundsätzlich beseitigt werden. 73

Verhältnis zwischen Sozialstaat und Rechtsstaat, z.B. bei Grenzen richterlicher Rechtsfortbildung

Rechtsstaat und Sozialstaat sind nicht nur auf Verwaltungsebene, sondern auch auf Verfassungsebene miteinander vereinbar. Allerdings ist auf Verfassungsebene das Sozialstaatsprinzip nur in einigen Normen erfasst, das Rechtsstaatsprinzip dagegen ausführlich und systematisch normiert. 74

Trotzdem handelt es sich um zwei gleichwertige Staatsstrukturprinzipien, denen etwa im Rahmen einer Abwägung auf der prinzipiellen Ebene das gleiche Gewicht zukommt. Sie können aber auch in der oben genannten Weise in Konflikt zueinander treten:

Bsp.:[133] *Ein Konkurs wurde so abgewickelt, dass zunächst die Aussonderung, Absonderung und Aufrechnung erfolgte. Danach wurden die Masseschulden beglichen, § 59 I KO.*

131 Vgl. zum ganzen Zusammenhang einer Ableitung von Grundpflichten aus dem Sozialstaatsprinzip: Bachof, VVDStRL, 98 ff.

132 Zum Problem der Grundpflichten vgl. auch Hemmer/Wüst, Staatsrecht I, Rn. 100.

133 Nach BVerfGE 65, 182 ff. = **juris**byhemmer; beachten Sie, dass an die Stelle der KO mittlerweile die InsO getreten ist.

Danach kamen die bevorrechtigten Konkursforderungen gemäß § 61 I Nr. 1 - 5 KO, zu denen unter anderem die Bezüge der Arbeitnehmer aus dem Arbeitsverhältnis für das letzte Jahr gehören. Unter § 61 I Nr. 6 KO wurden dann alle übrigen Konkursforderungen eingeordnet. Über den Sozialplan, der bei betriebsbedingten Entlassungen in gewissen Fällen aufgestellt wird, war in der KO der damaligen Fassung nichts ausgesagt. Das BAG hatte zum Schutz der Arbeitnehmer die Sozialplanabfindungen als Konkursforderungen im Range vor § 61 I Nr. 1 KO eingeordnet. Ist eine solche „richterliche Rechtsfortbildung" zulässig oder sogar geboten?

Das BVerfG hält die vom BAG getroffene Entscheidung für einen Verstoß gegen Art. 20 III GG (Rechtsstaatsprinzip).

Die so genannte richterliche Rechtsfortbildung als Aufgabe und Befugnis der Gerichte wird vom Bundesverfassungsgericht zwar auch weiterhin anerkannt. Rechtsfortbildung war in der deutschen Rechtsgeschichte danach nicht nur seit jeher eine anerkannte Funktion der Rechtsprechung; sie ist im modernen Staat geradezu unentbehrlich. Gewichtige Regelungen des gegenwärtigen bürgerlichen wie öffentlichen Rechts beruhen auf ihr. Das geltende Recht erkennt sie zumal für die höchstrichterliche Rechtsprechung (vgl. § 137 GVG) an. Dieser Rechtsfortbildung sind durch die Rechts- und Gesetzesbindung in Art. 20 III GG jedoch Grenzen gezogen.

Die Konkursordnung bietet keinen Anhaltspunkt, um zu dem vom BAG gefundenen Ergebnis zu gelangen. Die KO folgt dem Prinzip, dass das gesamte pfändbare Vermögen des Schuldners zur gemeinschaftlichen Befriedigung aller Konkursgläubiger dient. Die Durchbrechungen des Grundsatzes gleichmäßiger Befriedigung der Konkursgläubiger aus der Konkursmasse sind u.a. in § 61 KO geregelt. Einzelne Gläubigergruppen erhalten für bestimmte Ansprüche eine bevorzugte Befriedigung in festgelegter Rangfolge. Jedes Konkursvorrecht bildet eine Ausnahme vom Gebot der Gleichbehandlung aller Konkursgläubiger. Die Regelung der Konkursordnung ist nach Wortlaut, Systematik und Sinn abschließend. Die Konkursforderung nimmt entweder an einer der bevorrechtigten Stellen am gemeinschaftlichen Befriedigungsverfahren teil oder ist als sonstige Konkursforderung im letzten Rang zuzuordnen. Eine gesetzliche Regelungslücke, die dem Richter erlaubte, für bestimmte Forderungen eine Privilegierung vorzunehmen, besteht also nicht.

Auch das Sozialstaatsprinzip bietet nach Ansicht des BVerfG für das BAG keine Grundlage. Es enthalte nämlich infolge seiner Weite und Unbestimmtheit keine unmittelbaren Handlungsanweisungen, die durch die Gerichte ohne gesetzliche Grundlage in einfaches Recht umgesetzt werden könnten. Insoweit ist es richterlicher Inhaltsbestimmung weniger zugänglich als Grundrechte. Vor diesem Hintergrund bleibt für die richterliche Fortbildung des Rechts kein Raum. Das BAG hat die Grenzen der richterlichen Rechtsfortbildung unter Rücksicht auf den Verfassungsgrundsatz der Rechts- und Gesetzesbindung überschritten.

§ 9 BUNDESSTAAT

A) Begriff des Bundesstaats

allgemeine Staatslehre: Bundesstaat steht zwischen Einheitsstaat und Staatenbund

Nach allgemeiner Staatslehre ist der Bundesstaat ein Staatsgebilde zwischen Einheitsstaat und Staatenbund, in dem sowohl der Zentralstaat als auch die Gliedstaaten echte originäre Staatsgewalt besitzen. Das Bundesstaatsprinzip sichert sowohl den Gliedstaaten wie auch dem Zentralstaat Existenz und eigene kraftvolle Betätigungsmöglichkeiten zu. Allerdings ist im Rahmen der Auslegung mit Schlüssen aus der allgemeinen Staatslehre Vorsicht geboten. Entscheidend ist allein die geltende Verfassung. 75

h.M.: zweigliedriger Bundesstaatsbegriff

Zum Teil wird versucht, den Bundesstaat als dreigliedrig zu verstehen, um damit zum Ausdruck zu bringen, dass sowohl der Zentralstaat als auch die Gliedstaaten wieder eine staatliche Einheit bilden. Herrschend ist allerdings der zweigliedrige Bundesstaatsbegriff, wobei die Gemeinden als Teile der Länder angesehen werden. 76

Bund und Länder verfügen über volle Staatsgewalt; bundesstaatliche Ordnung garantiert allerdings keine Bestandsgarantie für einzelnes Land

Nach der zweigliedrigen Theorie des Bundesstaates verfügen sowohl der Bund als auch die Länder über eine vollständige Staatsgewalt. Danach haben alle sechzehn Bundesländer ein eigenes Staatsgebiet, Staatsvolk und Staatsgewalt. Es ist den einzelnen Ländern nicht möglich, aus dem Staat „auszutreten“. Im Gegenzug gibt es aber keine Bestandsgarantie für die einzelnen Länder. Dies ergibt sich schon aus Art. 29 GG, der die Neugliederung grundsätzlich zulässt. Daraus kann aber wiederum nicht gefolgert werden, dass die bundesstaatliche Ordnung vollständig aufgehoben werde und die Bundesrepublik als Einheitsstaat „neu gegliedert“ werden könnte, vgl. Art. 79 III GG i.V.m. Art. 20 GG. 77

B) Voraussetzungen des Bundesstaatsprinzips

I. Geistesgeschichtliche Grundlagen

erste historische Umsetzung der Bundesstaatsidee: 1785 in Nordamerika

Der Bundesstaat ist als Staatstypus im Wesentlichen eine Entwicklung der neueren Geschichte. Seine erste historisch vollständige Realisierung vollzieht sich 1785 durch Umbildung des nordamerikanischen Staatenbundes zum amerikanischen Bundesstaat. Jedoch finden sich schon gewisse Elemente des Bundesstaatsgedankens in der Union von Lublin (polnisch-litauischer Staatenbund) sowie in der sich an den 30-jährigen Krieg anschließenden Neuordnung Deutschlands 1648. Im Anschluss an diese politische Entwicklung wird in der deutschen Rechtswissenschaft erstmals eine wissenschaftliche Theorie des Bundesstaats entwickelt. Vorher konnte man sich einen Staat aus mehreren staatlichen Gebilden, d.h. etwas anderes als einen Einheitsstaat, nicht vorstellen. Es war damit ein Zusammenwirken von staatspolitischer Praxis und wissenschaftlicher Theorie, das den Bundesstaatsgedanken formte.[134] 78

auch Subsidiaritätsprinzip als Grundlage

Als Ordnungsprinzip liegt dem Bundesstaat die politische Idee des Föderalismus zugrunde, welche als politische Gestaltungskraft vor allem in Nordamerika auftrat. Danach ist der Gesellschafts- bzw. Staatsaufbau von unten nach oben zu denken, d.h. vom Individuum über Familie, Gemeinde, Land und Bund. Entsprechend dem Subsidiaritätsgrundsatz soll dabei von einer vorrangigen Zuständigkeit der jeweils kleineren Einheit auszugehen sein.[135]

134 Stern, Staatsrecht, S. 654 ff.

135 Stern, Staatsrecht, S. 660 f.

hemmer-Methode: Diese geistesgeschichtlichen Grundlagen sind zwar für die Auslegung der Bonner Verfassung nicht ausschlaggebend, aber im Hinblick auf das Verständnis, etwa der bundesstaatlichen Kompetenzregelungen, durchaus von Nutzen.

II. Rechtsgeschichtliche Entwicklung

vgl. Deutsches Reich 1871: eher noch Staatenbund (Bundesrat als wichtigstes Organ), dagegen nach GG Bundesstaat (Zentralparlament als wichtigstes Organ)

Zum Verständnis des Bundesstaatsprinzips tragen auch rechtsgeschichtliche Überlegungen bei. Insbesondere der Vergleich der bundesstaatlichen Konstruktion des Deutschen Reiches von 1871 mit dem Grundgesetz kann hier von Nutzen sein. Der „ewige Bund" - Präambel der Verfassung von 1871 - hatte zur Grundlage nicht die Volkssouveränität, sondern die monarchischen Dynastien. Oberstes Reichsorgan war daher nicht ein Gesamtparlament, etwa der Reichstag, sondern der Bundesrat. Dieser bestand aus ernannten Vertretern der verbündeten Regierungen. Das Deutsche Reich hatte also eher Tendenzen zu einem, wenn auch eng zusammengeschlossenen, Staatsbund. Dagegen ist durch das Grundgesetz das „bündische" Konzept durch ein eindeutiges bundesstaatliches Konzept auf der Grundlage der Volkssouveränität ersetzt worden. Oberstes politisches Bundesorgan ist demzufolge auch nicht länger der Bundesrat, sondern das gewählte Zentralparlament, der Bundestag.[136] 79

III. Allgemeine Staatslehre

Merkmale des Bundesstaats, insb. Kompetenzverteilung

Eine vorläufige Bestimmung des Bundesstaatsprinzips lässt sich aus der allgemeinen Staatslehre gewinnen. Mehrere staatliche Organisationen und Rechtsordnungen werden danach zusammengefasst - die „Gliedstaaten" zum „Gesamtstaat". Beide werden einander so zugeordnet, dass 80

- ⇨ die staatlichen Kompetenzen aufgeteilt werden,
- ⇨ den Gliedstaaten Einflussmöglichkeiten auf den Gesamtstaat (durch ein besonderes politisches Organ: hier der Bundesrat) und umgekehrt diesem Einflussmöglichkeiten auf die Gliedstaaten eingeräumt werden,
- ⇨ eine gewisse Homogenität der beiden Bereiche gewährleistet wird.

Soweit lässt sich die Bundesstaatstheorie aus der allgemeinen Staatslehre bestimmen. Darüber hinaus ist die Frage der Ausgestaltung des bundesstaatlichen Systems allein eine Frage des konkreten positiven Verfassungsrechts.

C) Normative Ausprägung des Bundesstaatsprinzips im Grundgesetz

zentrale bundesstaatliche Normen des GG: Art. 28, 30, 31, 142, 50 ff. GG.

Die zentralen Normen, aus denen sich der Inhalt des Bundesstaatsprinzips ergibt, sind die folgenden: 81

- ⇨ die Homogenitätsklausel des Art. 28 I und III GG
- ⇨ die Kompetenzklausel der Art. 30, 70, 83 GG
- ⇨ die Kollisionsklausel des Art. 31 GG

[136] Überblick zur historischen Entwicklung: Kröger, Einführung, 1993, 138 ff.

⇨ die Grundrechtsklausel des Art. 142 GG

⇨ die Stellung des Bundesrats regelnden Normen der Art. 50 ff. GG

hemmer-Methode: Auch hier gilt wieder: Sehen Sie die über das Grundgesetz verstreuten Zusammenhänge! Versuchen Sie, in der Argumentation jeweils von der sachnächsten Normierung auszugehen, und ziehen Sie dann weitere Ausprägungen ergänzend heran.

I. Homogenitätsklausel des Art. 28 GG

Art. 28 GG: Homogenitätsklausel (keine Uniformität!)

Die Homogenitätsklausel des Art. 28 GG enthält in seinem Absatz eins die materiellen Maßstäbe und in Absatz drei die Gewährleistung durch den Bund dafür, „dass die verfassungsmäßige Ordnung der Länder den Grundrechten und den Bestimmungen der Absätze eins und zwei entspricht“. 82

Art. 28 I GG verpflichtet dabei die Länder aber nicht zum inhaltlichen Gleichlauf mit dem Grundgesetz, sondern nur zur Beachtung der wesentlichen Grundsätze von Demokratie, Rechtsstaat, Sozialstaat und Republik.

> ***Bsp.:*** *Nach Art. 45 II (Bay)LStVG soll bei Erlass einer Verordnung die Ermächtigungsgrundlage angegeben werden, während Art. 80 I S. 3 GG ein zwingendes Zitiergebot vorschreibt. Da dieses Zitiergebot aber nicht unabdingbares Element eines Rechtsstaats ist, ist die bayerische Soll-Regelung verfassungskonform.*

wichtige Instrumente: Art. 37, 91 GG

Die wichtigsten Instrumente, die dem Bund zur Ausführung von Art. 28 III GG gegeben werden, sind einmal der Bundeszwang nach Art. 37 GG und zum anderen die Bundesintervention nach Art. 91 GG.

Art. 37 GG ermöglicht direkte Maßnahmen der Bundesregierung mit Zustimmung des Bundesrates dann, wenn ein Land seine bundesstaatlichen Pflichten nicht erfüllen will.

Art. 91 GG regelt einen etwas anderen Fall. Hier geht der Widerstand nicht vom Land aus, sondern es droht eine hiervon unabhängige Gefahr entweder für den Bund insgesamt oder für ein einzelnes Land. Hier ist die Kompetenz der Bundesregierung nur subsidiär (Art. 91 II GG gegenüber Art. 91 I GG).

Nicht zu vergessen sind darüber hinaus die Kompetenzen des Bundesverfassungsgerichts, welche sich z.B. in Art. 93 I Nr. 2 GG für die abstrakte, in Art. 100 I S. 1 GG für die konkrete Normenkontrolle und in Art. 93 I Nr. 3 GG - Bund-Länder-Streit - finden.

II. Kompetenzklausel des Art. 30 GG

Art. 30 GG, grds. Verteilung: Kompetenzen bei den Ländern, soweit nichts anderes angeordnet oder zugelassen

Die Kompetenzklausel des Art. 30 GG enthält die grundsätzliche Verteilungsregelung für die Ausübung staatlicher Befugnisse und die Erfüllung staatlicher Aufgaben. Beide sind Sache der Länder, „soweit dieses Grundgesetz keine andere Regelung trifft oder zulässt“. Die Formulierung „trifft“ bedeutet: Das Grundgesetz enthält eine direkte Anordnung. Die Formulierung „zulässt“" bedeutet die Begründung von Bundeszuständigkeit durch Interpretation geltenden Rechts, vor allem die Bundeszuständigkeit kraft Natur der Sache, kraft Sachzusammenhang und sog. Annexkompetenz. 83

In der Bundesstaatslehre der USA spricht man hier von „implied powers“. Art. 30 GG ist konkretisiert im 7. Abschnitt des Grundgesetzes über die Gesetzgebung, im 8. Abschnitt über die Verwaltung und im 9. Abschnitt über die Rechtsprechung.[137]

hemmer-Methode: Interessant ist ein Vergleich der Kompetenzverteilung in den verschiedenen Funktionen einmal nach dem Verfassungstext und zum zweiten nach der politischen Realität. Bei der Gesetzgebung liegt nach dem Grundgesetz das Schwergewicht bei den Ländern, in der Realität allerdings beim Bund. Bei der Exekutive liegt das Schwergewicht sowohl nach dem Grundgesetz als auch nach der politischen Realität bei den Ländern.
Bei der Rechtsprechung ist eine differenzierte Betrachtung angebracht. Nach dem Grundgesetz liegt bei den Ländern der quantitative Schwerpunkt, qualitativ jedoch im Hinblick auf die Führungsrolle der höchstrichterlichen Rechtsprechung liegt das Schwergewicht beim Bund.[138]

III. Kollisionsklausel des Art. 31 GG

Art. 31 GG: Bundesrecht bricht Landesrecht (u.U. Ausnahme zum Vorrang der lex specialis!)

Art. 31 GG ist eine Kollisionsklausel, d.h. dieser Artikel regelt den Fall, dass einander widersprechende Gesetze vorliegen. Grundsätzlich gelten bei Gesetzeskollisionen die Regeln, dass das speziellere Gesetz dem allgemeineren vorgeht und das Gesetz von höherem Rang dem niederrangigeren Gesetz. Art. 31 GG trifft hier eine spezielle Regelung. Demnach macht Bundesrecht widersprechendes Landesrecht im Fall der Kollision nichtig. Dabei ist es gleichgültig, ob es sich um Landesrecht handelt, das spezieller ist als das Bundesgesetz, das jünger ist oder das als Rechtsquelle einen höheren Rang hat als das fragliche Bundesgesetz. So kann etwa eine Rechtsverordnung des Bundes eine Landesverfassungsnorm nichtig machen, ein älteres Bundesgesetz ein jüngeres Landesgesetz und auch eine allgemeine Bundesvorschrift eine spezielle Landesvorschrift außer Kraft setzen. Art. 31 GG ist geltendes Verfassungsrecht und hat daher immer Vorrang. 84

hemmer-Methode: Liegt zuerst ein (wirksames) Bundesgesetz vor, ist ein Landesgesetz, das die gleiche Materie regelt, auch ohne inhaltlichen Widerspruch unwirksam, da dem Land dann i.d.R. die Kompetenz für den Erlass des Gesetzes fehlen wird, vgl. Art. 71, 72 I GG.

IV. Grundrechtsklausel des Art. 142 GG

Art. 142 GG: Geltung von Landesgrundrechten in Übereinstimmung mit dem GG

Eine Ausnahme von dieser zuletzt genannten Regel findet sich in Art. 142 GG. Speziell für die Grundrechte ist hier festgehalten, dass sie auch „in Übereinstimmung“ mit den Grundrechten des Grundgesetzes in den Landesverfassungen normiert sein dürfen, ohne von Art. 31 GG außer Kraft gesetzt zu werden. 85

V. Vorschriften über den Bundesrat

Bundesrat: Ländervertretung durch Bundesorgan

Der Bundesrat hat seine bundesstaatliche Bedeutung darin, dass er als Ländervertretung ein Bundesorgan darstellt und z.B. die Interessen der Länder bei der Gesetzgebung durch den Bund vertritt. Eine nähere Darstellung findet sich in den Passagen über die Rolle des Bundesrates bei der Gesetzgebung (Rn. 173 ff.). 86

---

[137] Zu den drei Gewalten und den Kompetenzen vgl. ausführlich 3. Abschnitt, Rn. 203 ff.

[138] Allerdings kann dies gerade im Öffentlichen Recht auch einmal anders sein, da Landesrecht – also bspw. die Kommunalordnung oder das Polizeiaufgabengesetz – nach § 137 VwGO kein Prüfungsmaßstab für das BVerwG sind. Die Oberverwaltungsgerichte der Länder sind demnach letzte Instanz hinsichtlich der Auslegung der Landesvorschriften.

VI. Grundsatz des bundesfreundlichen Verhaltens

ungeschriebener Grundsatz des bundes- (bzw. unions-)freundlichen Verhaltens

Über die genannten Vorschriften hinaus ist noch ein allgemeiner ungeschriebener Grundsatz für das gegenseitige Verhältnis von Bund und Ländern[139] zu beachten. Danach ist einerseits ein bundesfreundliches Verhalten der Länder erforderlich, aber auch andererseits ein länderfreundliches Verhalten des Bundes.[140] Die Gegenseitigkeit dieses Verhältnisses wird am zutreffendsten mit dem Begriff des unionsfreundlichen Verhaltens bezeichnet. 87

Das Gebot der Bundestreue erfordert bei der Zusammenarbeit zwischen Bund und Ländern eine gewisse Abstimmung, Koordination, gegenseitige Information und Rücksichtnahme. Außerdem gebietet es dem Bund, einzelne Länder nicht grundlos schlechter zu behandeln als andere.

Die Bundestreue kann dabei im Einzelfall auch als Kompetenzschranke wirken, doch darf über das Gebot des bundesfreundlichen Verhaltens nicht die grundlegende Kompetenzordnung des Grundgesetzes völlig ausgehebelt werden.

Gegen diesen Grundsatz wurden verschiedene kritische Einwände vorgebracht: Zunächst soll er wegen seiner Unbestimmtheit für die Rechtsanwendung nicht geeignet sein. Dies könnte man aber gegen weite Teile des Verfassungsrechts insgesamt vorbringen. Wie auch in anderen Rechtsgebieten schließt die Unbestimmtheit dieses Grundsatzes die Rechtsanwendung nicht aus, sondern stellt nur höhere Anforderungen an die Auslegung. Ein weiterer Einwand besteht in dem Hinweis, dass Bund-Länder-Streitigkeiten meist keinen föderativen Kern aufweisen, sondern als Streit unterschiedlicher politischer Richtungen anzusehen sind. Die Anforderung der Treue stelle damit eine zu weite Einschränkung der politischen Auseinandersetzung dar.[141] Auch dieser Einwand kann allerdings nicht den Grundsatz unionsfreundlichen Verhaltens überhaupt zu Fall bringen, sondern nur dessen Anwendbarkeit einschränken. Auf Auseinandersetzungen rein parteipolitischer Natur ist er nicht anwendbar. Erforderlich ist er aber dort, wo es um die notwendige Balance und Zusammenarbeit der verschiedenartigen bundesstaatlichen Machtzentren geht.[142]

D) Sinn und Rechtfertigung des Bundesstaatsprinzips

Machtaufgliederung und stärkere Demokratisierung durch Bundesstaat

Das Bundesstaatsprinzip führt zu einer Pluralität der politischen Leitungsgewalt,[143] und zwar durch Machtaufgliederung und Gebietsaufgliederung. Diese Aufgliederung hat den staatsorganisatorischen Vorteil, dass durch Delegation an dezentrale Instanzen sachnäher entschieden werden kann. Die Aufgliederung hat aber daneben noch zwei freiheitsschützende Vorteile: 88

I. Durch mehrfache Mitwirkung an der politischen Willensbildung wird das Demokratieprinzip gestärkt.

II. Durch Gewaltengliederung entsteht die Möglichkeit eines Miteinanders und Gegeneinanders politischer Kräfte, sodass eine gewaltenteilende und gewaltenhemmende Wirkung eintritt.

---

139 Zum Föderalismus als dynamischem System: Schuppert, AöR 1995, 34, 79 ff.

140 Vgl. BVerfGE 12, 205 ff. = **juris**byhemmer, 254 ff. = **juris**byhemmer.

141 Konrad Hesse, Grundzüge des Verfassungsrechts der Bundesrepublik Deutschland, S. 102 ff.

142 K. Stern, Das Staatsrecht der Bundesrepublik Deutschland, S. 700.

143 K. Stern, Das Staatsrecht der Bundesrepublik Deutschland, S. 657.

Mit diesen positiven Effekten sind natürlich auch Nachteile verbunden. So können sich aus der Vervielfachung staatlicher Gewalten Gefahren für die Handlungsfähigkeit des Staates ergeben, es kann eine Schwerfälligkeit der politischen Willensbildung entstehen und eine starke Unterschiedlichkeit regionaler Verhältnisse. 89

Die Vorteile des Bundesstaatsprinzips überwiegen die politischen und ökonomischen Kosten. Die regionale Unterschiedlichkeit wird in einer zunehmend pluralistischen Kultur immer stärker zum Vorteil eines Bundesstaates gegenüber dem Einheitsstaat. Die Gefahren für die Handlungsfähigkeit des Staates sind demgegenüber durch Vorkehrungen im Bundesstaatsprinzip selbst (wie etwa dem Grundsatz unionsfreundlichen Verhaltens) bereits berücksichtigt, und zudem könnte sich erweisen, dass im Hinblick auf die Sachnähe im politischen Handeln der Bundesstaat dem Einheitsstaat überlegen ist.[144]

---

[144] Vgl. zum Ganzen ebenda, S. 658 ff.

§ 10 DEMOKRATIEPRINZIP

A) Begriff der Demokratie

Demokratie: Volkssouveränität als Ausübung der Staatsgewalt im Namen des Volkes und Wahl der wichtigsten Gewaltträger durch das Volk

Das Demokratieprinzip beinhaltet die Volkssouveränität als Ausübung der Staatsgewalt im Namen des Volkes und die Wahl der wichtigsten Träger der Staatsgewalt durch das Volk.[145] Das Grundgesetz hat sich für eine mittelbare repräsentative Demokratie entschieden und eine unmittelbare Entscheidungsbefugnis des Volkes gibt es nur, wenn diese vom Grundgesetz ausdrücklich vorgesehen ist. 90

Das Demokratieprinzip umfasst weiterhin das Prinzip der Mehrheitsentscheidung, die Gleichheit der Staatsbürger, die politischen Grundrechte und natürlich die Oppositionsfreiheit.

Die Willensbildung wird durch das Demokratieprinzip als Prozess von unten nach oben geformt, bei dem die Parteien beteiligt werden können, aber wobei die Willensbildung grundsätzlich staatsfrei zu vollziehen ist.[146]

Konkretisiert wird das Prinzip in den entsprechenden Bestimmungen über das Wahlrecht[147] und auch das Budgetrecht des Parlaments.

B) Historische Voraussetzungen

Verhältnis Demokratie ⇦⇨ Verfassung: noch z.Zt. der WRV Vorrang der legislativen Gewalt vor verfassungsgebender Gewalt angenommen

Für das deutsche Verfassungsdenken war zunächst der klassische Positivismus prägend. Dieser setzte ein starkes Vertrauen in die inhaltliche Gerechtigkeit des parlamentarischen Gesetzgebers, sodass jedenfalls bis zum Ende der Monarchie in Deutschland das Recht des Richters, Gesetze auf ihre Verfassungsmäßigkeit hin nachzuprüfen, ganz überwiegend abgelehnt wurde. Auch war der demokratisch legitimierte Gesetzgeber nicht an die Grundrechte gebunden. Vielmehr waren umgekehrt alle Grundrechte mit Einschluss des Gleichheitssatzes der Disposition des Gesetzgebers unterworfen. So hat etwa Anschütz als repräsentativer Kommentator der Weimarer Verfassung noch Anfang 1933 das Bestehen einer der legislativen Gewalt übergeordneten verfassungsgebenden Gewalt verneint und gefolgert, dass „die Verfassung (...) nicht über der Legislative steht, sondern zur Disposition derselben".[148] Es lag dann nicht außerhalb der Konsequenz dieser Auffassung, wenn am Tage nach dem Reichstagsbrand die verfassungsmäßigen Rechte der Bürger durch eine Notverordnung des Reichspräsidenten aufgehoben wurden.[149] 91

nach Konzeption des GG aber Sicherungen der verfassungsrechtlich gewährten Rechte auch vor Gesetzgeber

Allerdings haben die Väter des Grundgesetzes aus dieser Erfahrung die Konsequenz gezogen. Im Grundgesetz findet man eine Reihe von normativ-institutionellen Sicherungen der individuellen Freiheitsrechte vor unbegrenzter Verfügungsmacht des Gesetzgebers. Neben der Grundrechtsbindung (Art. 1 III GG) aller drei Staatsgewalten gibt es ein System lückenlosen Individualrechtsschutzes. Schließlich existieren auch noch Verfahren gerichtlicher Normenkontrolle und damit ein System institutionalisierten Misstrauens gegenüber dem Gesetzgeber.

---

145 Vgl. zu den Aspekten des Demokratieprinzips: Schuppert, AöR 1995, 34, 63 ff.

146 Zu den Parteien und ihrer Bedeutung für die politische Willensbildung näher unten Rn. 343 ff., insb. Rn. 350.

147 Näher zu den Wahlgrundsätzen unten Rn. 248 ff.

148 Anschütz, Kommentar zur WRV, Art. 76 WRV, Rn. 74.

149 Zur Demokratie in der WRV vgl. auch Gusy, Jura 1995, 226.

C) Normative Ausprägung des Demokratieprinzips

normative Ausprägungen des Demokratieprinzips im GG:

Nach Art. 20 II GG geht alle Staatsgewalt vom Volke aus. Art. 20 GG gibt insbesondere Auskunft darüber, 92

⇨ in welchem Umfang („Alle Staatsgewalt ... “)

⇨ und wie („ ... in Wahlen und Abstimmungen und durch besondere Organe ...“)

⇨ das Volk die Staatsgewalt ausübt.

I. Wahlen

Wahlen

Die Wahlen haben die Funktion, die Staatsorgane zu legitimieren, die Staatsgewalt für das Volk auszuüben. Also: Die Bundestagswahl legitimiert den Bundestag, die Staatsgewalt für die Bevölkerung der Bundesrepublik auszuüben. Die Landtagswahl legitimiert den Landtag, die Staatsgewalt für die Bevölkerung des Landes auszuüben. 93

II. Abstimmungen

Abstimmungen

Durch die Abstimmungen übt das Volk die Staatsgewalt unmittelbar selbst aus und trifft selbst Entscheidungen. Es gibt drei Arten von Abstimmungen: 94

⇨ **Volksentscheid** ist die Abstimmung des Volkes über einen Gesetzesentwurf oder eine Sachfrage;

⇨ **Volksbegehren** ist ein Antrag aus dem Volk im Sinne einer Gesetzesinitiative,

⇨ **Volksbefragung** ist die Befragung der Öffentlichkeit zu einem bestimmten Thema.

Im Grundgesetz sind lediglich in Art. 29 GG bei der Neugliederung des Bundesgebietes Abstimmungen in dieser Form vorgesehen; das Grundgesetz beinhaltet daher ein rein repräsentatives System Nur in den ausdrücklich geregelten Fällen wird eine Abstimmung vorgenommen.

hemmer-Methode: Weiter geht z.B. die Bayerische Verfassung, die in ihrem Art. 74 BV in weitem Umfang Volksbegehren bzw. -entscheide zulässt. Hier ist auf Bundesebene immer wieder die erweiterte Zulässigkeit von Volksbegehren und –entscheidung in der Diskussion. Nach h.M. ist eine Ausweitung der direkten Demokratie aber wohl nur im Wege der Verfassungsänderung zulässig.

III. Demokratische Legitimation

demokratische Legitimation

Art. 20 II S. 2 GG weist die Ausübung der Staatsgewalt den drei Gewalten zu, nämlich den besonderen Organen 95

⇨ der Gesetzgebung,

⇨ der vollziehenden Gewalt und

⇨ der Rechtsprechung.

Nach dem Grundgesetz ist nur das Parlament vom Volk gewählt und damit direkt legitimiert. Alle anderen Staatsorgane müssen durch die Einschaltung des Parlaments mittelbar demokratisch legitimiert werden.

Die Bundesregierung wird nicht vom Volk gewählt, also liegt keine direkte Legitimation vor. Sie wird aber vom Parlament gewählt und überwacht (System der parlamentarischen Demokratie); sie ist gegenüber dem Volk mittelbar demokratisch legitimiert.

IV. Willensbildung von unten nach oben

Willensbildung von unten nach oben

Wenn das Volk die Staatsgewalt ausüben soll, muss die Willensbildung vom Volk zu den Staatsorganen erfolgen und nicht umgekehrt. Den Staatsorganen ist es untersagt, die politische Willensbildung zu steuern. 96

Daraus folgt auch, dass die Parteien nicht durch den Staat allgemein und vollumfänglich finanziert werden dürfen,[150] und dass es der Regierung untersagt ist, Wahlwerbung zu betreiben.[151]

V. Mehrheitsprinzip

Mehrheitsprinzip

Demokratie im Massenstaat heißt Herrschaft der Mehrheit. Diese Mehrheit unterliegt Grenzen: 97

- ⇨ auch die Mehrheit ist an Gesetz und Recht gebunden
- ⇨ Herrschaft der Mehrheit heißt Herrschaft auf Zeit, sodass eine periodisch wiederkehrende Wahl stattfinden muss[152]
- ⇨ die Grundrechte als Minderheitenrechte binden gerade auch den Gesetzgeber
- ⇨ es gibt Minderheitenrechte, die nicht zur Disposition der Mehrheit stehen, vgl. Art. 21 II, 44 I, 93 I Nr. 2 GG.

VI. Weitere Elemente

Weitere Elemente der Demokratie, die als verfassungsrechtlich verankert angesehen werden, sind: 98

- *Mehrparteiensystem*
- *Gleichheit aller Bürger*
- *besondere Bedeutung der Kommunikationsgrundrechte, Art. 5, 8, 9 GG*

- ⇨ Mehrparteiensystem: Dies schließt die Möglichkeit der Opposition, Mehrheit zu werden, ein.
- ⇨ Gleichheit aller Bürger, Art. 3 GG, und
- ⇨ die Kommunikationsgrundrechte. Zur Demokratie gehört Pluralismus; dieser ist nur zu erreichen, wenn unter dem Schutz von Art. 5, 8, 9 GG eine freie Meinungs- und Willensbildung stattfinden kann.

Beispielsfall zu Homogenitätsklausel und Demokratieprinzip

Arbeiten Sie zu Auslegung und Einordnung des Demokratieprinzips folgenden Beispielsfall durch: 99

Bsp.: *Bei der Novellierung seiner Gemeindeordnung erlässt das Land L eine Vorschrift folgenden Inhalts:*

(1) Der Gemeinderat kann mit einer Mehrheit von $^2/_3$ der Stimmen aller Mitglieder beschließen, dass eine wichtige Gemeindeangelegenheit der Entscheidung der Bürger unterstellt wird (Bürgerentscheid).

---

150 Vgl. § 18 I S. 1 ParteiG, wonach den Parteien eine Teilfinanzierung gewährt wird.

151 Vgl. dazu jeweils näher im Abschnitt über die politischen Parteien, Rn. 350 (Bsp. 2) und Rn. 354 ff.

152 Vgl. unten Rn. 242.

Wichtige Gemeindeangelegenheiten sind:

1. Die Errichtung, wesentliche Erweiterung und Aufhebung einer öffentlichen Einrichtung, die der Gesamtheit der Einwohner zu dienen bestimmt ist.

2. Die Änderungen von Gemeindegrenzen.

(2) Über eine wichtige Gemeindeangelegenheit kann die Bürgerschaft einen Bürgerentscheid beantragen (Bürgerbegehren).

Das Bürgerbegehren muss die zur Entscheidung zu bringende Frage, eine Begründung und einen nach den gesetzlichen Bestimmungen durchführbaren Vorschlag für die Deckung der Kosten der verlangten Maßnahme enthalten. Es muss von mindestens 15 v. Hundert der Bürger unterzeichnet sein.

(3) Bei einem Bürgerentscheid ist die gestellte Frage in dem Sinn entschieden, indem sie von der Mehrheit der gültigen Stimmen beantwortet wurde, sofern diese Mehrheit mindestens 30 v. Hundert der Stimmberechtigten beträgt. Bei Stimmengleichheit gilt die Frage als mit „nein" beantwortet. Ist die nach S. 1 erforderliche Mehrheit nicht erreicht worden, hat der Gemeinderat die Angelegenheit zu entscheiden.

Die F-Fraktion im Landtag ist der Meinung, dass mit dieser Durchbrechung des Prinzips der repräsentativen Demokratie das verfassungsrechtliche Homogenitätsgebot verletzt würde. Zu Recht?

Lösung:

Das Homogenitätsgebot findet seine verfassungsrechtliche Grundlage in Art. 28 I S. 1 GG. Danach entscheidet sich das Grundgesetz für einen Mindeststandard an Gleichartigkeit in den „leitenden Prinzipien"[153] der Landesverfassungen untereinander und im Vergleich zur Bundesverfassung. Das bundesstaatliche Gefüge soll damit die Struktur „innerer Bezogenheit"[154] gewinnen. Dabei ergibt sich eine gewisse Spannungslage zwischen dem Ziel fruchtbaren Interessenausgleichs und dem Ziel, extreme Konfliktfälle zu vermeiden. Diese Spannungslage lässt sich nur ausgleichen, wenn man im Einklang mit der Rechtsprechung des Bundesverfassungsgerichts[155] die Homogenität nicht als Konformität oder Uniformität interpretiert.

Seinem Gegenstand nach bezieht sich das Homogenitätsgebot auch auf das Demokratieprinzip, welches im Grundgesetz seine Ausprägung als repräsentative Demokratie gefunden hat.[156] Der repräsentativ-demokratische Grundzug des Bonner Grundgesetzes wird durch Art. 28 GG bis in die unteren Stufen des staatlichen Aufbaus hinein fortgesetzt und es folgt daraus unter anderem, dass in Kreisen und Gemeinden als den beiden unteren Selbstverwaltungseinheiten eine gewählte Volksvertretung existieren muss, die nicht zu einem kompetenziellen Schattendasein verurteilt werden darf.[157]

Die vorliegende Norm des Gemeinderechts ist daran zu messen, inwieweit sie mit dem Prinzip der repräsentativen Demokratie unter dem Gesichtspunkt des Homogenitätsgebots vereinbar ist. Es lässt sich dabei auf allgemeiner verfassungsrechtlicher Ebene nur sagen, dass aus dem Homogenitätsgebot keine lineare Gleichförmigkeit in der Ausprägung des Demokratieprinzips auf Gemeindeebene gefolgert werden kann. Im Übrigen bedarf es einer konkreten Untersuchung der Norm auf die Frage hin, ob sie den im Homogenitätsgebot enthaltenen Gestaltungsspielraum rechtmäßig ausnutzt oder überschreitet.

153 BVerfGE 9, 279 = **juris**byhemmer.

154 Dennewitz, DÖV 1949, 341.

155 BVerfGE 9, 279 = **juris**byhemmer.

156 Vgl. dazu v. Mangoldt/Klein, Art. 20 GG, V 5 a m.w.N.

157 Vgl. auch v. Arnim, Gemeindliche Selbstverwaltung und Demokratie, AöR 113 (1988) S. 1 ff.

hemmer-Methode: Aktuell sind hier v.a. die Probleme des Bundesstaatsprinzips im Rahmen der europäischen Integration.[158]

Fraglich könnte allerdings sein, ob der Gemeinderat überhaupt als Parlament angesehen werden kann. Das BVerwG hat ausgesprochen,[159] dass die gemeindliche Rechtsetzungsfähigkeit dem Bereich der Verwaltung zugeordnet werden muss. Trotzdem hat das BVerwG aber den legislatorischen Charakter dieser Tätigkeit bejaht[160] und das BVerfG verlangt dafür eine demokratische Legitimation.[161] Das Prinzip repräsentativer Demokratie ist damit anwendbar.

Soweit in der geschilderten Vorschrift der Gemeinderat selbst den Beschluss darüber fasst, ob eine wichtige Gemeindeangelegenheit der Entscheidung der Bürger unterstellt wird, bestehen keine Bedenken aus dem Homogenitätsgebot. Denn es verbleibt grundsätzlich in der Kompetenz des Gemeinderats, ob eine solche Delegation der Sachentscheidungsbefugnis vorgenommen wird oder nicht.

Etwas anderes gilt für die von der Norm ermöglichte Kombination von Bürgerbegehren und Bürgerentscheid.[162] Die Norm geht damit über die bloß verfahrensrechtliche Beteiligung oder delegierte Sachentscheidungsbefugnis, wie sie aus anderen plebiszitären Elementen des Gemeinderechts bekannt ist, hinaus. Es wird den Wahlbürgern die Möglichkeit eingeräumt, unabhängig von einer dementsprechenden Entscheidung des Repräsentativorgans die Sachentscheidungsbefugnis in bestimmten Fragen an sich zu ziehen. Diese Regelung könnte als rechtlich bedenklich angesehen werden, wenn damit das Repräsentativorgan daran gehindert würde, seine demokratische Verantwortung gegenüber der Bürgerschaft wahrzunehmen.

Gegen die Vereinbarkeit der genannten Vorschrift mit dem Homogenitätsgebot spricht zunächst, dass es sich dabei zweifellos um eine Durchbrechung des Prinzips der repräsentativen Demokratie handelt und die Norm insoweit auf den ersten Blick als systemwidrig erscheint. Allerdings ist eine solche Durchbrechung des Grundsatzes repräsentativer Demokratie nicht schlechthin ausgeschlossen, da das Homogenitätsprinzip keine Uniformität verlangt. Es bedarf also einer Auslegung des vom Homogenitätsgebot gewährten Gestaltungsspielraums, um die Verfassungsmäßigkeit dieser gemeinderechtlichen Vorschrift beurteilen zu können.

Aus dem Wortlaut des Art. 28 GG lässt sich hier kein sicherer Rückschluss ziehen. Weiterführen könnte allerdings eine systematische Betrachtung: Eine Ableitung der plebiszitären Elemente des Gemeinderechts aus dem Subsidiaritätsprinzip[163] scheitert zwar schon daran, dass nach dem heutigen Stand der Diskussion der Versuch, die Verfassungsqualität dieses Prinzips nachzuweisen, als gescheitert angesehen werden muss.[164] Es handelt sich dabei lediglich um ein normgelöstes Theorieelement,[165] welches eine Durchbrechung geschriebener Verfassungsprinzipien nicht rechtfertigen kann.[166]

---

158 Vgl. dazu Badura, Die Verfassung des Bundesstaates Deutschland in Europa, 1993; R. Herzog, Mängel des deutschen Föderalismus, BayVBl 1991, S. 513 ff. Wichtig im Hinblick auf die Stellung der Gemeinden: W. Müller, Die Entscheidung des Grundgesetzes für die gemeindliche Selbstverwaltung im Rahmen der europäischen Integration 1994.

159 Vgl. BVerwG, DVBl 1993, S. 153 ff. = **juris**byhemmer, 154, im Anschluss an BVerfGE 65, 283 (289) = **juris**byhemmer.

160 BVerwG, a.a.O.

161 Vgl. nur BVerfGE 47, 253 ff. = **juris**byhemmer (nrw Bezirksverfassung).

162 Zur Zulässigkeit eines Bürgerbegehrens vgl. VGH Mannheim, NVwZ-RR 1992, 428 = **juris**byhemmer.

163 Vgl. allgemein zum Subsidiaritätsprinzip: R. Herzog, Subsidiaritätsprinzip und Staatsverfassung, Der Staat 63, S. 399 ff.

164 Vgl. BVerwGE 23, 304 (306 f.).

165 Vgl. zu diesem Begriff F. Müller, Juristische Methodik, S. 189 ff.

166 Vgl. Zippelius, Recht und Gerechtigkeit in der offenen Gesellschaft, 1994, Kap. 9. Das Subsidiaritätsprinzip gilt jetzt in der Verfassung für das Verhältnis zum Europarecht. Vgl. dazu Kirchner/Haas, Rechtliche Grenzen für die Kompetenzübertragung auf die Europäische Gemeinschaft, in: JZ 1993, S. 760 ff.

Ähnliches gilt für den Versuch, die Forderung umfassender Demokratisierung aus der Systematik des Grundgesetzes ableiten zu wollen. Zwar ist dieser Auffassung zuzugeben, dass neben dem Wahlrecht noch weitere Partizipationsstränge wie Garantie der Meinungsfreiheit u.Ä. im Bonner Grundgesetz vorhanden sind.[167]

Daraus aber die Forderung nach umfassender Demokratisierung ableiten zu wollen, widerspricht gerade der Systematik des Grundgesetzes mit seiner Ausbalancierung verschiedener Partizipationsstränge.[168]

Insbesondere ist das plebiszitäre Element im Grundgesetz auf eng umgrenzte Anlässe beschränkt und es bestätigen auch die Materialien, dass deren Aufzählung eine abschließende sein soll.[169]

Von Bedeutung ist aber schließlich der systematische Gesichtspunkt, dass das Homogenitätsgebot durchaus plebiszitäre Elemente wie Volksbegehren und Volksentscheid in Länderverfassungen zulässt.[170] Insbesondere wenn man berücksichtigt, dass die Anforderungen aus dem Homogenitätsgebot im kommunalen Bereich verglichen mit den Länderverfassungen noch weniger streng zu handhaben sind. Die systematische Betrachtung spricht also insoweit gegen die behauptete Verletzung des Homogenitätsgebots durch die hier untersuchte Regelung, zumal das Grundgesetz in Art. 29 GG selbst plebiszitäre Elemente enthält.

Das mit der Systematik gefundene Ergebnis bestätigt die teleologische Auslegung. Das Ziel einer Vermeidung extremer Konflikte innerhalb des Bundes ist nur dann als verfehlt anzusehen, wenn Staatsgewalt „im Bereich der Bundesrepublik Deutschland in einem die Staatseinheit gefährdenden Gegensatz zu den die Bundesverfassung tragenden Grundprinzipien“[171] gerät. Wenn man die Schranken der hier untersuchten gemeinderechtlichen Regelung berücksichtigt, insbesondere die Beschränkung auf wichtige Gemeindeangelegenheiten und damit den Ausschluss von Weisungsaufgaben als etwaigen Gegenstand eines Bürgerentscheids, wird man die Möglichkeit einer solchen Konfliktlage ausschließen müssen.

Im Ergebnis zeigt sich daher, dass die untersuchte Regelung mit dem verfassungsrechtlichen Homogenitätsgebot vereinbar ist.

hemmer-Methode: Natürlich wäre eine solch ausführliche Bearbeitung (zumal im Rahmen einer Klausur) von keinem Studenten zu erwarten. Versuchen Sie aber, sich die wichtigsten Informationen zu merken und v.a. den Argumentationsweg (z.B. grammatische, systematische und teleologische Auslegung) für die Klausur im Staatsorganisationsrecht nachzuvollziehen.

---

167 Vgl. dazu H.H. Klein, Demokratie und Selbstverwaltung, in: Schnur (Hrsg.), Festschrift für Ernst Forsthoff, S. 165 (167).

168 Vgl. dazu ebenda, S. 67 m.w.N.

169 Vgl. dazu v. Mangoldt/Klein, Art. 20 GG, Anmerkung V 5a.

170 Vgl. dazu nur v. Mangoldt/Klein, Art. 28 GG, Anmerkung III 2b m.w.N.

171 BayVerfGH, DVBl. 1964, 646.

§ 11 RECHTSSTAAT UND GEWALTENTEILUNG

A) Vorläufige Begriffsbestimmung

wichtige Rechtsstaatselemente

Unter Rechtsstaat[172] wird ein Normenkomplex verstanden, der in wechselnder Akzentuierung umfasst: Herrschaft der Gesetze, Mäßigung der Staatsgewalt, Sicherung der Bürgerfreiheit, Entwurf materieller Gerechtigkeit.[173] 100

B) Historische Entwicklung der Rechtsstaatsidee

historischer Ausgangspunkt: Idee der materiellen Gerechtigkeit

Die frühe Entwicklung hatte vor allem die Seite der materiellen Gerechtigkeit akzentuiert und wurde vom mittelalterlichen Naturrechtsdenken in die Formel gefasst: „Lex facit regem". Die Fragwürdigkeit einer dem Staat vorgeordneten Konzeption materieller Gerechtigkeit wurde allerdings schon von der nominalistischen Naturrechtstradition hervorgehoben mit der Gegenformel „rex facit legem". 101

mit Aufklärung Betonung der Bürgerfreiheit

Mit der Aufklärung trat die materielle Gerechtigkeit zurück und in den Vordergrund rückt die Sicherung der Bürgerfreiheit durch eine Herrschaft der Gesetze.[174] 102

Man sucht das Ideal des „government of laws and not of men" (Verfassung von Massachusetts 1780) durch zwei Prinzipien zu erreichen: durch Anerkennung der Menschen- und Bürgerrechte und des Prinzips der Gewaltenteilung. „Eine Gesellschaft, in der die Gewährleistung der Rechte nicht gesichert und die Gewaltenteilung nicht festgelegt ist, hat keine Verfassung", proklamiert Art. 16 der Menschen- und Bürgerrechtserklärung von 1789. Prägend ist hier vor allem im angelsächsischen Rechtskreis der Begriff des „selfgovernment" als freiheitswahrende Teilhabe des Bürgers am Staatsleben.

Während im angelsächsischen Rechtskreis die individuellen Freiheitsrechte in enger Verbindung zum politischen Willensbildungsprozess (selfgovernment) stehen, wurde der Rechtsstaatsgedanke in Deutschland viel unpolitischer gefasst. Er diente dem Liberalismus nur als Abwehr gegen polizeistaatliche, absolutistische Willkür und Einmischung der Verwaltung in Privatangelegenheiten. Positiv bestimmt wurde der Rechtsstaatsgedanke nur als Kontrolle durch Gerichtsschutz und als Sicherheit der privaten Wirtschaft durch die Garantie von „Freiheit und Eigentum". Das Moment der aktiven Beteiligung an der politischen Macht trat in den Hintergrund. Mäßigung dieser Gewalt wurde nicht im Zusammenhang mit der freiheitlichen Tradition des selfgovernment gesehen, sondern auf gewisse verwaltungsrechtliche Einrichtungen begrenzt, wie etwa die Gesetzmäßigkeit der Verwaltung. 103

Ansatz des Liberalismus: Justizförmigkeit der Verwaltung

Die formale Rechtsstaatstheorie kulminierte in dem Gedanken der Justizförmigkeit der Verwaltung. Nach dem Modell der Ziviljustiz soll auch das Verwaltungshandeln maximal voraussehbar und kontrollierbar werden. Formalisierung des Staatshandelns im Institut des Verwaltungsaktes (analog dem Justizurteil) und Realisierung der „Herrschaft des Gesetzes" durch: 104

---

172 Bei einer repräsentativen Erhebung 1986 zur Frage „Welchen Ordnungsgrundsatz halten Sie für den wichtigsten Punkt in der Verfassung der Bundesrepublik?" etwa wurde am häufigsten die „Rechtsstaatlichkeit" genannt, erst mit großem Abstand folgten Stichworte wie „Friedenswahrung", „Demokratie", „Tarifautonomie" oder „Grundrechtsschutz", Jentsch, ZRP 1995, 9 (12).

173 Allgemein zum Rechtsstaatsprinzip Görisch, „Die Inhalte des Rechtsstaatsprinzips", JuS 1997, 988 ff.

174 Zum Gerechtigkeitsgehalt des Rechtsstaatsprinzips im Grundgesetz heute vgl. Jentsch, ZRP 1995, 9 (11).

- Monopolisierung der Rechtssetzung bei der Gesetzgebung,
- den Vorrang des Gesetzes,
- den Vorbehalt des Gesetzes für Freiheitseingriffe

konstituieren das System des gesetzespositivistisch-formellen Rechtsstaats.[175] Als Grundsatz der Gesetzmäßigkeit der Verwaltung beherrschte dieser formale Rechtsstaatsgedanke seit der Anerkennung durch das preußische Oberverwaltungsgericht (1876) das deutsche Staats- und Verwaltungsrecht bis heute.[176]

C) Normative Ausprägung im Grundgesetz

I. Überblick

Inhalte des Rechtsstaats

Zu den Inhalten des Rechtsstaats werden nach deutscher Tradition sieben Sachgebiete gezählt:[177] 105

- Die Unterscheidung und Trennung der Staatsgewalten (Gewaltenteilung).
- Die Gewährleistung von Grundrechten.
- Der Begriff des formellen Gesetzes in Zusammenhang mit der rechtsstaatlichen Normenhierarchie.
- Die Gesetzmäßigkeit der Vollziehung im weitesten Sinn.
- Der Rechtsschutz zugunsten des Einzelnen durch eine sachlich und persönlich unabhängige Justiz, vor allem bei Verletzung der Rechte durch die öffentliche Gewalt aufgrund der prozessrechtlichen Generalklausel (Art. 19 IV GG)[178] und mit Hilfe der Haftung des Staates für Rechtsverletzung durch öffentliche Organe (vgl. Staatshaftungsrecht i.V.m. Art. 34 GG), einschließlich des Schutzes individueller Rechte auch durch die Verfassungsgerichtsbarkeit.[179]
- Die Messbarkeit, Berechenbarkeit und Rechtssicherheit in Bezug auf staatliche Handlungen (Normklarheit; Tatbestands- und Methodenklarheit; Prinzip des Vertrauensschutzes, d.h. des Schutzes des Vertrauens des Bürgers in die Maßnahmen des Staates; Verbot echter Rückwirkung von belastenden Gesetzen; Bindung der öffentlichen Gewalt an das Übermaßverbot). Zu diesem Komplex der Messbarkeit und Klarheit staatlichen Handelns gehört auch Art. 103 II GG: Keine Strafe ohne vorheriges formelles Strafgesetz.
- Schließlich in diesem Zusammenhang auch die sonstigen sogenannten Justizgrundrechte (Art. 101, 103 I und III GG); die Garantien des Art. 104 GG sind ebenfalls Grundrechte und als Ergänzungen zu Art. 2 II S. 2 GG (Freiheit der Person) zu sehen.

---

175 Zum „Kälteschock durch Rechtsstaat“ im Zuge der deutschen Vereinigung: Jentsch, ZRP 1995, 9 (11).

176 Zum Rechtsstaatsprinzip als „Maginotlinie“ vgl. Schuppert, AöR 1995, 34, 76 f. und im Übrigen: Kröger, Einführung, 1993, 124 ff.

177 Aufzählung auch bei Jentsch, ZRP 1995, 9 (11); Schmidt-Jortzig, NJW 1994, 2569 (2570 f.).

178 Der Justizgewährleistungsanspruch in zivilrechtlichen Streitigkeiten wird aus Art. 2 I, 20 III GG abgeleitet, vgl. BVerfG, NJW 1999, 3701 = **juris**byhemmer.

179 Vgl. zu diesem Aspekt: Schmidt-Jortzig, NJW 1994, 2569; Schulze-Fielitz, DVBl. 1994, 657.

Der erste Punkt wird z.T. im Abschnitt über die einzelnen Staatsgewalten und die obersten Bundesorgane besprochen. Darzustellen bleibt hiervon allein die Gewaltenteilung. Die allgemeinen Grundrechte und Justizgrundrechte sowie der Rechtsschutz nach Art. 19 IV GG sind im Skript **Hemmer/Wüst, Staatsrecht I** dargestellt.

II. Gewaltenteilungsprinzip

Gewaltenteilung: sichert sinnvolle Aufgabenverteilung beim Staat und Rechte des Bürgers

Die Gewaltenteilung hat eine doppelte Funktion, einmal vom Staat her gedacht und zum anderen vom Bürger her. Im Hinblick auf den Staat soll Gewaltenteilung eine sinnvolle Aufgabenverteilung sicherstellen. Die Aufgabe soll dem Organ zugewiesen werden, das von seiner Struktur her zur Erfüllung dieser Aufgabe am besten geeignet ist. Vom Bürger her gedacht hat die Gewaltenteilung eine freiheitssichernde Funktion, indem sie die Staatsgewalt aufteilt, in ihrer Schlagkraft bremst und dadurch mäßigt. 106

drei Staatsgewalten: Legislative, Exekutive und Judikative, dabei gelten grds.:

Verwirklicht wird die Gewaltenteilung einmal durch die Verteilung der Staatsgewalt auf die drei klassischen Gewalten Gesetzgebung, Verwaltung und Rechtsprechung (horizontale Gewaltenteilung).[180] Zum anderen aber durch eine Vielzahl von Mechanismen der Hemmung und Aufteilung der einzelnen Gewalten bis hinein zu den einzelnen Organen. 107

Weisungsunabhängigkeit

Die entsprechenden Organe sind voneinander unabhängig und erledigen ihre Aufgaben, ohne von Weisungen anderer Organe abhängig zu sein.

Inkompatibilität

Außerdem gilt das Verbot der Ämterhäufung: Dies bedeutet, dass dieselben Personen nicht bei verschiedenen Gewalten Ämter innehaben dürfen (sog. Inkompatibilität). 108

hemmer-Methode: Unterscheiden Sie davon die sog. Inelegibilität, d.h. den Fall, dass jemand, der ein bestimmtes Amt bekleidet, in ein anderes gar nicht mehr gewählt werden kann. Da dies einen erheblichen Eingriff darstellt, wird man im Zweifel „nur" eine Inkompatibilitätsbestimmung annehmen können, d.h. die erste Funktion geht (erst) verloren, wenn die Wahl zur zweiten angenommen wird.

Dabei handelt es sich aber nur um Grundsätze, die - natürlich – durchbrochen werden. So wird etwa die Exekutive zur Setzung von Rechtsverordnungen und Satzungen (Exekutivrecht) ermächtigt oder es werden Abgeordnete zu Regierungsmitgliedern gewählt. 109

Darin sind aber keine Verletzungen des Prinzips der Gewaltenteilung zu sehen: Eine solche liegt erst dann vor, wenn ein Eingriff in den „Kernbereich einer Gewalt" gegeben ist. Dies hängt davon ab, in welchem Umfang, mit welchen Auswirkungen und mit welcher Intention in die Aufgabenverteilung eingegriffen wird.

Etwas anderes gilt hier nur bei der dritten Gewalt. Sie ist verfassungsrechtlich besonders geschützt. Werden der dritten Gewalt Aufgaben entzogen, ist dies stets verfassungswidrig.

180 Daneben gibt es auch die Gewaltenteilung in Bund und Länder, vertikale Gewaltenteilung.

III. Primat des Rechts – Normenhierarchie

1. Primat des Rechts

Primat des Rechts: Vorrang rechtlicher Regeln vor nichtrechtlichen Maßstäben

Primat des Rechts bedeutet nicht totale Durchnormierung,[181] sondern Folgendes: Wo rechtliche Normierungen bestehen, kommt ihnen im Rechtsstaat der Vorrang vor allen anderen, d.h. nichtrechtlichen Maßstäben zu.

Das gilt vor allem für das gesetzte, positive Recht, daneben aber auch für ungeschriebenes Recht, also Gewohnheitsrecht. Art. 20 III GG hält dies mit seiner Formulierung „Gesetz und Recht" fest. 110

Normenhierarchie: Verfassungsrecht einfaches Gesetzesrecht untergesetzliche Rechtsnormen

Typisch rechtsstaatlich ist die Über- und Unterordnung von Normen verschiedener Rangstufen: Verfassungsrecht über Gesetzesrecht, Gesetzesrecht über Untergesetzesrecht auf der Exekutivstufe, d.h. über Rechtsverordnungen und Satzungen. Die Rechtsbindung wird allgemein in Art. 20 III GG, speziell die Grundrechtsbindung in Art. 1 III GG normiert. Für das Verhältnis von Gewohnheitsrecht und positivem Recht gilt: Gewohnheitsrecht steht, ebenfalls aus rechtsstaatlichen Gründen, unter dem Vorbehalt des geschriebenen Rechts. Mit anderen Worten: Gewohnheitsrecht darf sich nur innerhalb der Verfassungs- und Rechtsordnung, also nur in deren Lücken bilden und nicht gegen ausdrückliche positive Vorschriften.

Der Primat des Rechts mit seinen dogmatischen Ausformungen unterliegt einer umfassenden richterlichen Kontrolle. Zu diesen Ausformungen gehören auch das Verbot der Verfassungsdurchbrechung (Art. 79 I GG) und die Wesensgehaltsgarantie (Art. 19 II GG). Zur richterlichen Natur der Kontrolle gehört, dass nicht von direktpolitischen Organen entschieden wird, sondern von solchen, die von politischen Einzelweisungen unabhängig sind (Art. 92 GG am Anfang, Art. 97 I GG). Das zentrale prozessuale Grundrecht des Art. 19 IV S. 1 GG, auch „prozessuale Magna Charta des Rechtsstaats" genannt, schützt umfassend die Verletzung beliebiger subjektiver Rechte gegen Akte der „öffentlichen Gewalt", was hier mit Exekutive, also mit Regierung plus Verwaltung identisch ist. Art. 19 IV S. 1 GG wird ergänzt für den Bereich, für den er nicht anwendbar ist, durch die Möglichkeit der Verfassungsbeschwerde nach Art. 93 I Nr. 4a GG. Auf diese Art ist der subjektive Rechtsschutz lückenlos. 111

2. Gesetze

a) Gesetzesbegriff

Gesetzestext als Ausgangspunkt jedes juristischen Arbeitens

Der Gesetzgeber bringt einen Normtext hervor, dessen Bedeutung erst vom Richter auf der zweiten Stufe der Rechtsschöpfung fixiert wird. Der Richter ist bei dieser Bedeutungsfixierung allerdings nicht frei, sondern gebunden an den vom Gesetzgeber geschaffenen Normtext. Nur die Bedeutungsfixierung entspricht der Gesetzesbindung, welche nach den von der Verfassung (Rechtsstaatsprinzip!) und der Wissenschaft anerkannten Regeln juristischer Methodik dem Normtext zugerechnet werden kann. Der Normtext ist somit Ausgangspunkt und kontrollierender Endpunkt juristischer Arbeit. 112

Anforderungen an Gesetze

Wegen dieser herausragenden Bedeutung des Gesetzes gibt es an ein solches strenge Anforderungen. Dem Normtext darf, wenn er Ausgangspunkt der Rechtsarbeit sein soll, nicht ohne weiteres Rückwirkung beigelegt werden (vgl. dazu unten Rn. 131 ff.).

---

181 Zum Problem einer Hypertrophie des Rechtsstaats im Sinne einer übertriebenen Durchnormierung vgl. Jentsch, ZRP 1995, 9 (12).

Außerdem muss der Normtext, wenn er als Kontrollinstanz Endpunkt der Konkretisierung sein soll, den Anforderungen der Bestimmtheit genügen (vgl. dazu unten Rn. 140 f.). Schließlich wurde üblicherweise gefordert, dass der Tatbestand des Gesetzes abstrakt und generell sein müsse, d.h. eine Vielzahl von Fällen und Personen erfasst.[182]

b) Arten des Gesetzes

Einteilungen: geschriebenes ⇔ ungeschriebenes Recht

Es ist zu unterscheiden zwischen geschriebenen und ungeschriebenen Normen. Geschriebene Normen sind solche, die in Gesetzen verzeichnet sind. Ungeschriebene Normen sind das Gewohnheitsrecht sowie allgemeine Rechtsgedanken, die jeder Rechtsordnung zugrunde liegen. 113

förml. ⇔ nichtförmliche Gesetze

Die geschriebenen Normen lassen sich wiederum - je nach Art des Zustandekommens - einteilen in

⇨ förmliche

⇨ und nichtförmliche Gesetze (Gesetze im nur materiellen Sinn).

Ein förmliches Gesetz (Parlamentsgesetz, Gesetz im formellen Sinne) ist jeder Willensakt der Gesetzgebungsorgane, der in dem durch die Verfassung vorgesehenen Gesetzgebungsverfahren zustande kommt.

Kurzformel: förmliches Gesetz = Parlamentsgesetz

Ein nichtförmliches Gesetz liegt vor, wenn die Rechtsnorm nicht von einem Parlament geschaffen wurde.

Kurzformel: nichtförmliches Gesetz = Exekutivrecht (RVO, Satzung)

Gesetz im materiellen Sinn

Ein Gesetz im materiellen Sinn liegt vor, wenn es sich dem Inhalt nach und nicht nach der äußeren Form um ein Gesetz handelt, wenn also eine generell-abstrakte Regelung mit unmittelbarer Außenwirkung vorliegt.

3. Rechtsverordnungen

a) Dogmatische Einordnung der Rechtsverordnung

Rechtsverordnung: Rechtsetzung durch Exekutive kraft gesetzlicher Ermächtigung, vgl. Art. 80 GG

Nach dem Grundgesetz ist Rechtsetzung durch die Gesetzgebung die Regel, Rechtsetzung durch die Exekutive die Ausnahme. Daher muss die Exekutive durch die Legislative hierzu besonders ermächtigt werden: Art. 80 I GG legt die Voraussetzungen, die Formen und die Anforderungen für solche Ermächtigungen fest. Festzuhalten ist, dass Art. 80 GG - wie auch Art. 82 GG - nur für die eine Hälfte der Exekutiv-Rechtssätze gilt, nämlich für Rechtsverordnungen, nicht dagegen für Satzungen. Außerdem gilt Art. 80 GG nur für Verordnungen, die auf Bundesgesetze beruhen, nicht bei landesgesetzlichen Ermächtigungen. 114

182 Zum Problem des Einzelfallgesetzes vgl. **Hemmer/Wüst, Staatsrecht I, Rn. 125** auch m.w.N. zur aktuellen Diskussion.

Art. 80 I GG ist deshalb mit dem Grundgesetz vereinbar, weil er im ursprünglichen Text des Grundgesetzes eine positivrechtliche Ausnahme bildet.[183]

Mit anderen Worten: Gewaltenteilung ist vom Grundgesetz von vornherein nur in einem Umfang gewährt, der die Ausnahme des Art. 80 I GG enthält. Durch Art. 80 I S. 2 GG wird in diesem Bereich die Gewaltenteilung dennoch berücksichtigt: Das Parlament regelt das Grundsätzliche; es überlässt der vollziehenden Gewalt nur die ausführenden Regelungen im Detail. Es kombiniert die praktische Notwendigkeit der konkreten Anordnung mit seinem Vorrang der grundlegenden Normierung. Art. 80 I GG ist also eher eine Ausgestaltung als eine Durchbrechung des Gewaltenteilungsgrundsatzes.

hemmer-Methode: Art. 80 I GG gilt nur für Rechtsverordnungen. Zur Exekutivstufe der Normen gehören aber neben den Rechtsverordnungen auch die Satzungen. Satzungen sind Normen, die u.a. von Körperschaften, aber auch Anstalten des öffentlichen Rechts wie Universitäten, Ärztekammern, Gemeinden oder Gemeindeverbänden aufgrund gesetzlich verliehener autonomer Satzungsgewalt erlassen werden. Voraussetzungen, Umfang und Grenzen der Satzungen richten sich nicht unmittelbar nach dem Grundgesetz, sondern nach der Umschreibung ihrer Aufgaben in den betreffenden Spezialgesetzen, durch die solche Körperschaften des öffentlichen Rechts begründet bzw. geregelt werden. Beispiele hierfür sind die Hochschulgesetze der Länder und als Rahmenregelung das Hochschulrahmengesetz, die Kommunalgesetze der Länder,[184] das Gesetz über die Errichtung der Bundesanstalt für Arbeit usw.

Zur Einordnung der Rechtsverordnung dient auch folgendes Beispiel: *115*

Bsp. zur Einordnung von Verordnungen

Bsp.:[185] *Im Bundesland B, das eine mit Art. 80 GG übereinstimmende Norm zur Verordnungsermächtigung in der Landesverfassung enthält, erlässt der Landtag ein Gesetz, das den Wissenschaftsminister ermächtigt, durch Rechtsverordnung Gebühren für die Benutzung der Universitätseinrichtungen einzuführen, und dabei bestimmt:*

„Die aufgrund dieses Gesetzes zu erlassenden Verordnungen bedürfen der Zustimmung des Landtags."

Nachdem der Wissenschaftsminister einen Verordnungsentwurf vorgelegt hatte, in dem er für jeden Studenten der Medizin im ersten Semester für die Arbeitsmaterialien in den Praktika einen Beitrag von 50,- € festsetzt, stimmt der Landtag dem „im Prinzip zu", macht aber seine Zustimmung davon abhängig, dass der Betrag auf 100,- € erhöht wird. Der Minister ändert daraufhin die Verordnung entsprechend und lässt sie sofort im Landesgesetzblatt verkünden.

Der Medizinstudent Sauerbruch, der zuvor erfolglos Jura studiert hatte und nun ein Studium sucht, bei dem er das Examen mit überwiegend richtigem Ankreuzen bestehen kann, hält die Verordnung bzw. die zugrundeliegende Ermächtigung für rechtswidrig. Hat er damit Recht?

Lösung:

Zunächst könnte schon die Verordnungsermächtigung rechtswidrig sein, da sie den Erlass von der Zustimmung des Landtags abhängig macht. Es gehört nämlich zum Wesen der Verordnung, dass sie von der Exekutive in eigener Verantwortung erlassen wird. Das schließt aber ein gesetzliches Beteiligungsrecht durch das Parlament nicht aus. Vielmehr bleibt das Parlament, das die Rechtsetzung im konkreten Fall ja nur delegiert, grds. Herr der Gesetzgebung.

---

183 Nach h.M. gibt es kein ursprüngliches verfassungswidriges Verfassungsrecht. Die Verfassung bildet eine Einheit, keine Vorschrift der ursprünglichen Fassung des GG kann gegen dieses verstoßen. Verfassungswidrig kann immer nur eine Änderung des GG sein.

184 Vgl. BVerfGE 33, 157 ff. = **juris**byhemmer.

185 Angelehnt an Mußgnug, JuS 1993, 291 ff. (lesenswert!).

Genauso wie es eine Ermächtigung zum Verordnungserlass ganz hätte unterlassen können, kann es - a maiore ad minus - diese auch dahingehend einschränken, dass es sich die Zustimmung zu von der Exekutive zu erlassenden Normen vorbehält. Auch aus dem Gewaltenteilungsprinzip ergibt sich insofern nichts anderes, vielmehr wird es durch die parlamentarische Kontrolle der Exekutive wohl sogar noch gestärkt.

hemmer-Methode: Würde freilich ein solches Verfahren auf Bundesebene gewählt, wäre ein zusätzliches Problem zu bedenken: Durch Erlass einer Verordnung mit Zustimmung des Bundestages werden letztlich zur Normsetzung die gleichen Organe tätig, wie wenn das Parlament über Gesetzesentwürfe der Bundesregierung beschließt, allerdings werden über die Zustimmungsverordnung die Durchgänge beim Bundesrat nach Art. 76 II, 77 I S. 2 GG[186] ausgespart.
Man könnte also in Zustimmungsverordnungen „verkappte Gesetze am Bundesrat vorbei" sehen. Allerdings ist zu beachten, dass die Rechte des Bundesrates über die Beteiligung an der Ermächtigungsnorm selbst, die den Anforderungen des Art. 80 I S. 2 GG (dazu sogleich unten Rn. 117 f.) genügen muss, geschützt sein dürften.

Es könnte allerdings die Verordnung selbst nicht den Anforderungen der Ermächtigungsgrundlage entsprechen, da ihre endgültige Fassung nicht mehr vom Landtag gebilligt wurde. Allerdings ist zu beachten, dass der Landtag der ersten Fassung eine Zustimmung nicht nur vage in Aussicht stellte, sondern sie schon fest zusagte, gleichsam unter der aufschiebenden Bedingung der Gebührenerhöhung. Da sich der Minister an diese konkreten Vorgaben hielt, wäre es wohl eine unnötige Förmelei, eine erneute Vorlage zu fordern, vielmehr durfte er die Verordnung in diesem Rahmen bereits verkünden lassen.

Die erlassene Verordnung war also im Ergebnis rechtmäßig.

hemmer-Methode: Dagegen könnte der Minister auch im Falle der Zustimmungsverordnung diese im Zweifel wohl selbst und alleine außer Kraft setzen: Der Billigungsvorbehalt des Parlaments kann nicht dazu führen, dass es auch über die Aufhebung der Verordnung mitentscheidet. Ein entsprechender Schutz ist hier auch gar nicht nötig, da das Parlament ja jederzeit selbst eine entsprechende Regelung durch förmliches Gesetz treffen kann.

b) Erlass einer Verordnung

Verordnungserlass: nicht Art. 76 ff. GG

Da der Erlass einer Verordnung keine Gesetzgebung durch die Legislative darstellt, sind nicht die Vorschriften der Art. 76 ff. GG einschlägig.[187] Es fehlt vielmehr im Grundgesetz an einer speziellen Regelung, sodass nach Art. 65 S. 4 GG für Verordnungen der Bundesregierung deren Geschäftsordnung das Verfahren bestimmt. 116

str., aber wohl zulässig: Beschluss im Umlaufverfahren

Umstritten war dabei v.a. die Zulässigkeit eines Beschlusses im sog. Umlaufverfahren, bei dem der Chef des Bundeskanzleramtes den Beschlussentwurf des federführenden Ministers den übrigen Ministern mit dem Hinweis zuleitet, beim Ausbleiben eines Widerspruches binnen bestimmter Frist gelte die Zustimmung als erteilt. Obwohl sich hiergegen einige dogmatische Bedenken im Hinblick auf §§ 16 IV, 20 II GeschOBReg[188] ergeben, hat das BVerwG[189] ein solches Procedere (v.a. wegen der dahingehenden langen Tradition und Praxis) für zulässig erachtet.

[186] Zur Gesetzgebung und der Funktion des Bundesrats vgl. ausführlicher unten Rn. 173 ff.

[187] Zum Gesetzgebungsverfahren insgesamt vgl. unten Rn. 168 ff.

[188] Vgl. dazu Sachs, JuS 1993, 337 f.

[189] BVerwG, NJW 1992, 2648 = **juris**byhemmer.

c) Bestimmung von „Inhalt, Zweck und Ausmaß“

Bestimmung von Inhalt, Zweck und Ausmaß der Verordnungsermächtigung in Ermächtigungsgrundlage

Nach Art. 80 I S. 2 GG muss die Ermächtigungsgrundlage zum Verordnungserlass „Inhalt, Zweck und Ausmaß der erteilten Ermächtigung“ bestimmen. Seit der Leitentscheidung des BVerfG[190] gilt: 117

Die Ermächtigungsgrundlage muss so bestimmt sein, dass voraussehbar ist

- ⇨ in welchen Fällen und
- ⇨ mit welcher Tendenz von ihr Gebrauch gemacht wird und
- ⇨ welchen Inhalt die aufgrund der Ermächtigung erlassenen Verordnungen haben können.

Es soll also darauf ankommen, dass nicht erst die dahinter eingeschaltete Rechtsprechung und das Bundesverfassungsgericht in der Lage sind, eine bestimmte Interpretation durchzuführen, sondern in der Praxis bereits die Regierung oder Verwaltung (Exekutive), von der die betreffende Rechtsverordnung erlassen wird. 118

> ***Bsp.:***[191] *Wäre es ausreichend, wenn in der Verordnungsermächtigung zum Erlass einer Schulordnung steht, dass die leistungsbedingte „Entlassung, Verweisung und Ausschluss von der Schule“ durch den Verordnungsgeber geregelt werden können?*
>
> Es geht hier um die Frage, in welchem Umfang der Gesetzgeber den Verordnungsgeber im Schulverhältnis ermächtigen darf, Regelungen über die Versetzung bzw. die leistungsorientierte Entlassung eines Schülers zu erlassen.

Wesentlichkeitstheorie

Das Bundesverfassungsgericht hat speziell zum Vorbehalt des Gesetzes im Schulverhältnis mehrere Entscheidungen erlassen.[192] Darin wurde aus dem Rechtsstaats- und Demokratieprinzip der Grundsatz entwickelt, dass die wesentlichen Entscheidungen im Schulwesen vom Gesetzgeber selbst getroffen werden müssen und nicht der Schulverwaltung überlassen werden dürfen, wofür auch das Grundrecht aus Art. 12 GG herangezogen werden kann. Hierfür seien vor allem drei Gründe maßgeblich: Erstens sei die Schulbildung für das gesamte Gemeinwesen und seine Bürger von weitreichender Bedeutung. Zweitens gingen im Bereich der Schule die üblichen Abgrenzungsmerkmale von Eingriff und Begünstigung unentwirrbar ineinander über. Außerdem erschwere das bestehende Regelungsdefizit die Überschaubarkeit der jeweils geltenden Vorschriften und damit auch den Rechtsschutz. Drittens sei der demokratisch legitimierte Gesetzgeber wegen des in der Verfassung enthaltenen demokratischen Prinzips verpflichtet, die Ordnung wichtiger Lebensbereiche in ihren Grundzügen selbst auszugestalten. Dies gelte vor allem dann, wenn eine staatliche Maßnahme sich folgenschwer auf den Betroffenen auswirke.

> Dabei überträgt das BVerfG den Grundsatz von Art. 80 I S. 2 GG auch auf die Landesgesetzgebung: Es stellt fest, dass keine allgemeine Aussage über Inhalt, Zweck und Ausmaß einer Verordnungsermächtigung getroffen werden kann. Greift jedoch die Regelung erheblich in die Grundrechtsstellung des Betroffenen ein, so müssten höhere Anforderungen an den Bestimmtheitsgrad der Ermächtigung gestellt werden, als wenn es sich um einen Regelungsbereich handelt, der die Grundrechtsausübung weniger tangiert.

---

190 Vgl. BVerfGE 1, 14 (60), vgl. z.B. auch E 29, 198 (210) = **juris**byhemmer.

191 Nach BVerfGE 58, 257 ff.

192 Vgl. außer der zu Grunde liegenden noch BVerfGE 34, 165 (192 f.) - Hessische Förderstufe; 41, 251 (259 f.) - Speyerkolleg; 45, 400 (417 f.) - Hessische Oberstufenreform; 47, 46 (78 f.) - Sexualkunde; BverfG, NJW 1998, 2515 = JuS 1998, 1153 = **Life&Law 12/1998, 802** – Rechtschreibreform; BVerfG, NJW 2003, 3111; **alle Entscheidungen** = **juris**byhemmer - Kopftuchurteil, sehr krit. Bspr. von Ipsen in NVwZ 2003, 1210.

hemmer-Methode: Diese Wesentlichkeitsrechtsprechung bezieht sich nicht nur auf das Schulwesen, sondern auf alle Bereiche gesetzgeberischer Tätigkeit: Alle wesentlichen Fragen muss der parlamentarische Gesetzgeber selbst regeln, da nur er unmittelbar vom Volk legitimiert ist.[193] Soweit es um den Erlass einer Verordnung geht, ist die Wesentlichkeitstheorie als ungeschriebene Einschränkung der Delegationsmöglichkeit des Art. 80 I S. 1 GG zu verstehen.

Daraus folgert es für leistungsbedingte Schulentlassungen eine erhöhte Regelungspflicht des Gesetzgebers. Eine Verordnungsermächtigung, die nur die Worte „Entlassung, Verweisung und Ausschluss von der Schule" ohne nähere Festlegung der inhaltlichen Ausgestaltung dieser Regelungsmaterie enthält, ist verfassungswidrig. Anders ist die Situation, wenn es nur um eine Versetzung in die nächsthöhere Klasse/Jahrgangsstufe geht.

Dort genügt es, wenn der Gesetzgeber den Verordnungsgeber dadurch ermächtigt, dass in der Ermächtigungsnorm Inhalt und Umfang der erteilten Ermächtigung mit dem Begriff „Versetzung" umschrieben wird.[194]

hemmer-Methode: Verdeutlichen Sie sich auch wieder die Zusammenhänge: Art. 80 I S. 2 GG wie auch Art. 80 I S. 3 GG (Angabe der Rechtsgrundlage = Zitiergebot,[195] ähnlich wie in Art. 19 I S. 2 GG) gehören zu den Klarheits- und Bestimmtheitsgeboten des Rechtsstaates. Weitere Klarheitsnormen in diesem Sinn sind das Verbot von Verfassungsdurchbrechungen (Art. 79 I S. 1 GG = gegen die Weimarer Praxis der Verfassungsdurchbrechungen), Art. 103 II GG (nulla poena ...), Art. 101 GG (Recht auf den gesetzlichen Richter, Verbot von Ausnahmegerichten) und das grundsätzliche Rückwirkungsverbot von belastenden Normen, welche alle in den Skripten Hemmer/Wüst, Staatsrecht I und II erörtert werden.

IV. Gesetzmäßigkeit der Verwaltung

Das Verhältnis zwischen Legislative und Exekutive ergibt sich aus 119

- ⇨ Art. 20 III GG: Die vollziehende Gewalt ist an Gesetz und Recht gebunden;
- ⇨ Art. 83, 86 GG: Die Verwaltung führt die Gesetze aus.

1. Überblick zu Vorrang und Vorbehalt des Gesetzes[196]

Vorrang des Gesetzes

Der Grundsatz vom Vorrang des Gesetzes besagt: Soweit Gesetze bestehen, sind sie verbindlich und damit zu beachten. Gesetze sind vorrangig gegenüber „eigenen" Regelungen und Entscheidungen der Verwaltung. 120

Schlagwort: Kein Handeln gegen das Gesetz!

Vorbehalt des Gesetzes

Der Vorbehalt des Gesetzes betrifft dagegen die Situation, dass die Verwaltung handeln will, es aber kein entsprechendes Gesetz gibt. Hier ist fraglich, ob die Entscheidung über das „Ob" und das „Wie" des Verwaltungshandelns stets der Legislative vorbehalten ist. Es gilt dabei grds. das

Schlagwort: Kein Handeln ohne Gesetz!

---

193 Vgl. unten Rn. 125.

194 Vgl. auch BVerwG, BayVBl. 1999, 87 = **juris**byhemmer, wonach die Ermittlung einer Zeugnisnote in einem versetzungsrelevanten Fach keine wesentliche Frage darstellt.

195 Ein Verstoß hiergegen führt zwingend zur Nichtigkeit, vgl. BVerfG, NJW 1999, 3253 = **juris**byhemmer.

196 Wehr, „Grundfälle zu Vorrang und Vorbehalt des Gesetzes", JuS 1997, 231 ff.; 419 ff.

2. Einzelfragen zum Vorbehalt des Gesetzes

Der allgemeine Vorbehalt des Gesetzes, nicht unmittelbar in Art. 20 III GG normiert, ist aber ganz unbestritten Verfassungsgewohnheitsrecht zu Art. 20 III GG. Für Straf- und Ordnungswidrigkeitengesetze ergibt er sich direkt aus Art. 103 II GG. 121

hemmer-Methode: Allerdings müssen Sie sich merken, dass aufgrund der Rechtsprechung des Bundesverfassungsgerichts zu Art. 2 I GG dieser Grundgesetzartikel so verändert worden ist, dass in ihm jetzt praktisch ebenfalls der Vorbehalt des Gesetzes steht.
Das Bundesverfassungsgericht hat de facto die freie Persönlichkeitsentfaltung als ein einzelnes Grundrecht gestrichen und an seine Stelle die Generalklausel gesetzt, niemand dürfe durch die öffentliche Gewalt beeinträchtigt werden, ohne dass ein verfassungsmäßiges Gesetz dem Eingriff zugrunde liegt.[197] Das ist nichts anderes als der rechtsstaatliche Vorbehalt des Gesetzes, der insoweit überflüssig ist. Bedeutung erlangt die Herleitung des Gesetzesvorbehalts über das Rechtsstaatsprinzip aber im Bereich der Leistungsverwaltung, wenn also überhaupt kein Grundrechtseingriff vorliegt.

eingreifender Akt muss sich auf Gesetz oder auf Verordnung/Satzung stützen können, die ihrerseits ausreichende Grundlage haben

Genügt ist dem Vorbehalt des Gesetzes zum einen dann, wenn sich eingreifende Akte direkt auf ein Gesetz stützen können, zum anderen aber auch dann, wenn sie sich auf eine Rechtsverordnung oder eine Satzung stützen können. Dies zumindest, wenn sich die Satzung bzw. die Rechtsverordnung ihrerseits auf ein ermächtigendes Gesetz stützen kann. Dabei müssen natürlich die in dem Gesetz angegebenen inhaltlichen Direktiven gewahrt sein. Für Rechtsverordnungen müssen zusätzlich die in Art. 80 I GG aufgestellten besonderen Voraussetzungen eingehalten sein.

In einem Satz zusammengefasst: Belastende staatliche Akte müssen nach dem Vorbehalt des Gesetzes entweder direkt oder mindestens indirekt - Rechtsverordnung oder Satzung - durch ein förmliches Parlamentsgesetz gedeckt sein.

Während der Vorrang des Gesetzes i.d.R. keine großen Probleme aufwirft, ist für den Vorbehalt des Gesetzes zwischen verschiedenen Konstellationen zu unterscheiden, in denen auch nicht ganz einfache, klausurrelevante Fragen auftauchen können.

a) Vorbehalt des Gesetzes im Grundrechtsbereich

bei Grundrechtseingriffen: Vorbehalt des Gesetzes gilt uneingeschränkt

Soweit Eingriffe in Grundrechte erfolgen, ist das Problem im Grundgesetz klar geregelt: Eingriffe sind allenfalls durch oder aufgrund Gesetzes zulässig. Daher gilt der Vorbehalt des Gesetzes jedenfalls in diesem Bereich uneingeschränkt. Ob hier ein Parlamentsgesetz (Gesetz im formellen Sinne) oder auch jedes andere Gesetz (Gesetz im materiellen Sinne) ausreicht, ergibt sich aus dem jeweiligen Grundrecht. Die Gesetzesvorbehalte der Grundrechte sind Einzelfälle des allgemeinen Vorbehalts des Gesetzes. 122

hemmer-Methode: Das BVerfG lässt eine Ausnahme von dem Vorbehalt des Gesetzes zu! Warnt ein Bundesminister vor bestimmten neuen Sekten, dann stellt dies i.d.R. ein Eingriff in Art. 4 I GG (kollektive Religionsfreiheit) dar. Hierfür ist nach der Rechtsprechung des BVerfG allerdings keine gesetzliche Grundlage erforderlich, vielmehr genügt die Zuständigkeit der Bundesregierung zur Öffentlichkeitsinformation, die das BVerfG aus Art. 65 GG i.V.m. Art. 2 II GG ableitet.[198]

---

[197] Zu dieser Auslegung des Art. 2 I GG vgl. **Hemmer/Wüst, Staatsrecht I, Rn. 156, 160, 163 ff.**

[198] BVerfG, NJW 2002, 2621 ff. = **juris**byhemmer.

Hintergrund der Entscheidung sind vor allem Praktikabilitätserwägungen: Eine gesetzliche Regelung des Rechts zur Warnung wäre entweder sehr unbestimmt, würde im Interesse der Rechtssicherheit also kaum Verbesserungen bringen, oder zwar bestimmt, aber so begrenzt, dass nicht alle Fälle erfasst wären, in denen eine Warnung der Bundesregierung von Nöten ist.

problematisch ist Geltung in Sonderstatusverhältnissen:

Problematisch wird dieses Verhältnis dort, wo Grundrechte innerhalb eines Sonderstatus ausgeübt werden,[199] z.B. innerhalb der Streitkräfte, innerhalb von Schule und Hochschule, in Untersuchungshaft oder Strafvollzug oder sonst innerhalb einer öffentlich-rechtlichen Anstalt. Hier sagt die überkommene Lehre, dass der Vorbehalt des Gesetzes keine Geltung habe. 123

wohl grds. Geltung zu bejahen

Die inzwischen herrschende Meinung sieht zu Recht, dass auch innerhalb des Sonderstatus die normalen rechtsstaatlichen Sicherungen und Bindungen gelten, auch der Vorbehalt des Gesetzes, und dass der Staat insbesondere auch an die Grundrechte gebunden ist. Einschränkungen der Grundrechte können sich entweder über ihre Gesetzesvorbehalte oder durch Kollision verfassungsrechtlicher Normen ergeben, wie außerhalb des Sonderstatus auch.[200]

aber weitergehende GR-Einschränkung möglich, wenn:

Die Frage ist also, unter welchen Voraussetzungen Grundrechte innerhalb des Sonderstatus weitergehend als außerhalb eingeschränkt werden können. Es sind zwei spezielle Bedingungen nötig: 124

- *Sonderstatus in Verfassung normiert ist (z.B. Art. 73 I Nr. 1 GG)*

Der Sonderstatus muss zum einen in der Verfassung positiv normiert sein oder im Wortlaut der Verfassung eindeutig positiv vorausgesetzt werden (z.B. Wehrdienst und Zivildienst, Art. 73 I Nr. 1 GG, Art. 12a GG, Art. 33 IV und V GG für das Beamtenverhältnis, Schule, Art. 7 GG, und Hochschule, Art. 5 III S. 1 GG, Strafvollzug, Art. 74 I Nr. 1 GG selbstständig neben dem „Strafrecht“).

hemmer-Methode: Dabei ist letztlich egal, ob das Sonderstatusverhältnis sich unter einen geschriebenen Schrankenvorbehalt subsumieren lässt oder ob bspw. Art. 4 GG durch verfassungsimmanente Schranken, zu denen auch die Treuepflichten eines Beamten nach Art. 33 GG zählen, eingeschränkt wird.

- *Einschränkung im konkreten Fall so erforderlich ist*

Zum anderen muss er im fraglichen Einzelfall nach der Eigenart seiner Funktion und seines Zwecks eine so und nicht anders geartete Begrenzung des betreffenden Grundrechts zwingend erfordern.

allerdings auch hier nur Eingriffe im gesetzlich vorgesehenen Rahmen zulässig

Es muss aber auch hier der Vorbehalt des Gesetzes insofern gewahrt sein, als sich die Grundrechtsbegrenzung innerhalb des grundrechtlichen Gesetzesvorbehalts halten muss. D.h. natürlich auch, dass die üblichen Schranken wie Art. 19 I oder II GG eingehalten sein müssen.

hemmer-Methode: Schließlich dürfen Sie bei der Fallbearbeitung nicht vergessen, dass hier natürlich, wie immer, auch das Übermaßverbot usw. geprüft werden muss. Die Grundrechtsbegrenzung im Sonderstatus muss zu dem angestrebten (zulässigen!) Zweck geeignet, ferner erforderlich und schließlich im Sinn der Zweck-Mittel-Relation auch verhältnismäßig sein. Der Zweck, um den es bei dieser Prüfung hier geht, ist stets der Zweck des jeweiligen Sonderstatusverhältnisses, also des Beamtenverhältnisses, des Strafvollzugsverhältnisses, des Wehrdienstes usw. Er muss, wie gesagt, in seiner Zulässigkeit auf das Grundgesetz zurückgeführt werden können.

199 Vgl. dazu auch knapp **Hemmer/Wüst, Staatsrecht I, Rn. 146**.

200 Vgl. als leading case die Strafgefangenenentscheidung BVerfGE 33, 1 = **juris**byhemmer, z.B. S. 16. Noch deutlicher in der ersten Numerus-clausus-Entscheidung, BVerfGE 33, 303 = **juris**byhemmer, z.B. S. 337; die Grundrechtsgeltung im Sonderstatusverhältnis wird auch im Kopftuchurteil bejaht, BVerfG, NJW 2003, 3111 = **juris**byhemmer, sehr krit. Bspr. von Ipsen in NVwZ 2003, 1210. Gerade im Beamtenverhältnis wird z.T. die Grundrechtsgeltung immer noch problematisiert, da der Beamte mit seinem Antrag auf Verbeamtung einen weitgehenden Grundrechtsverzicht erklärt haben soll. Das BVerfG diskutiert diesen Ansatz nicht einmal ernsthaft – zu Recht, da er auf einer reinen Fiktion beruht.

b) Gesetzesvorbehalt und Wesentlichkeitstheorie

Wesentlichkeitstheorie: wesentliche Entscheidungen muss Gesetzgeber selbst treffen

Außerdem muss der Gesetzgeber die für die Gesellschaft wesentlichen Fragen selbst regeln und darf diese nicht der Exekutive überlassen.[201] Es ist daher in diesen Fällen ein Parlamentsgesetz erforderlich.[202] 125

Aus Gesetzesvorbehalt wird bei Wesentlichkeit Parlamentsvorbehalt!

Die Anforderungen, die hier in der Praxis gestellt werden, sind freilich recht unterschiedlich. Das BVerfG[203] hatte z.B. über die Frage zu entscheiden, ob es ausreichend war, dass die nähere Ausgestaltung des nach § 24 II EGGVG vorgeschriebenen Beschwerdeverfahrens, insbesondere eine dafür einzuhaltende Frist, durch eine „Dienst- und Vollzugsordnung" vorgenommen wurde. Das BVerfG hatte dies im Ergebnis bejaht, da das Vorverfahren an sich nicht eingreifend wirke und die nähere Ausgestaltung von Fristen als untergeordnete Regelung zu betrachten sei. Es würden in diesen Fällen sogar „Sonderverordnungen" genügen, die keine Rechtsverordnungen i.S.d. Art. 80 GG sind, die aber auch als Verwaltungsvorschriften ausnahmsweise Außenwirkung für den Bürger hätten. Nach BVerfG ist es auch zulässig, die Konkretisierung einer Strafnorm dem Verordnungsgeber zu überlassen.[204] Die Rechtschreibreform beinhaltet nach Ansicht des BVerfG keine wesentlichen Fragen und bedarf keines Parlamentsgesetzes.[205]

c) Der Vorbehalt des Gesetzes in der Leistungsverwaltung

str.: Vorbehalt des Gesetzes bei Leistungsverwaltung

Problematisch ist, inwieweit der Gesetzesvorbehalt für die Leistungsverwaltung, insbesondere für Geldleistungen, gilt. 126

e.A.: gar nicht erforderlich

Nach einer Ansicht ist der Vorbehalt des Gesetzes nur für die Eingriffsverwaltung nötig, nicht aber auch für die Leistungsverwaltung.

a.A.: komplette Geltung auch für Leistungsverwaltung

Eine andere Meinung will dagegen den Vorbehalt auch auf die Leistungsverwaltung, d.h. auf alle Gebiete staatlicher Exekutivtätigkeit in Verwaltung und Regierung, ausdehnen. Die Folge davon wäre, dass für jedes exekutive Handeln ein spezielles Gesetz als Grundlage erforderlich wäre.

wegen Bedeutung von Leistungen im modernen (Sozial-) Staat ist völliger Verzicht auf gesetzl. Grundlage nicht hinnehmbar

Dass in der Leistungsverwaltung nur begünstigt, nicht aber auch belastet werde, ist allerdings kein Grund für den Verzicht auf jede gesetzliche Grundlage. Aufgrund von bloßen Haushaltstiteln oder Regierungserlassen bzw. von einfachen Parlamentsbeschlüssen ohne Gesetzesform werden Steuergelder in enormer Höhe etwa in die wirtschaftliche Strukturförderung ausgeschüttet. Schließlich geht es um eine massive Ausgabe öffentlicher Mittel. 127

„Der Staat darf nichts verschenken" ist eine bekannte Formel. Nur deswegen, weil geleistet wird, ist ja das staatliche Handeln noch nicht von jeder rechtlichen Verantwortung freigestellt.

---

201 Diese Wesentlichkeitstheorie betrifft ursprünglich aber nur Bereiche, für die generell der Gesetzgeber zuständig ist. Der VerfGH NRW, NJW 1999, 1243 = **juris**byhemmer überträgt diese Theorie auch auf die Organisation der Regierung, also einen Gegenstand, der herkömmlich nicht in die Zuständigkeit der Legislative fällt. Diese Entscheidung ist aus diesem Grund auch heftig kritisiert worden, vgl. Sendler und Bockenförde, NJW 1999, 1232 (1235).

202 Vgl. näher zu Art. 80 I S. 2 GG soeben Rn. 117 f., sowie oben Rn. 115; zur Wesentlichkeitstheorie vgl. auch **Hemmer/Wüst, Staatsrecht I, Rn. 118**.

203 BVerfGE 40, 237 ff. = **juris**byhemmer.

204 BVerfG, NJW 1998, 669 = **juris**byhemmer.

205 BVerfG, NJW 1998, 2515 = JuS 1998, 1153 = **Life&Law 12/1998, 802** = **juris**byhemmer; vgl. hierzu auch OVG Lüneburg, NJW 2005, 3590 ff. = **Life&Law 02/2006, 128** = **juris**byhemmer.

Man muss sich bei dieser Problematik auch immer klarmachen, dass Leistungen niemals an alle möglichen Adressaten erfolgen können, sondern wegen der Begrenztheit der Mittel immer nur an einzelne oder an bestimmte Gruppen. Damit sind im sozialen und wirtschaftlichen Bereich auch Eingriffe in den Wettbewerb verbunden. Mit anderen Worten sind Begünstigungen für die einen häufig gleichzeitig Belastungen für die anderen. Oft handelt es sich in der Leistungsverwaltung, verwaltungsrechtlich gesprochen, nicht um rein begünstigende Verwaltungsakte, sondern um Verwaltungsakte mit Doppelwirkung. In all diesen Fällen könnte schon wegen der Belastung für die Nichtbegünstigten eine gesetzliche Grundlage erforderlich sein. Allerdings sind solche indirekten Belastungen schwer messbar; gerade deswegen kann die Frage nicht allein der Bürokratie überlassen bleiben, sondern sind politische Entscheidungsvorgänge im Parlament als Grundlage zu fordern. Zudem schützen Grundrechte in erster Linie nur vor unmittelbaren Eingriffen.

vermittelnde Ansicht der h.M.: Vorbehalt des Gesetzes gilt, ausreichend ist aber Nennung im Haushaltsplan

Die h.M. vertritt deswegen eine vermittelnde Ansicht: Grundsätzlich müsse der Vorbehalt des Gesetzes auch für die Leistungsverwaltung schon deshalb gelten, weil die Exekutive nicht frei über Steuergelder verfügen darf, sog. Haushaltsprärogative des Parlaments. Technisch genüge es aber, wenn die entsprechenden Mittel im Haushaltsplan ausgewiesen seien und in das Haushaltsgesetz übernommen werden. Das bedeutet aber, dass unter einer pauschalen Zweckangabe lediglich eine Zahl im Haushaltsplan und Haushaltsgesetz erscheint. Dazu müssten deshalb noch einige konkretisierende Richtlinien über die Art der Vergabe, d.h. in der Regel Verwaltungsanordnungen innerhalb des bürokratischen Apparates treten. 128

Dieser sog. abgeschwächte Gesetzesvorbehalt wurzelt damit im Demokratiegrundsatz, wonach nur der parlamentarische Gesetzgeber über die Verwendung der Steuermittel entscheiden darf. 129

Der volle Gesetzesvorbehalt bzw. ein Parlamentsvorbehalt kommt im Rahmen der Leistungsverwaltung auch dann wieder zum Tragen, wenn bspw. durch Subventionen grundrechtssensible Bereiche betroffen werden. Soll also z.B. ein Verein gefördert werden, der religiöse Sekten kritisch hinterfragt, so bedarf diese Förderung im Hinblick auf Art. 4 GG einer gesetzlichen Grundlage.[206] Ähnliches gilt auch im Bereich des Pressewesens, da durch eine Pressesubvention die Unabhängigkeit der Presse und damit die Unabhängigkeit der Meinungsbildung in Frage gestellt würde.[207] Hier geht es um für das Gemeinwesen wesentliche Fragen, sog. Wesentlichkeitstheorie.[208]

d) Zusammenfassendes Schema zur Funktion des Gesetzmäßigkeitsgebots

Denkspiel zur Funktion des Gesetzesvorbehalts

Die Funktion einer Norm kann man am besten durch ein Denkspiel ermitteln, indem man sich diese Norm ganz oder teilweise hinwegdenkt. 130

(1) Angenommen, es gäbe das Gesetzmäßigkeitsgebot überhaupt nicht, so könnte die Exekutive (und ebenso die Rechtsprechung) handeln, wie sie will. Das würde für alle Arten von Akten und für alle rechtlichen Bereiche gelten.

(2) Erste Einschränkung: Vorrang des Gesetzes. Die Exekutive ist in den gesetzlich geregelten Bereichen an das Gesetz gebunden. In gesetzlich nicht geregelten Bereichen kann sie handeln, wie sie will.

---

206 BVerwG, NJW 1992, 2496 = **juris**byhemmer.

207 Vgl. dazu **Hemmer/Wüst, Verwaltungsrecht I, Rn. 275 ff.**

208 Vgl. oben Rn. 125.

(3) Zweite Einschränkung: Zum Vorrang des Gesetzes kommt der herkömmliche Vorbehalt des Gesetzes hinzu. Die Eingriffs-Exekutive kann in denjenigen gesetzlich nicht geregelten Bereichen, in denen sie nicht belastet, handeln, wie sie will. Kurz: Sie kann bei reinen Begünstigungen im gesetzesfreien Raum handeln, wie sie will.

(4) Dritte Einschränkung: Sie besteht in Art. 80 I S. 2 GG. Das heißt, die Exekutive kann auch bei reinen Begünstigungen im gesetzesfreien Raum nur dort handeln, wie sie will, wo sie in Einzelakten handelt. Rechtsverordnungen sind nämlich durch Art. 80 I S. 2 GG an das Parlamentsgesetz gebunden. Für den Bereich außerhalb des Verfassungsrechts ist zu ergänzen: Bei Satzungen ist die Exekutive zwar nicht unmittelbar an das Grundgesetz, wohl aber an die zugrundeliegenden Einzelgesetze entsprechend gebunden.

(5) Vierte Einschränkung: Sie erfolgt durch die herrschende Lehre zum Vorbehalt des Gesetzes in der Leistungsverwaltung. Die Verwaltung kann auch bei reinen Begünstigungen im gesetzesfreien Raum durch Einzelakte nur dort handeln, wie sie will, wenn

(a) mindestens eine Bereitstellung von entsprechenden Mitteln im Haushaltsgesetz nachweisbar ist; und wenn

(b) diese globale Mittelzuweisung im Haushaltsgesetz durch konkretisierende Verwaltungsanordnungen ergänzt wird.

hemmer-Methode: Wenn Sie jetzt dieses Schema insgesamt überblicken, so können Sie gleichzeitig sehen, dass die Formulierung in diesem Denkspiel, die Exekutive könne im Übrigen handeln, „wie sie will“, im Ergebnis nicht ganz richtig ist. Wo sie nicht auf bestimmte Entscheidungen gesetzlich festgelegt ist oder wo das Ermessen nicht, wie man sagt, auf Null reduziert ist, wo sie also Ermessen hat, kann sie trotzdem niemals willkürlich handeln, sondern immer nur in Bindung auch an sonstiges einfaches Recht und Verfassungsrecht, d.h., kurz gesagt, „nach pflichtgemäßem Ermessen“.

V. Vertrauensschutz und Bestimmtheit des Gesetzes

1. Vertrauensschutz

Vertrauensschutz: z.T. spezielle Ausprägung in Art. 14 GG

Der aus dem Rechtsstaatsprinzip abzuleitende Vertrauensschutz kann in verschiedenen Kontexten eine Rolle spielen. Einmal bei der Verhältnismäßigkeitsprüfung im Rahmen der Abwägung. Dann in allen Bereichen, wo der speziellere Art. 14 GG als Grundlage für Vertrauensschutz nicht eingreifen kann. So lässt sich etwa beim Widerruf rechtmäßiger VAe der Vertrauensschutz aus Art. 14 GG ableiten, weil Art. 14 GG auch öffentlich-rechtliche Positionen schützt, solange sie Äquivalent eigener Leistung sind. Dagegen kann bei der Rücknahme rechtswidriger VAe Art. 14 GG nicht eingreifen, weil sein Schutzbereich rechtswidrige Positionen nicht erfasst. 131

hemmer-Methode: Das hat etwa Konsequenzen für den Rechtsweg bei Ausgleichsansprüchen: § 49 VwVfG führt wegen des Zusammenhangs mit dem Eigentum zu den ordentlichen Gerichten. § 48 VwVfG, in dessen Rahmen nur der rechtsstaatliche Vertrauensschutz eine Rolle spielt, führt zu den Verwaltungsgerichten.

Einzelheiten aus dem verwaltungsrechtlichen Vertrauensschutz würden den Rahmen dieses Skripts sprengen. Hier soll deshalb aus dem Komplex des Vertrauensschutzes nur das Rückwirkungsverbot für belastende Gesetze dargestellt werden.

Art. 103 II GG: für Strafgesetze absolutes Rückwirkungsverbot

Der Ausgangspunkt der heute herrschenden Auffassung ist folgender: Art. 103 II GG, das Verbot rückwirkender Strafgesetze (i.S.v. Begründung oder Verschärfung der Strafbarkeit!), ist ein positivrechtlicher Sonderfall.[209]

Das rechtsstaatliche Rückwirkungsverbot gilt im Übrigen als Verfassungsgewohnheitsrecht zum Rechtsstaatsprinzip.

außerhalb des Strafrechts Differenzierung

Außerhalb des Strafrechts ist das rückwirkende Inkrafttreten eines Gesetzes nicht schlechthin unzulässig. Denn begünstigende Normen können mit Rückwirkung ergehen. Dagegen gilt das Verbot rückwirkender Gesetze allgemein für belastende Normen.[210] 132

a) 1. Senat des BVerfG: Echte und unechte Rückwirkung

1. Senat des BVerfG:

Der 1. Senat unterscheidet bisher zwei Fälle:

echte Rückwirkung

Bei der echten (retroaktiven) Rückwirkung greift die Norm nachträglich in solche Tatbestände ein, die bereits in der Vergangenheit abgeschlossen wurden. 133

unechte Rückwirkung

Bei der unechten (retrospektiven) Rückwirkung wirkt die Norm auf Tatbestände ein, die zwar aus der Vergangenheit kommen, aber noch nicht abgeschlossen sind, also fortdauern (Dauertatbestände).[211] 134

belastende Gesetze mit echter Rückwirkung grds. unzulässig

Belastende Gesetze mit echter Rückwirkung sind wegen Verstoßes gegen das rechtsstaatliche Gebot der Rechtssicherheit grundsätzlich nichtig.[212] Denn die Rechtssicherheit gehört zu den wesentlichen Elementen des Rechtsstaats.[213] Vom Bürger her gesehen nennt man das Gebot der Rechtssicherheit Vertrauensschutz.

> ***Ein Bsp. für verbotene echte Rückwirkung ist etwa:*** *Rückwirkende Steuererhöhung durch ein Gesetz von 2014 für das Jahr 2013 oder 2012.*
>
> Hier will die belastende Norm an einen in der Vergangenheit bereits abgeschlossenen Tatbestand anknüpfen.[214]
>
> ***Bsp. für unechte Rückwirkung:*** *Steuererhöhung für die Zukunft[215] oder bspw. Änderung der gesetzlichen Voraussetzungen für das Betreiben eines Handelsgewerbes. Ein Gewerbetreibender hat in der Vergangenheit den Gewerbebetrieb aufgenommen. Die Aufnahme selbst ist ein vergangener Tatbestand, er betreibt das Gewerbe aber immer noch.*
>
> Bei diesen so genannten Dauertatbeständen ergibt sich kein Rückwirkungsproblem. Die Grenzen hier sind die eines gewissen Vertrauensschutzes, der aber keineswegs so weit geht wie bei der echten Rückwirkung.

Ausnahmen:

Aber auch vom Verbot der echten Rückwirkung belastender Normen macht das BVerfG Ausnahmen: 135

---

209 Zur Frage wieweit die nachträgliche Sicherungsverwahrung strafähnlich ist und damit unter Art. 103 II GG fällt vgl. BVerfG, NJW 2004, 739 = BVerfG, DVBl. 2004, 501 = **juris**byhemmer einerseits und EGMR, Urteil v. 17.12.2009, Nr. 19359/04 (ausführlich hierzu vgl. Berberich/Heer, **Life&Law 04/2010, 273 ff.**) sowie BVerfGE 128, 326, 326 ff. = **juris**byhemmer und BVerfG, 2 BvR 2302/11 = **juris**byhemmer; 2 BvR 1279/12 = **juris**byhemmer – Beschluss vom 11. Juli 2013 = **Life&Law 12/2013, 906** andererseits.

210 BVerfGE 23, 93 = **juris**byhemmer.

211 Zu dieser Unterscheidung z.B.: BVerfGE 24, 266 = **juris**byhemmer; 25, 290 = **juris**byhemmer.

212 BVerfGE 25, 403 = **juris**byhemmer; auch schon E 13, 270 f. = **juris**byhemmer.

213 BVerfGE 13, 271 = **juris**byhemmer; 7, 92 = **juris**byhemmer.

214 Strittig ist die Einordnung der Änderung der Spekulationssteuer, vgl. BFH, NJW 2001, 1671 = **juris**byhemmer; BFH, NJW 2004, 877 = **juris**byhemmer, hierzu Jochum, NJW 2004, 1427.

215 Besonders umstritten sind Steuererhöhungen für den schon laufenden Veranlagungszeitraum. Das BVerfG geht hier von einer unechten Rückwirkung aus, da der Sachverhalt eben noch nicht vollständig abgeschlossen ist. Anderer Ansicht ist der BFH, der diese Frage dem BVerfG zur erneuten Überprüfung vorgelegt hat, BFH, NJW 2006, 3664 = **Life&Law 05/2007, 331** = **juris**byhemmer.

„nachträgl. Zeitabschnittsregel"

Zum einen wird eine Ausnahme zugelassen, wenn die neue Norm sogenannte nachträgliche Zeitabschnittsregelungen enthält.

> ***Bsp.:** Ein Parlament wird während der Legislaturperiode nicht mit dem Haushaltsplan fertig. Nach den Neuwahlen muss das neue Parlament den Haushalt für das laufende Jahr noch verabschieden, natürlich teilweise mit rückwirkender Kraft.*
>
> Da hier der Zeitabschnitt, nämlich das Haushaltsjahr, gesetzlich bzw. hier verfassungsrechtlich festgelegt ist, ist kein Vertrauensschutztatbestand entstanden und die echte Rückwirkung zulässig.

ungeordnete Schwebezustände

Eine andere Ausnahme liegt dann vor, wenn „ungeordnete Schwebezustände" geklärt werden sollen. Hier soll nach der Rechtsprechung dann kein Vertrauensschutztatbestand entstehen, wenn für die Betroffenen erkennbar eine Klärung zu erwarten stand. Auch diese Ausnahme ist vom Grundgedanken der Rechtssicherheit bzw. des Vertrauensschutzes her plausibel.

nach BVerfG noch, wenn „billigerweise Aufrechterhalten der Rechtslage nicht erwartet werden konnte"

Nicht plausibel ist es, wenn die Rechtsprechung darüber hinaus eine echte belastende Rückwirkung auch noch dann rechtfertigen will, wenn „billigerweise von den Betroffenen nicht erwartet werden konnte, dass eine bestehende ungerechte bzw. systemwidrige Norm in dieser Weise vom Gesetzgeber aufrechterhalten werden sollte".[216]

Hier wird die tatsächliche Erkennbarkeit für die Betroffenen für unerheblich erklärt und das BVerfG setzt sein eigenes Billigkeitsurteil an die Stelle der Erkennbarkeit durch die Betroffenen. Damit ist der Vertrauensschutztatbestand ausgehöhlt. Die Rechtsprechung zu diesem zuletzt genannten Punkt wird wegen dieser Uferlosigkeit zu Recht in der Wissenschaft weitgehend abgelehnt.

b) 2. Senat des BVerfG: Rückwirkung und tatbestandliche Rückanknüpfung

Der 2. Senat setzt in seinem Präzisierungsbemühen an dem Kriterium zur Unterscheidung von echter und unechter Rückwirkung an. 136

2. Senat des BVerfG: Rückwirkung und tatbestandliche Rückanknüpfung

Die Frage, wann ein Sachverhalt in der Vergangenheit abgeschlossen ist, beinhaltet immer ein Wertungsproblem. Denn im allgemeinen Rahmen des Kausalitätsprinzips läuft die Vergangenheit immer weiter. Deswegen sucht der 2. Senat nach einem formalen Kriterium und findet es im Zeitpunkt der Verkündung (bzw. wenn getrennt: Geltung). Sobald die Rechtsfolge auch nur einen Tag vor ihrer Verkündung gelten soll, liegt eine Rückwirkung (auch Rückbewirkung von Rechtsfolgen) vor, ansonsten nur eine (grds. zulässige) tatbestandliche Rückanknüpfung.

hemmer-Methode: Zwar handelt es sich hier nicht um eine rein terminologische Unterscheidung. Aber trotzdem werden in fast allen Fällen die beiden Senate zu identischen Ergebnissen gelangen.

c) Abwägung im Rahmen des Rückwirkungsverbots

Abwägung beim Rückwirkungsverbot

Im Rahmen von Art. 103 II GG (nulla poena sine lege praevia) ist die Rückwirkung unabhängig von einer Abwägung immer unzulässig, vgl. oben. Im Rahmen des Rechtsstaatsprinzips ist dagegen eine Abwägung möglich. 137

aa) Bei unechter Rückwirkung (bzw. tatbestandlicher Rückanknüpfung) ist die Waagschale zugunsten des Gesetzgebers vorbelastet. 138

---

216 Z.B. BVerfGE 13, 272 = **juris**byhemmer; 18, 439 = **juris**byhemmer.

hemmer-Methode: Es ist gerade die ureigenste Aufgabe des Gesetzgebers, Sachverhalte für die Zukunft neu zu regeln!

Nur ausnahmsweise bei besonderen vertrauensbegründenden Umständen ist diese Maßnahme unzulässig.

bb) Bei (echter) Rückwirkung ist dieses Verhältnis umgekehrt: Die Waagschale ist zugunsten des Bürgers vorbelastet. Der Gesetzgeber kann nur ausnahmsweise einem Gesetz (echte) Rückwirkung beimessen. Fünf Fallgruppen sind hier anerkannt. *139*

(1) Das Vertrauen ist dann nicht schutzwürdig, wenn der Bürger zum Zeitpunkt, auf den der Eintritt der Rechtsfolge vom Gesetz zurückbezogen wird, mit einer Neuregelung der Materie rechnen musste.

(2) Der Bürger darf auf unklares und verworrenes Recht nicht vertrauen.

(3) Der Bürger darf sich auf den von einer ungültigen Norm erzeugten Rechtsschein nicht verlassen.

(4) Zwingende Gründe des Gemeinwohls können ausnahmsweise die Rückwirkung eines belastenden Gesetzes rechtfertigen (= Generalklausel!).

(5) Die „echte“ Rückwirkung ist verfassungsrechtlich dann zulässig, wenn der beim Bürger verursachte Schaden geringfügig ist.

Das Rückwirkungsverbot gilt:

I. bei Strafgesetzen uneingeschränkt, Art. 103 II GG

II. bei sonstigen Gesetzen nur eingeschränkt

1. Unechte Rückwirkung

⇨ grds. zulässig. Ausnahme: besondere vertrauensbegründende Umstände (Abwägung)

2. Echte Rückwirkung

⇨ grds. unzulässig. Ausnahme:

a) Bürger musste mit Neuregelung rechnen

b) kein Vertrauensschutz bei unklarem und verworrenem Recht

c) kein schutzwürdiges Vertrauen auf ungültige Normen

d) zwingende Gründe des Gemeinwohls

e) Der beim Bürger verursachte Schaden ist geringfügig oder die Regelung geht gar zu seinen Gunsten.

2. Bestimmtheit

Erfordernis der Bestimmtheit

Auch Bestimmtheitsprobleme stellen sich in verschiedenen Kontexten. Bei einer Ordnungsverfügung etwa, die dem Bürger die Beseitigung einer Störung aufgibt, müssen für ihn Ziel und Mittel der Störungsbeseitigung erkennbar sein. Eine Verfügung, die ihm aufgibt, alles Erdenkliche zu tun, um die Lärmbelästigung auf ein vertretbares Maß zu reduzieren, genügt diesen Anforderungen nicht. Ein Gesetz dagegen betrifft eine Vielzahl von Adressaten und eine Vielzahl von Fällen. Bestimmtheitserfordernisse stellen sich hier ganz anders als bei der Einzelverfügung. *140*

hemmer-Methode: D.h. für Sie, dass Bestimmtheitsprobleme immer bezogen werden müssen auf die jeweiligen Handlungsformen der Verwaltung. Unterscheiden Sie die Handlungsformen der Exekutive:
1. einzelfallbezogen: Verwaltungsakt, Zusicherung, Vertrag, Auskunft.
2. allgemeiner Bezug: Rechtsverordnung, Satzung (vgl. § 37 I VwVfG), Verwaltungsverordnung, Plan.
Sehen Sie auch hier wieder die Wechselwirkung zwischen verschiedenen rechtsstaatlichen Prinzipien: Geht es z.B. um die Anordnung, die Zufahrt zu einem Gewerbebetrieb an eine andere Stelle des Grundstücks zu verlegen, kann das Verhältnismäßigkeitsprinzip sogar eine gewisse Unbestimmtheit gebieten! Würde nämlich die Führung der neuen Zufahrt ganz genau vorgeschrieben, obwohl andere Wege genauso möglich wären, läge hierin eine nicht erforderliche Belastung des Grundstückseigentümers.

Im Folgenden soll es nur um die Bestimmtheitsanforderungen gehen, die sich bei Rechtsnormen stellen, also bei Gesetzen, Rechtsverordnungen und Satzungen.

Danach muss eine Norm in ihren Voraussetzungen und ihrer Rechtsfolge so formuliert sein, dass die von der Norm Betroffenen die Rechtslage erkennen und ihr Verhalten darauf einrichten können.[217]

hemmer-Methode: Denken Sie an Bestimmtheits- und Rückwirkungsprobleme unbedingt auch im Kommunalrecht bei der Überprüfung von Satzungen.

Bestimmtheitsprüfung

Die Prüfung der Bestimmtheit einer Norm kommt relativ häufig vor. Auch dabei ist der Student, der nach dem Schema „Pawlow'scher Hund“ lernt, hilflos. Sie sollten für dieses Problem eine methodische Strategie bereitliegen haben. Gehen Sie folgendermaßen vor: 141

im Strafrecht: nulla poena sine lege stricta

(1) Im Strafrecht gilt die strenge Anforderung des Art. 103 II GG (nulla poena sine lege stricta). Danach muss der Bürger erkennen können, welche Handlung unter Strafe steht und welche nicht.

(2) Außerhalb des Strafrechts gilt das Rechtsstaatsprinzip mit weniger strengen Anforderungen an die Bestimmtheit. Sie gehen in vier Schritten vor:

gewisse Unbestimmtheiten in abstrakten Normen unumgänglich

(a) Zunächst stellen Sie klar, dass der Gesetzgeber die Vielgestaltigkeit der Lebensverhältnisse nur bewältigen kann, wenn er auch unbestimmte Rechtsbegriffe verwenden kann (Alternative wäre eine unendliche Kasuistik, wodurch Sie für Ihre Gesetzestexte zehn Träger bräuchten).

(b) Trotzdem muss es eine äußerste Grenze der Bestimmtheit geben, die Sie aus dem Vergleich mit einer parallelen Problematik gewinnen.

Parallelproblematik aber in Art. 80 I S. 2 GG

(c) Eine parallele Problematik findet sich in Art. 80 GG, wonach der Gesetzgeber einen Teil seiner Gesetzgebungskompetenzen auf die Exekutive überträgt.

⇨ Inhalt, Zweck und Ausmaß einer möglichen Belastung muss vorhersehbar sein

(d) Diese äußerste Grenze (Bestimmtheit von Inhalt, Zweck und Ausmaß) muss auch für den Fall gelten, dass der Gesetzgeber einen Teil seiner Gesetzgebungskompetenz auf die Gerichte überträgt. Mindestanforderung an die Bestimmtheit eines Gesetzes ist dementsprechend, dass zwar nicht die konkrete Handlung in ihren Einzelheiten, aber jedenfalls Inhalt, Zweck und Ausmaß der möglichen Belastung für den Bürger voraussehbar sein muss.[218]

---

217 BVerfGE 21, 79 = **juris**byhemmer.

218 Vgl. BayVerfGH, NVwZ 1998, 838 = NJW 1999, 1021 = **juris**byhemmer, wonach der Begriff „wichtiger Grund“ sich dem Bürger hinreichend genau erschließt.

§ 12 SCHUTZ DER NATÜRLICHEN LEBENSGRUNDLAGEN

Art. 20a GG: Schutz der natürlichen Lebensgrundlagen

Schon 1983 hat eine Sachverständigenkommission zu den Staatszielbestimmungen die Aufnahme des Umweltschutzes empfohlen.[219] Erst im Zuge der Verfassungsreform zur deutschen Vereinigung wurde dieses Ziel tatsächlich erreicht. Die in Art. 20a GG schließlich gefundene Formulierung ist Ausdruck eines komplizierten Aushandlungsprozesses[220] und gilt als sprachlich verunglückt.[221] Sachlich hat man sich vor allem um den Gesetzgebungsvorbehalt und die so genannte Anthropozentrik (d.h. die Natur wird nicht als Eigenwert, sondern nur als Mittel zur Erhaltung der menschlichen Rasse reflexmäßig geschützt) gestritten. Ob die Einfügung von Art. 20a GG tatsächlich eine veränderte Balance innerhalb der grundgesetzlichen Wertordnung eröffnet, muss abgewartet werden. Wie bei jedem Staatsziel sind auch hier die nähere gesetzliche Ausprägung und die Aufnahme durch die Gerichte entscheidend. 142

hemmer-Methode: Beachten Sie, dass Art. 20a GG seit August 2002 auch den Tierschutz als solchen erwähnt. Ob Art. 20a GG seitdem als entgegenstehendes Verfassungsrecht herangezogen werden kann, wenn es um die Rechtfertigung von Eingriffen in schrankenvorbehaltlos gewährte Grundrechte geht, bspw. um das Verbot von Tierversuchen an Universitäten oder das Verbot religiös motivierten Schächtens nach § 4a TierSchG[222], erscheint fraglich, da es sich „nur" um eine Staatszielbestimmung handelt. Jedenfalls dürfte über Art. 20a GG nicht jeder Eingriff in Art. 4, 5 III GG zu rechtfertigen sein, da diesen grundsätzlich ein deutlich höheres Gewicht zukommt.[223]

§ 13 EUROPÄISCHE EINIGUNG

Art. 23 GG: Europäische Einigung

Der 1992 in das Grundgesetz eingefügte Art. 23 I GG erhebt die Europäische Einigung zum Staatsziel.[224] Gleichzeitig wird aber der weitere Prozess dieser Einigung von bestimmten Wertbindungen abhängig gemacht. Das sind nach Art. 23 I S. 1 GG und Art. 3, 79 III, 1 und 20 GG Demokratieprinzip, Rechts-, Sozial- und Bundesstaatsprinzip sowie der Grundsatz der Subsidiarität und der Grundrechtsschutz.[225] Die Staatszielbestimmung der Europäischen Einigung wird ergänzt und präzisiert durch neueingefügte Regelungen in den Art. 24 Ia, 28 I S. 4, 45, 50, 52 IIIa, 88 S. 2, 115 I und II S. 2 GG.[226] Das Urteil des BVerfG zur Verfassungsmäßigkeit des Vertrags von Maastricht[227] und die Entscheidung zum Vertrag von Lissabon[228] wäre ohne diese Änderung im Grundgesetz wohl nicht möglich gewesen.[229] Für die Einzelheiten, insbesondere die Berücksichtigung des Föderalismus und die Einflussrechte der Bundesländer, sei hier auf das Europarechtsskript von Hemmer/Wüst verwiesen.

219 Rohn/Sannwald, ZRP 1994, 65 (71).

220 Vgl. dazu Meyer-Teschendorf, ZRP 1994, 73 (75); Uhle, DÖV 1993, 947 (949).

221 Vgl. Uhle, DÖV 1993, 947 (954).

222 Zum Schächten BVerfG, NJW 2002, 663 = **Life&Law 05/2002, 333** = BayBl. 2002, 300 = DVBl. 2002, 328 = **juris**byhemmer mit interessanter Anmerkung Volkmann. Diese BVerfG-Entscheidung war Anlass für die Änderung des Art. 20a GG.

223 Das BVerwG, NVwZ 2007, 461 ff. = **Life&Law 06/2007, 400** = **juris**byhemmer „drückt" sich hier um eine genaue Festlegung und stellt lediglich fest, dass sich durch die Änderung des Art. 20a GG nichts an zu der Zulässigkeit religiös motivierten Schächtens ändert.

224 Vgl. zu Art. 23 GG auch unten Rn. 336 sowie auch **Hemmer/Wüst, Europarecht, v.a. Rn. 28 ff.**

225 Vgl. Scholz, Zeitschrift für Gesetzgebung 1994, 1, 8.

226 Vgl. zu deren Erläuterung Scholz, NJW 1992, 1690 und 2593; Scholz, NVwZ 1993, 817.

227 Vgl. JZ 1993, 1100.

228 BFH, NJW 2009, 2767 = **Life&Law 09/2009, 618** = **juris**byhemmer, vgl. auch die Entscheidungen zum Europäischen Rettungsschirm BVerfG, Urteil vom 12.09.2012, 2 BvR 1390/12 = **Life&Law 11/2012, 813** = **juris**byhemmer.

229 Vgl. Götz, JZ 1993, 1081.

3. KAPITEL: DIE STAATSGEWALTEN UND DIE KOMPETENZEN

Die drei Staatsgewalten Legislative, Exekutive und Judikative wurden bereits im Abschnitt über die Staatszielbestimmungen angesprochen: Dort wurde ihre Trennung (Grundsatz der Gewaltenteilung) als Bestandteil des Rechtsstaatsprinzips vorgestellt.[230] 143

Kompetenzverteilung als Ausfluss des Bundesstaatsprinzips

Mehr dem ebenfalls schon erörterten Bundesstaatsprinzip[231] zuzuordnen ist die Frage, wer - nämlich Länder oder Bund - die Kompetenz hat, in den einzelnen Bereichen wie tätig zu werden.

hemmer-Methode: Besonders die Gesetzgebungs-, aber auch die Verwaltungskompetenzen werfen Fragen auf, die in der Klausur in vielfältigen Zusammenhängen auftreten können. Beispielsweise ist i.R.d. Verfassungsbeschwerde das kompetenz- (und auch sonst ordnungs-)gemäße Zustandekommen eines Gesetzes eine Frage der formellen Rechtmäßigkeit der Schranke. Deshalb ist es wichtig, hier in den grundsätzlichen Fragen einen Überblick zu haben und gleichzeitig einige Spezialprobleme zu kennen. Bei der Judikative stellen sich Fragen eher in Richtung darauf, ob es sich bei bestimmten Entscheidungsformen überhaupt um Rechtsprechung i.S.d. Grundgesetzes handelt.

§ 14 LEGISLATIVE

A) Gesetzgebungskompetenzen[232]

I. Überblick

Gesetzgebungskompetenzen unter dem GG

Das Grundgesetz kennt, den unterschiedlichen Möglichkeiten im Bundesstaat entsprechend, folgende Gesetzgebungskompetenzen: 144

- ⇨ (ausschließliche) Landeskompetenz
- ⇨ ausschließliche Bundeskompetenz
- ⇨ konkurrierende Gesetzgebungskompetenz (Bund oder subsidiär Länder)

Außerdem bestehen nach h.M. ungeschriebene Gesetzgebungskompetenzen (vgl. unten Rn. 164 ff.), und zwar als

- ⇨ Kompetenz kraft Sachzusammenhangs
- ⇨ Annexkompetenz
- ⇨ Kompetenz kraft Natur der Sache

230 Vgl. o. Rn. 106 ff.

231 Vgl. o. Rn. 75 ff.

232 Zu den jüngsten Änderungen der Gesetzgebungskompetenz vgl. Rohn/Sannwald, ZRP 1994, 65 (68 f.), sowie Scholz, Zeitschrift für Gesetzgebung 1994, 1 (9 ff.).

II. Grundsatz: Länderkompetenz

Grundsatz: Art. 30, 70 GG: Länderkompetenz

Art. 30 GG weist den Ländern generell die Ausübung staatlicher Gewalt zu, soweit nichts anderes bestimmt ist. Als speziellere Regel bestimmt - mit im Ausgangspunkt freilich gleichem Inhalt - Art. 70 GG, dass die Gesetzgebungskompetenz bei den Ländern liegt, soweit nicht das Grundgesetz selbst (nicht etwa eine einfachgesetzliche Regel) dem Bund die Kompetenz zuweist. Es besteht also eine Vermutung für die Gesetzgebungskompetenz der Länder.[233] Soweit keine Regelung getroffen ist und kein Fall sog. ungeschriebener Bundeskompetenzen (dazu unten Rn. 164 ff.) vorliegt, sind somit die Länder für die Gesetzgebung zuständig. 145

Bsp.:[234] *Die wichtigsten Fälle der Landeskompetenzen sind das allgemeine Polizei- und Sicherheitsrecht sowie die Kulturhoheit. Eine Rolle in der Klausur spielen kann auch das Feiertagsrecht sowie das Straßen- und Wegerecht (vorbehaltlich des Boden-, Fernstraßen- und Straßenverkehrsrechts). Weitere Bereiche sind das Gemeinderecht, das Recht der Landesverfassungsgerichtsbarkeit und das Wahlrecht der Länder.*

hemmer-Methode: Die ausführlichen Kataloge der dem Bund zugewiesenen Kompetenzen sowie die insoweit weite Auslegung haben praktisch das Regel-Ausnahme-Verhältnis eher umgekehrt, zumal wenn man bedenkt, dass viele Landesgesetze nur Ausführungsgesetze zu den entsprechenden Bundesgesetzen sind. Sie sollten in der Klausur aber trotzdem immer mit einem Satz von der Regel des Art. 70 GG ausgehen und dann klarmachen, dass sich eine eventuelle Bundeskompetenz i.d.R. nur auf eine grundgesetzliche Zuweisung stützen kann.

ausdrückliche Zuweisung an die Länder

Dagegen ist eine ausdrückliche Zuordnung der Kompetenz an die Länder nur an wenigen Stellen im Grundgesetz erfolgt, vgl. Art. 98 III S. 1, 105 IIa und 106 VII GG.

III. Ausdrücklich geregelte Bundeskompetenzen

Arten der geschriebenen Bundeskompetenzen

Das Grundgesetz sieht an mehreren Stellen verschiedene Arten der Bundeskompetenz vor, nämlich die ausschließliche Kompetenz, die konkurrierende Kompetenz sowie die Kompetenz zur Rahmen- und Grundsatzgesetzgebung. 146

1. Ausschließliche Bundeskompetenz

a) Begriff

ausschließl. Bundeskompetenz: Ländergesetze nur bei Ermächtigung durch Bund

Der Begriff der ausschließlichen Bundeskompetenz wird in Art. 71 GG in der Weise erklärt, dass die Länder in den dieser zugeordneten Bereichen nur Gesetze erlassen können, wenn sie vom Bund dazu ermächtigt sind.[235] Im Umkehrschluss daraus lässt sich entnehmen, dass sonst nur der Bund gesetzgeberisch tätig werden kann, mithin Gesetze eines Landes unzulässig und nichtig sind. 147

hemmer-Methode: Art. 71 GG ist insoweit lex specialis zu Art. 31 GG, der ja „nur" einen Vorrang von Bundesrecht anordnet: Kompetenzwidrige Landesgesetze sind somit ohne Wirkung, selbst wenn kein entgegenstehendes Bundesgesetz besteht.

[233] Vgl. BVerfGE 26, 281 (297) = jurisbyhemmer.

[234] Vgl. zu diesen und weiteren Beispielen m.w.N. Jarass/Pieroth, Art. 70 GG, Rn. 18.

[235] Zu den näheren Voraussetzungen einer solchen Ermächtigung vgl. Jarass/Pieroth, Art. 71 GG, Rn. 4.

b) Gegenstände der ausschließlichen Bundeskompetenz

Gegenstände der ausschließl. Bundeskompetenz: Art. 73 GG

Die wichtigste Norm für die ausschließlichen Bundeskompetenzen ist Art. 73 GG. In seinem Katalog finden sich die Sachgebiete, in denen dem Bund alleine die Gesetzgebungskompetenz zusteht. Vorwiegend handelt es sich um Materien, die auf Grund ihrer Bedeutung oder des Interesses an einer einheitlichen Regelung im gesamten Bundesgebiet den gleichen Gesetzen folgen müssen. 148

Die genauere Darstellung einzelner Kompetenztitel würde den Rahmen dieses Skripts sprengen, zumal sich hier auch nur schwer sagen ließe, welche Kompetenztitel signifikant klausurrelevanter sind als andere. Im Klausurfall ist deshalb die Liste des Art. 73 GG durchzumustern und bei möglicher Einschlägigkeit eine genauere Subsumtion durchzuführen.

weitere ausschließl. Bundeskompetenzen („Regelung durch ein Bundesgesetz" o.Ä.)

Schwieriger aufzufinden sind die zahlreichen übrigen ausschließlichen Bundeskompetenzen, die außer dem nicht abschließenden Katalog des Art. 73 GG bestehen, und die dadurch zu erkennen sind, dass das Grundgesetz eine nähere Regelung „durch ein Bundesgesetz" o.Ä. vorsieht. Hier genügt also keine Durchmusterung des Katalogs, sondern es ist bei den Artikeln, die die in Frage stehende Materie im Grundgesetz regeln, zu prüfen, ob nicht irgendwo auf ein Bundesgesetz verwiesen wird.

Wichtige oder klausurrelevante Bereiche bzw. Vorschriften dürften dabei v.a. folgende sein:[236]

⇨ Art. 4 III S. 2 GG (Regelung des Zivildienstes, ZDG)

⇨ Art. 21 V GG (Regelung des Parteienwesens, ParteiG)

⇨ Art. 38 III GG (Regelung der Wahlen, BWG)

⇨ Art. 87 I S. 2 GG (Gegenstände bundeseigener Verwaltung)

⇨ Art. 91a II GG (Festlegung der Gemeinschaftsaufgaben)

⇨ Art. 94 II GG (Regelung des BVerfG, BVerfGG)

⇨ zahlreiche Normen der Finanzverfassung[237]

2. Konkurrierende Gesetzgebungskompetenz

Art. 72 GG: Konkurrierende Gesetzgebung

Während in Art. 71, 73 GG die Fälle geregelt sind, in denen nur der Bund Gesetze erlassen kann und Landesgesetze unabhängig von etwa bestehenden Bundesgesetzen nichtig sind, wird durch Art. 72 GG die sog. konkurrierende Gesetzgebungskompetenz normiert. 149

a) Begriff

Länderkompetenz, solange und soweit Bund nicht tätig wurde

aa) Im Bereich der konkurrierenden Gesetzgebung besteht die Befugnis der Länder zur Gesetzgebung, solange und soweit der Bund von der Kompetenz keinen Gebrauch gemacht hat, vgl. Art. 72 I GG. Insoweit besteht also ein Vorrang der Bundesgesetzgebung und für die Länder ergibt sich eine entsprechende Sperrwirkung. Eine Ausnahme hierzu gilt in den Fällen des Art. 72 III GG.[238] 150

[236] Weitere außer den hier genannten Artikeln sind z.B.: Art. 26 II S. 2, 29, 41 III, 45b S. 2, 45c II, 48 III S. 3, 54 VII GG.

[237] Zur Finanzverfassung vgl. u. Rn. 293 ff., insb. Rn. 302 ff.

[238] Vgl. unten Rn. 156.

Verhältnis zu früher erlassenen Landesgesetzen

Hatten die Länder den Bereich vorher schon gesetzlich normiert, treten die Ländergesetze mit Erlass des Bundesgesetzes automatisch außer Kraft. Wenn das Bundesgesetz später aufgehoben wird, lebt zwar die Gesetzgebungskompetenz der Länder wieder auf, nicht aber das jeweilige Landesgesetz.[239]

Sperrwirkung nur durch formelles Gesetz

bb) Nach dem Wortlaut „durch Gesetz" kann eine solche Sperrwirkung nur durch formelle Gesetze, nicht durch Verordnungen hervorgerufen werden;[240] wenn freilich in der Verordnungsermächtigung eine hinreichend genaue Regelung besteht,[241] kann auch dies genügen. 151

grds. Sperrwirkung erst ab Verkündung; u.U. aber eher aus Grundsatz des bundesfreundlichen Verhaltens

cc) Grds. beginnt die Sperrwirkung erst mit der Verkündung des Gesetzes.[242] Das BVerfG[243] hat aber die Sperrwirkung aus dem Grundsatz des bundesfreundlichen Verhaltens[244] auch schon mit der Einbringung der Gesetzesvorlage im Bundestag eintreten lassen, wenn ein Landesgesetz dem Zweck des Entwurfes des Bundesgesetzes zuwiderlaufen würde. Außerdem kann die Sperrwirkung auch schon mit dem ersten Gesetz einer mehrere Gesetze umfassenden Gesamtplanung die gesamte zu regelnde Materie erfassen.[245] 152

Sperrwirkung nur, soweit Bundesgesetz erschöpfend ist

dd) Ein wichtiges Klausurproblem ist die Frage, wie weit der Bund seine Kompetenz in Anspruch genommen hat: Die Länder verlieren ihre Gesetzgebungsbefugnis nämlich nur für die tatsächlich und inhaltlich erschöpfend geregelten Bereiche der jeweiligen Materie.[246] Erschöpfend ist eine Regelung dann, wenn sie keinen Raum mehr für landesgesetzliche Regelungen bietet. 153

hemmer-Methode: Um zu ermitteln, ob es sich um eine erschöpfende Regelung handeln soll, ist das Bundesgesetz auszulegen. Dabei bedeutet die Nichterwähnung eines bestimmten Details nicht zwangsläufig eine (unbewusste) Regelungslücke, sondern kann vielmehr auch zeigen, dass der Gesetzgeber dieses Detail vom Gesetz gerade nicht erfasst wissen wollte.[247] Ob die Nichtberücksichtigung dieser Fallgruppe verfassungsrechtlich sub specie Art. 3 GG zulässig ist, ist nur unter diesem Gesichtspunkt zu prüfen, führt aber zu keiner Landeskompetenz.

Allgemein ist zur Auslegung der Kompetenztitel noch anzumerken: Eine Schwierigkeit ergibt sich daraus, dass manche Titel sich nach Sachbereichen richten (z.B. Art. 74 I Nr. 11a GG - Kernenergie), andere dagegen auf Rechtsbereiche Bezug nehmen (Art. 74 I Nr. 1 GG - Bürgerliches Recht, Strafrecht). In letzteren Fällen ist zur Bestimmung von Inhalt und Umfang der Kompetenz auch die Tradition der Entwicklung der Rechtsgebiete zu berücksichtigen, insbesondere wenn der Verfassungsgeber diese schon weitgehend ausgeformt vorgefunden hat.

b) Gegenstände der konkurrierenden Gesetzgebung

Gegenstände der konkurrierenden Gesetzgebung: v.a. Art. 74 GG

Wichtigste Norm für die Materien der konkurrierenden Gesetzgebung ist Art. 74 GG. Daneben finden sich im Grundgesetz nur noch in Art. 105 II GG Anordnungen einer konkurrierenden Gesetzgebungskompetenz. 154

---

239 Vgl. BVerfGE 29, 11 (17) = **juris**byhemmer; 33, 224 (232) = **juris**byhemmer.

240 Str., wie hier Jarass/Pieroth, Art. 72 GG, Rn. 3 m.w.N.

241 Zu den Verordnungsermächtigungen vgl. auch oben Rn. 117 f.

242 Vgl. Jarass/Pieroth, Art. 72 GG, Rn. 13 m.w.N.; vgl. auch BVerfGE 36, 342 (363 f.) = **juris**byhemmer.

243 BVerfGE 34, 9 (29) = **juris**byhemmer.

244 Zur Pflicht des bundesfreundlichen Verhaltens vgl. o. Rn. 87.

245 Vgl. BVerfGE 34, 9 (28) = **juris**byhemmer.

246 Vgl. BVerfGE 7, 342 (347) = **juris**byhemmer; 34, 9 (27 f.) = **juris**byhemmer.

247 Das bewusste Nichtregeln begründet für die Länder die Sperrwirkung des Art. 72 I GG, vgl. BVerfG, BayVBl. 1999, 79 = **juris**byhemmer.

Auch der Katalog des Art. 74 I GG ist im Zweifelsfall natürlich vollständig durchzumustern, allerdings kann hier auf einige Kompetenztitel hingewiesen werden, die auf Grund ihrer Verknüpfung mit klausurrelevanten Themen bzw. Grundrechten von besonderer Bedeutung sind:

- ⇨ Nr. 1: v.a. Bürgerliches Recht und Strafrecht
- ⇨ Nr. 3: Vereinsrecht (im Zusammenhang mit Grundrechtsklausuren zu Art. 8, 9 GG)
- ⇨ Nr. 11: Recht der Wirtschaft, aber ohne Gaststättenrecht[248] und Ladenschlussrecht (im Zusammenhang mit Gesetzen im Wirtschaftverwaltungsrecht, die sich auch für eine Grundrechtsklausur - Art. 12 GG - anbieten können)
- ⇨ Nr. 12: v.a. Arbeitsrecht und Sozialversicherungsrecht[249]
- ⇨ Nr. 19: v.a. Maßnahmen gegen Krankheitsübertragung und Zulassung zu Heilberufen (beides geeignete Thematiken für Grundrechtsklausuren)
- ⇨ Nr. 20: Schutz beim Verkehr mit Futter- und Nahrungsmitteln (ebenfalls für Grundrechtsklausur oder aktuelle Gesetze geeignet)
- ⇨ Nr. 22: Straßenverkehr
- ⇨ Nr. 24: Abfallbeseitigung und Immissionsschutz
- ⇨ Nr. 25: Staatshaftungsrecht[250]
- ⇨ Nr. 27: Die Statusrechte und –pflichten der Beamten [251]

hemmer-Methode: Soweit im Rahmen der Föderalismusreform der Bund Kompetenzen verloren hat, bspw. das Versammlungsrecht, Art. 74 I Nr. 3 GG a.F., oder das Gaststättenrecht, Art. 74 I Nr. 11 GG a.F., bleiben die entsprechenden Bundesgesetze wie das VersammlG dennoch in Kraft, können aber von den Ländern durch Landesgesetze ersetzt werden, Art. 125a I GG.

c) Erforderlichkeit einer bundesgesetzlichen Regel

Erforderlichkeit, Art. 72 II GG

Der Bundesgesetzgeber hat allerdings in den Materien der konkurrierenden Gesetzgebung die Kompetenz nicht per se. In den in Art. 72 II GG genannten Fällen muss noch die dort geforderte Erforderlichkeit vorliegen. 155

hemmer-Methode: Das Merkmal der „Erforderlichkeit“ ist durch die Grundgesetzänderung vom 27.10.1994 an die Stelle der „Bedürfnisklausel“ in Art. 72 II GG a.F. getreten, wonach eine bundesgesetzliche (und damit einheitliche) Regelung zulässig war, wenn aus einem der in den Nr.1 - 3 der a.F. genannten Gründe ein Bedürfnis nach ihr bestand. Diese Bedürfnisklausel, deren Erfüllung das BVerfG anders als die Frage nach der Erforderlichkeit nur sehr eingeschränkt überprüfte,[252] galt als „eines der Haupteinfallstore für die Auszehrung der Länderkompetenzen“.[253]

248 Folge ist, dass die Länder und nicht der Bund für ein Rauchverbot in Gaststätten zuständig sind.

249 Zu einem aktuellen Fallbeispiel zur Einordnung der Pflegeversicherung vgl. u. Rn. 313.

250 Beachten Sie hierbei Art. 74 II GG, wonach diesbezügliche Bundesgesetze zustimmungspflichtig sind.

251 Beachten Sie auch hierbei Art. 74 II GG, wonach diesbezügliche Bundesgesetze zustimmungspflichtig sind.

252 Vgl. bereits BVerfGE 2, 2123; vgl. aber auch noch BVerfGE 78, 249 (270) = **juris**byhemmer.

253 Vgl. Jarass/Pieroth, Art. 72 GG, Rn. 17 unter Verweis auf BT-Drs. 12/6000, 33.

Soweit Bundesgesetze noch unter der Bedürfnisklausel erlassen wurden, für diese heute aber keine Erforderlichkeit im Sinne des Art. 72 II GG mehr besteht, bestimmt Art. 125a II GG die Fortgeltung dieser Bundesgesetze. Der Bund kann allerdings den Ländern die Befugnis zur Änderung dieser Gesetze einräumen.

In den Fällen des Art. 74 I GG, die in Art. 72 II GG nicht genannt sind, ist der Bund hingegen ohne weiteres zuständig. 156

hemmer-Methode: Hierbei handelt es sich um eine weitere Neuerung im Rahmen der Föderalismusreform. Bis zum 01.09.2006 war die Erforderlichkeitsprüfung in jedem Fall des Art. 74 I GG geboten.
Diese Änderung des Art. 72 GG steht im Zusammenhang mit der grundsätzlichen Neuordnung der Gesetzgebungskompetenzen und betrifft damit einen der Grundpfeiler der Föderalismusreform. Auch hier findet sich wieder das Prinzip des Nehmen und Geben. Die Länder erhalten dadurch mehr Freiheiten, dass bisherige Rahmengesetzgebungskompetenzen des Bundes, bspw. im Hochschulwesen, wegfallen und damit künftig in die ausschließliche Landesgesetzgebungskompetenz fallen, Art. 70 GG. Andererseits werden Fälle, die bisher nur unter die Rahmengesetzgebungskompetenz fielen, zur ausschließlichen oder konkurrierenden Gesetzgebungskompetenz des Bundes. Auch die Änderung des Art. 72 II GG erweitert die Rechte des Bundes, indem die (strenge) Erforderlichkeitsprüfung auf die aufgezählten Fälle beschränkt wird. In den übrigen Fällen des Art. 74 GG steht dem Bund die Gesetzgebungskompetenz ohne weiteres zu.
Im Gegenzug erhalten die Länder in den in Art. 72 III GG aufgezählten Fällen das Recht, von den Bundesgesetzen abzuweichen. Art. 31 GG gilt hier nicht. Stattdessen greift der lex-posterior-Grundsatz, vgl. Art. 72 III S. 3 GG: Erlassen die Länder ein vom älteren Bundesgesetz abweichendes Gesetz, geht dieses neuere Gesetz vor. Erlässt der Bund daraufhin ein neues Gesetz, ist – bis zum Erlass einer abweichenden Ländervorschrift – das Bundesgesetz wiederum vorrangig. Um den Ländern eine Reaktionsmöglichkeit einzuräumen, treten die entsprechenden Bundesgesetze allerdings erst sechs Monate nach ihrer Verkündung in Kraft, Art. 72 III S. 2 GG. Durch diese Frist sollen auch die Bürger davor bewahrt werden, kurzfristig mehrfach wechselnde Vorschriften beachten zu müssen.

In den Fällen des Art. 72 II GG hat der „Bund das Gesetzgebungsrecht" nur, „wenn und soweit die Herstellung gleichwertiger Lebensverhältnisse im Bundesgebiet oder die Wahrung der Rechts- oder Wirtschaftseinheit (...) eine bundesgesetzliche Regelung erforderlich macht." Diese Regelung wird vom BVerfG restriktiv ausgelegt.[254]

gleichwertige Lebensverhältnisse

Die Herstellung gleichwertiger Lebensverhältnisse schließt dabei nicht jede Ungleichbehandlung aus, vielmehr sind Unterschiede zulässig, die den spezifischen Verhältnissen einzelner Länder angepasst sind. Erst wenn die Lebensverhältnisse sich in untragbarer Weise auseinander entwickeln besteht eine Bundeskompetenz.[255] 157

Wahrung der Rechts- und Wirtschaftseinheit

Der Wahrung der Rechtseinheit dient ein Gesetz, wenn eine nicht hinnehmbare Rechtszersplitterung droht. Für die Wahrung der Wirtschaftseinheit im gesamtstaatlichen Interesse ist ein Bundesgesetz erforderlich, wenn die Funktionsfähigkeit des einheitlichen Wirtschaftsraums auf dem Spiel steht. 158

[254] BVerfG, NJW 2003, 41 = BayVBl. 2003, 465 = DVBl. 2003, 44 , bspr. von Jochum, S. 28, Kenntner, DVBl. 2003, 259; vgl. auch BVerfG, NJW 2004, 2803; sowie BVerfG, BayVBl. 2005, 271 = NJW 2005, 493 = **Life&Law 052005, 329: alle Entscheidungen** = **juris**byhemmer.

[255] BVerfG a.a.O.

Erforderlichkeit

Die Frage der Erforderlichkeit beurteilt sich danach, ob die Gleichwertigkeit der Lebensverhältnisse nicht auch durch die Selbstkoordination der Länder, d.h. durch gleichgerichtete Landesgesetze verwirklicht werden können. 159

Dabei darf man aber auch nicht zu großzügig sein und die (theoretisch wohl immer bestehende) abstrakte Möglichkeit der gleichgerichteten Landesgesetzgebung ausreichen lassen: wenn eine Möglichkeit praktisch nicht zu realisieren erscheint oder nicht in angemessener Zeit zustande kommt, ist ein Bundesgesetz erforderlich.[256]

Ist die Erforderlichkeit ein Bundesgesetz nach dessen Erlass weggefallen, kann dies nach Art. 72 IV GG durch ein Bundesgesetz festgestellt werden und bestimmt werden, dass dieses Gesetz durch ein Landesgesetz ersetzt werden kann. Das Bundesgesetz im Sinne des Art. 72 IV GG kann durch eine entsprechende Entscheidung des BVerfG nach Art. 93 II GG ersetzt werden.[257]

hemmer-Methode: Vergegenwärtigen Sie sich noch einmal das System der Gesetzgebungskompetenzen: Im Ausgangspunkt besteht die Kompetenz der Länder, Art. 70 GG, eine Kompetenz des Bundes grds. nur dann, wenn sie ihm in speziellen Kompetenztiteln zugewiesen wird oder ausnahmsweise eine ungeschriebene Kompetenz besteht (dazu sogleich). 160-163
Denken Sie in diesem Zusammenhang auch an andere Funktionen, die den Kompetenztiteln z.T. zugewiesen werden: so werden sie z.T. als verfassungsrechtliche Wertungen verstanden, die als kollidierendes Verfassungsrecht vorbehaltlos gewährte Grundrechte einschränken können (vgl. Hemmer/Wüst, Staatsrecht I, Rn. 144).

IV. Ungeschriebene Kompetenzen des Bundes

ungeschriebene Kompetenzen

Über die ausdrücklichen, geschriebenen Kompetenzen hinaus sind noch drei Fälle ungeschriebener Bundeskompetenzen grds. anerkannt: die Kompetenz kraft Sachzusammenhangs, die Annexkompetenz und die Kompetenz kraft Natur der Sache. 164

1. Kompetenz kraft Sachzusammenhangs

Kompetenz kraft Sachzusammenhangs: unerlässlich Zusammenhang mit ausdrückl. zugewiesener Materie („Ausweitung in die Breite“)

Eine Kompetenz kraft Sachzusammenhangs wird angenommen, wenn eine Materie dem Bund in Art. 73, 74 GG ausdrücklich zugewiesen ist, diese aber nur vollständig geregelt werden kann, wenn gleichzeitig auch eine andere, aber verwandte bzw. im Sachzusammenhang stehende Materie mitgeregelt wird.[258] 165

Voraussetzung soll allerdings sein, dass ein solcher Regelungsübergriff nicht nur zweckmäßig, sondern für die Regelung „unerlässlich“ erscheint.[259] Zumindest muss der Regelungsübergriff für eine verständige Regelung erforderlich sein.[260]

> ***Bspe.*** *für eine angenommene Kompetenz kraft Sachzusammenhangs sind: die Gebührenfestsetzung für gerichtliche Beurkundungen mit dem Bürgerlichen Recht und die Altersversorgung von Schornsteinfegern mit dem Handwerksrecht.*

---

256 Vgl. zum Ganzen Jarass/Pieroth, Art. 72 GG, Rn. 18.

257 Vgl. hierzu oben Rn. 25a.

258 Vgl. BVerfGE 3, 407 (421) = **juris**byhemmer; 12, 205 (241) = **juris**byhemmer.

259 Vgl. BVerfGE 3, 407 (421) = **juris**byhemmer; 26, 246 (256) = **juris**byhemmer.

260 BVerfG, BayVBl. 1999, 79 (abweichende Ansicht BayVBl. 1999, 111) = NJW 1999, 841 = **juris**byhemmer zur Frage der Schwangerenberatung als Sachzusammenhang zur Abtreibung; vgl. auch BVerwG, Urteil vom 20.02.2013, 6 A 2/12 = **Life&Law 09/2013, 684** = **juris**byhemmer.

Dagegen wurde ein solcher Sachzusammenhang abgelehnt für die Wasserwirtschaft bzw. Wasserpolizei mit dem Wasserwegerecht.[261]

hemmer-Methode: Um ein Problem der Kompetenz kraft Sachzusammenhang geht es auch bei den sog. Sonderabgaben. Darf der Bund gestützt auf einen Kompetenztitel der Art. 73, 74 GG eine Abgabe erheben?[262]

2. Annexkompetenz

Annexkompetenz: Vorbereitung und Durchführung einer zugewiesenen Materie

Während bei der Kompetenz kraft Sachzusammenhangs Bereiche „von außerhalb des Kompetenztitels" erfasst werden, sollen von der Annexkompetenz die Stadien der Vorbereitung und Durchführung der Materie „innerhalb des Kompetenztitels" miterfasst werden. 166

(⇨ Ausdehnung in die Tiefe)

In der Literatur findet sich die Formulierung, die Kompetenz kraft Sachzusammenhang gehe „in die Breite", die Annexkompetenz „in die Tiefe".

> ***Bsp.:** Auch die Polizei- und Ordnungsgewalt zu einer speziellen Materie kann durch den Bundesgesetzgeber mitgeregelt werden, so z.B. im Gewerberecht auch die gewerbeaufsichtlichen Maßnahmen.*

Allerdings ist diese Abgrenzung z.T. sehr schwierig zu treffen, weshalb z.T. die Annexkompetenz auch als Unterfall der Kompetenz kraft Sachzusammenhangs betrachtet wird.[263] Vorsicht ist gerade hinsichtlich der Annexkompetenz auch insofern geboten, als das Verwaltungsverfahren regelmäßig nicht davon erfasst wird, da sonst die Zuweisung in Art. 84 I GG an die Länder inhaltsleer würde.

hemmer-Methode: Allgemein ist zu diesen beiden ungeschriebenen Kompetenzen noch Folgendes zu bemerken: Da sie der grundgesetzlichen Zuordnung, insbesondere der Vermutung für die Länderkompetenz, widersprechen, sind sie nur zurückhaltend anzuwenden bzw. sorgfältig zu begründen.
Außerdem geht eine (ggf. extensive) Auslegung von geschriebenen Kompetenzen der Suche nach ungeschriebenen stets vor. So hat z.B. das BVerwG in einer jüngeren Entscheidung[264] bei der Prüfung, ob die Erhebung einer „Luftsicherheitsgebühr" von der Gesetzgebungskompetenz des Bundes gedeckt ist, unmittelbar auf Art. 73 Nr. 6 GG zurückgegriffen: Luftverkehr ohne staatlich garantierte Luftsicherheit sei von der Verfassung nicht gewollt. Wird der Kompetenztitel entsprechend weit ausgelegt, ist ein Rückgriff auf eine ungeschriebene Kompetenz hier nicht erforderlich.

3. Kompetenz kraft Natur der Sache

Kompetenz kraft Natur der Sache: Regelung durch Bundesgesetzgeber erforderlich

Schließlich wird in engen Grenzen eine Bundeskompetenz kraft Natur der Sache angenommen. Dies gilt in den Fällen, in denen die Gesetzesmaterie a priori der Landeskompetenz entzogen ist, da nicht vorstellbar ist, dass die Länder diese regeln können, dies vielmehr „begriffsnotwendig"[265] nur durch den Bundesgesetzgeber geschehen kann.[266] 167

---

[261] Vgl. zu den Beispielen die Nachweise bei Jarass/Pieroth, Art. 70 GG, Rn. 10 auch m.w.N.

[262] Vgl. unten Rn. 312 ff.

[263] Vgl. Jarass/Pieroth, Art. 70 GG, Rn. 12.

[264] BVerwG, NVwZ 1994, 1102 = NJW 1995, 475 = **juris**byhemmer.

[265] BVerfGE 11, 96 f. = **juris**byhemmer.

[266] Vgl. BVerfGE 3, 407 (422) = **juris**byhemmer; 26, 246 (257) = **juris**byhemmer.

Bspe. *wären die Bestimmung des Sitzes der Bundesregierung und der Bundessymbole*[267] *sowie die Festlegung von Nationalfeiertagen wie dem 03. Oktober.*[268] *Die Bestimmung der Hauptstadt war früher ebenfalls eine Bundeskompetenz kraft Natur der Sache, ist nunmehr in Art. 22 I GG ausdrücklich geregelt.*

Dagegen wurde eine Kompetenz für das Staatsfernsehen abgelehnt.[269] Eine solche lehnt das BVerfG auch hinsichtlich der deutschen Sprache ab.[270]

hemmer-Methode: Die Kompetenz kraft Natur der Sache tritt insofern selten auf, als hohe Anforderungen an ihre Bejahung zu stellen sind und schon der Katalog des Art. 73 GG einige Bereiche aufführt, die „begriffsnotwendig“ durch den Bund zu regeln sind.

B) Gesetzgebungsverfahren[271]

Gesetzgebungsverfahren: Art. 76 ff. GG

Für den Bereich der Bundesgesetzgebung enthält das Grundgesetz in seinen Art. 76 ff. GG Vorschriften über den Ablauf des Gesetzgebungsverfahrens.[272] Dieses ist zwar kaum einmal alleiniger Gegenstand einer Klausur, trotzdem ist es ratsam, sich die Grundzüge und wichtigsten Probleme einzuprägen: Das Gesetzgebungsverfahren gehört zum Bereich der formellen Verfassungsmäßigkeit, die z.B. bei einer Grundrechtsprüfung oder einem Normenkontrollantrag eine Rolle spielen kann. **168**

Auch ist das Gesetzgebungsverfahren einer der Punkte, für das einhellig ein Prüfungsrecht des Bundespräsidenten[273] bejaht wird.

Abschnitte des Verfahrens

Im Gesetzgebungsverfahren sind drei Abschnitte zu unterscheiden:

⇨ die Gesetzesinitiative inkl. des Vorverfahrens

⇨ das Haupt- bzw. Beschlussverfahren

⇨ das Abschlussverfahren (Ausfertigung und Verkündung)

I. Gesetzesinitiative und Vorverfahren

Gesetzesinitiative

Das formelle Gesetzgebungsverfahren wird durch Einbringen einer Gesetzesvorlage in den Bundestag eingeleitet. Das Recht zu dieser sog. Gesetzesinitiative haben nach Art. 76 I GG **169**

⇨ die Bundesregierung (als Kollegialorgan, vgl. § 15 GeschOBReg),

⇨ der Bundesrat,

⇨ die „Mitte des Bundestags“.

267 Vgl. BVerfGE 3, 407 (422) = **juris**byhemmer; wobei zu beachten ist, dass die Bundesflagge explizit in Art. 22 GG geregelt ist.

268 Vgl. zu den Nationalfeiertagen BayVerfGH, NJW 1982, 2656 f. = **juris**byhemmer.

269 Vgl. BVerfGE 12, 205 (242) = **juris**byhemmer.

270 BVerfG, NJW 1998, 2515 = JuS 1998, 1153 = **Life&Law 12/1998, 802** = **juris**byhemmer.

271 Vgl. dazu insgesamt den Beitrag von Kloepfer, Jura 1991, 169 ff.

272 Zum Verordnungserlass vgl. o. Rn. 116.

273 Dazu näher unten Rn. 214 f.

„aus der Mitte des Bundestags": Fraktion oder 5 % der Mitglieder

Gesetzesvorlagen aus der Mitte des Bundestags müssen nach § 76 I GeschOBT von einer Fraktion oder fünf Prozent der Mitglieder des Bundestags unterzeichnet sein, was allgemein als zulässige Ausfüllung des Art. 76 I GG betrachtet wird.[274] Wurde die Vorlage von einer geringeren Zahl unterzeichnet, macht dies ein ergehendes Gesetz aber nach h.M. nicht nichtig, da sich der Bundestag das Gesetz durch die Beschlussfassung zu eigen macht.[275] 170

Weiterleitung nach Art. 76 II, III GG

Die Gesetzesvorlagen werden im Weiteren nach Maßgabe des umfänglich geregelten Art. 76 II, III GG weitergeleitet, wobei eine Darstellung im Einzelnen den Rahmen dieses Skripts sprengen würde.[276] Es sollen nur zwei Probleme anhand von Beispielen dargestellt werden, die sich für eine Klausur anbieten würden, weil sie einen noch relativ überschaubaren Teil des Vorverfahrens betreffen und ihre Lösung juristisches Argumentationsvermögen erfordert: 171

Bsp. 1: *Die Bundesregierung bringt eine Gesetzesvorlage ein. Da sie es eilig hat und „der Bundesrat früh genug seine Meinung dazu abgeben könne", verzichtet sie auf die Vorlage beim Bundesrat und leitet sie unmittelbar dem Bundestag zu, der das Gesetz in einem im Weiteren ordnungsgemäßen Verfahren beschließt. Ist das Gesetz wirksam zustande gekommen?*

Lösung:

Es könnte ein zur Nichtigkeit führender Verstoß gegen Art. 76 II S. 1 GG vorliegen:

Die Gesetzesvorlage der Bundesregierung ist nicht dem Bundesrat vorgelegt worden, so dass diesem keine Stellungnahme nach Art. 76 II S. 2 GG möglich war. Da gerade diese Vorschrift auch ein Recht des Bundesrats konstituiert, könnte man bei deren Nichtbeachtung von der Nichtigkeit des Gesetzes ausgehen.

Andererseits dient die Vorlagepflicht auch v.a. dem Bundestag, der schon in einer frühen Phase die Ansichten des Bundesrats kennen und berücksichtigen können soll, sodass die Einhaltung der Pflicht zwar opportun, aber nicht unverzichtbar erscheint. Überdies ist eine tatsächliche Stellungnahme des Bundesrats auch nicht zwingend vorgeschrieben. Außerdem kann der Bundesrat im späteren ordnungsgemäßen Verfahren immer noch zu erkennen geben, dass er sich die Gesetzesvorlage zu Eigen macht, wenn er zustimmt bzw. auf seinen Einspruch verzichtet.[277]

Letztlich spricht aber der Wortlaut des Art. 76 II S. 1 GG gegen die Annahme einer bloßen Ordnungsvorschrift, vielmehr „sind (sc. die Gesetzesvorlagen der Regierung) zunächst dem Bundesrat zuzuleiten". Die Nichteinhaltung einer vorgeschriebenen Beteiligung eines Gesetzgebungsorgans führt aber regelmäßig zur Nichtigkeit des Gesetzes, zumal die oben angedeuteten Funktionen der vorherigen Zuleitung auch der Beachtung bundesstaatlicher Elemente im Gesetzgebungsverfahren dienen.[278]

Bsp. 2: *Nachdem die Regierung aus den Fehlern im ersten Beispiel gelernt hat und es erneut eilig hat, beschließt die Regierungspartei, ganz einfach ihre Fraktionsstärke im Parlament auszunutzen und bringt als Fraktion eine Gesetzesvorlage im Bundestag ein. Der Oppositionsführer sieht darin eine „unzulässige Umgehung des Art. 76 II GG".*

---

274 Vgl. Jarass/Pieroth, Art. 76 GG, Rn. 2 ff.

275 Vgl. Degenhart, Rn. 213.

276 Zum Überblick über den Gang des Gesetzgebungsverfahrens vgl. die Schaubilder unten Rn. 180a, b.

277 Zur Stellung des Bundesrats im Gesetzgebungsverfahren näher unten Rn. 1173 ff.

278 Im Ergebnis (Nichtigkeit) ebenso Degenhart, Rn 214; Jarass/Pieroth, Art. 76 GG, Rn. 5.

Lösung:

Nach Art. 76 I GG kann eine Gesetzesvorlage „aus der Mitte des Bundestags", mithin hier auch von der Fraktion der Regierungspartei eingebracht werden. Solche Vorlagen aus dem Bundestag bedürfen keiner einleitenden Stellungnahme durch den Bundesrat, sodass auf diese Weise das Vorlageverfahren vermieden werden kann. Hierin allerdings eine unzulässige Umgehung zu sehen, ginge wohl zu weit: Das Recht der Fraktionen zur Gesetzesvorlage ist durch das Grundgesetz nicht eingeschränkt. Eine Differenzierung nach Vorlagen der Regierungsfraktion und „verkappten Regierungsvorlagen“ wäre zudem praktisch nicht möglich. Schließlich liegt ein gewisses Zusammenwirken zwischen Regierungsfraktion und Regierung schon im System, nach dem der Kanzler durch das Parlament gewählt wird (Art. 63 I GG), begründet.

Dabei dürfte es bei diesem Zusammenwirken noch um eine der harmlosen Formen gehen, da das Gesetz ja noch seinen normalen Weg durch das Hauptverfahren gehen muss. Deshalb ist im Ergebnis davon auszugehen, dass die Gesetzesvorlage ordnungsgemäß eingebracht wurde.[279]

II. Beschlussfassung

1. Beschlussfassung durch den Bundestag

Art. 77 I S. 1 GG: Beschlussfassung durch Bundestag

Nach Art. 77 I S. 1 GG ist der Bundestag das zentrale Gesetzgebungsorgan, der Bundesrat wirkt (i.d.R.) bei der Gesetzgebung lediglich mit.[280] 172

§§ 78 ff. GeschOBT: drei Lesungen

Das Grundgesetz ist hier relativ knapp gehalten, die §§ 78 ff. GeschOBT konkretisieren die Vorschriften über den Beschluss dahingehend, dass die Gesetzesvorlagen in drei Lesungen (in der GeschOBT „Beratungen“ genannt) behandelt werden.

Die erste Lesung findet im Plenum statt, anschließend wird der Gesetzentwurf an die Ausschüsse weitergeleitet. Die ausführliche parlamentarische Willensbildung findet in der späteren zweiten Lesung im Plenum statt, die dritte Lesung endet mit der Schlussabstimmung. Der entsprechende Gesetzesbeschluss wird vom Bundestag nach Art. 42 II GG mit der Mehrheit der abgegebenen Stimmen gefasst. Enthaltungen zählen hierbei gerade als nicht abgegebene Stimmen, werden also nicht mitgezählt.

Bsp.: *Es werden 254 Stimmen für das Gesetz, 246 gegen das Gesetz abgegeben. Zehn Parlamentarier enthalten sich der Stimme. Würde man die zehn Enthaltungen mitzählen, wäre das Gesetz nicht beschlossen, da 254 nicht die Mehrheit von 510 ist. Damit hätte eine Enthaltung das Gewicht einer Nein-Stimme. Schon aus diesem Grund dürfen Enthaltungen nicht als abgegebene Stimmen gewertet werden. Das Gesetz ist damit beschlossen, da die Mehrheit der 500 abgegebenen Stimmen für das Gesetz war.*[281]

hemmer-Methode: Einzelheiten zur Abstimmung finden Sie unter Rn. 274 ff. Beachten Sie aber jetzt schon Folgendes: Auf die GeschOBT ist zwar in einer entsprechenden Konstellation einzugehen, doch sind ihre konkreten Einzelheiten (z.B. drei Lesungen) nicht verfassungsrechtlich gefordert, so dass Verstöße gegen die GeschOBT in dieser Phase i.d.R. nicht zur Nichtigkeit führen.

279 Ebenso Degenhart, Rn. 219; a.A. Stern, Staatsrecht II, § 37 III 4b; einen weiteren problematischer Bereich der Verknüpfung zwischen Regierung und Regierungspartei bildet die Öffentlichkeitsarbeit der Regierung während des Wahlkampfes, vgl. dazu unten Rn. 350 (Bsp. 2).

280 In gewisser Hinsicht eine beschließende Funktion kommt dem Bundesrat nur in den Fällen des Gesetzgebungsnotstands nach Art. 81 II GG zu.

281 Das Gewicht einer Enthaltung kommt dem einer Nein-Stimme allerdings dann gleich, wenn es um die qualifizierte Mehrheit der Mitglieder des Bundestages im Sinne des Art. 121 GG, vgl. bspw. Art. 63 II, 67, 68 GG.

Ebenfalls in der GeschOBT geregelt ist die Beschlussfähigkeit: Nach § 45 I GeschOBT müsste an sich die Hälfte der Mitglieder anwesend sein, jedoch wirkt sich ein Verstoß nur aus, wenn die Beschlussunfähigkeit vor Beginn der Sitzung nach Maßgabe des § 45 II, III GeschOBT festgestellt wurde.

2. Rolle des Bundesrates

Beteiligung des Bundesrates

Der Gesetzesbeschluss ist durch den Bundestagspräsidenten dem Bundesrat zuzuleiten, Art. 77 I S. 2 GG. Hinsichtlich der Beteiligung des Bundesrats ist zu unterscheiden zwischen Einspruchs- und Zustimmungsgesetzen, vgl. auch Art. 78 GG: 173

a) Einspruchsgesetze

bei Einspruchsgesetzen: Anrufung des Vermittlungsausschusses durch Bundesrat

Handelt es sich um ein sog. Einspruchsgesetz, kann der Bundesrat den Beschluss zwar letztlich nicht verhindern, aber doch erschweren: Möchte er Einspruch gegen das Gesetz einlegen, hat er zunächst innerhalb von drei Wochen den Vermittlungsausschuss anzurufen, der aus Mitgliedern des Bundesrats und des Bundestags gebildet wird, vgl. Art. 77 II, III GG. Geschieht dies nicht innerhalb von drei Wochen, ist das Gesetz zustande gekommen. 174

Einspruch des Bundesrates möglich, der aber zurückgewiesen werden kann

Im Vermittlungsausschuss können gewisse Änderungsvorschläge eingebracht werden,[282] über die der Bundestag erneut beraten und beschließen kann. Gegen diesen Beschluss (bzw. wenn keine Änderungen erfolgten, gegen die alte Fassung) kann der Bundesrat innerhalb von zwei Wochen Einspruch einlegen, Art. 77 III GG, den der Bundestag aber mit einer qualifizierten Mehrheit nach Art. 77 IV GG zurückweisen kann. Die Letztentscheidung bleibt also beim Bundestag.

hemmer-Methode: Ein faktisches Veto-Recht hat der Bundesrat hier nur dann, wenn der Einspruch mit einer $^2/_3$-Mehrheit im Bundesrat beschlossen wurde, da dann auch der Zurückweisungsbeschluss des Bundestages einer $^2/_3$-Mehrheit bedarf, Art. 77 IV GG.

b) Zustimmungsgesetze[283]

Zustimmungsgesetze: nur, wenn im GG als solche bestimmt

aa) Zustimmungsgesetze sind solche, bei denen die Zustimmungsbedürftigkeit im Grundgesetz geregelt ist, wobei diese Regelung nach h.M. abschließend ist.[284] Allerdings soll das ganze Gesetz zustimmungsbedürftig sein, wenn eine einzelne Vorschrift es ist. In den Grenzen des Rechtsmissbrauchs soll es zulässig sein, Vorschriften, die zustimmungsbedürftig sind, aus dem Gesetzentwurf herauszunehmen, etwa den Entwurf in einen materiell- und einen verfahrensrechtlichen Teil zu trennen.[285] 175

hemmer-Methode: Die Grenzen eines unzulässigen Rechtsmissbrauchs sind allerdings sehr hoch anzusetzen, da andernfalls die Rechte des Bundesrates auf Gebiete erstreckt würden, die ihm nach dem Grundgesetz nicht zugewiesen sind.[286]

---

[282] Der Vermittlungsausschuss darf aber ggf. nur vermitteln, aber nicht neue Initiativen entwickeln, vgl. BVerfG, NVwZ 2008, 665 = **Life&Law 08/2008, 541** = **juris**byhemmer.

[283] Vgl. auch Krüger, „Rechtsfragen im Bereich der Zustimmungsbedürftigkeit von Rahmengesetzen", DVBl. 1998, 293.

[284] Wichtige Fälle sind: Art. 84 I S. 6, IV, 85 I, 105 III, 106 III-VI, 107 GG; vgl. dazu auch v. Mutius, Jura 1988, 49 ff.; vgl. auch Krüger, „Rechtsfragen im Bereich der Zustimmungsbedürftigkeit von Rahmengesetzen", DVBl. 1998, 293.

[285] Vgl. zum Ganzen Jarass/Pieroth, Art. 77 GG, Rn. 4, 5 jeweils m.w.N.

[286] BVerfG, NJW 2002, 2543 = **juris**byhemmer (Lebenspartnerschaftsgesetz).

Die Änderung eines ursprünglich zustimmungspflichtigen Gesetzes ist nur dann zustimmungspflichtig, wenn das Änderungsgesetz

⇨ selbst neue Vorschriften enthält, die die Zustimmungsbedürftigkeit auslösen oder

⇨ wenn es zustimmungsbedürftige Regelungen des Ursprungsgesetzes ändert oder

⇨ wenn das Änderungsgesetz zumindest indirekt auf die die Zustimmungspflicht auslösenden Vorschriften einwirkt.[287]

hemmer-Methode: Der Normalfall ist also das Einspruchsgesetz! Daran zeigt sich deutlich, dass der Bundesrat keine vollwertige zweite Kammer ist. Der Bundesrat wirkt bei der Gesetzgebung des Bundes mit, Art. 50 GG, ohne dem Bundestag gleichgeordnet zu sein.

Gesetz kommt nur mit Zustimmung des Bundesrates zustande; Anrufung des Vermittlungsausschusses durch Bundestag oder -regierung möglich

bb) Bei Zustimmungsgesetzen kommt das Gesetz nur mit der Zustimmung des Bundesrates zustande, dieser hat also die Letztentscheidung. Möchte der Bundesrat die Zustimmung verweigern, können nach Art. 77 II S. 4 GG Bundestag oder Bundesregierung den Vermittlungsausschuss anrufen, während eine Anrufung durch den Bundesrat hier nicht vorgeschrieben, aber wohl möglich ist. 176

Der Bundesrat entscheidet nach Art. 52 III S. 1 GG mit der Mehrheit seiner Stimmen.

hemmer-Methode: Die Konsequenz ist, dass Enthaltungen wie Nein-Stimmen wirken. Bei derzeit 69 Mitgliedern im Bundesrat, vgl. Art. 51 II GG, ist immer eine Mehrheit von 35 Stimmen erforderlich. Dies ist der wesentliche Unterschied zur Abstimmung im Bundestag, wo nach Art. 42 II GG die einfache Mehrheit der abgegebenen Stimmen grundsätzlich ausreicht.[288] Enthaltungen zählen dabei als nicht abgegeben.
Ein interessantes Problem stellt die „uneinheitliche Abstimmung" der Vertreter eines Bundeslandes dar. Nach Art. 51 III S. 1 GG kann ein Land mehrere Vertreter entsenden, die nach Art. 51 III S. 2 GG aber nur einheitlich abstimmen dürfen, da es letztlich nicht um deren persönliche Meinung, sondern um die Meinung des jeweiligen Landes geht. Wird gegen dieses Gebot der einheitlichen Stimmabgabe verstoßen, sind die Stimmen grundsätzlich unwirksam. Z.T. wird allerdings vertreten, dass allein die Stimme des Ministerpräsidenten maßgeblich sei, wenn dieser an der Abstimmung beteiligt ist, sog. „Stimmführerschaft". Diese Ansicht findet allerdings keinerlei Anhaltspunkte im Grundgesetz, das von gleichberechtigten Vertretern des Landes ausgeht, und ist deshalb abzulehnen.[289]

Da das Gesetz erst mit der Zustimmung zustande kommt und so auch mit bloßer Untätigkeit des Bundesrats verhindert werden könnte, schreibt Art. 77 IIa GG eine Beschlussfassung des Bundesrates innerhalb einer angemessenen Frist vor.

---

287 BVerfGE 37, 363 (382) = **juris**byhemmer; BVerfG, NVwZ 2010, 1146 ff. = **Life&Law 01/2011, 47** = **juris**byhemmer.

288 Vgl. Rn. 282 f.

289 M.w.N. BVerfG, NJW 2003, 339 = DVBl. 2003, 194 = BayBl. 2003, 172, 206 = **juris**byhemmer bspr. von Renner, NJW 2003, 332 sowie Risse, DVBl. 2003, 390; vgl. auch Schenke, „Die verfassungswidrige Bundesratsabstimmung", NJW 2002, 1318; Ipsen, „Gespaltenes Votum bei Abstimmungen im Bundesrat", DVBl. 2002, 653; Bonner Kommentar, Art. 51 GG, Rn. 27.

III. Ausfertigung und Verkündung

Ausfertigung und Verkündung durch den Bundespräsidenten

Ist das Gesetz zustande gekommen, ist es vom zuständigen Fachminister und vom Bundeskanzler gegenzuzeichnen, Art. 58 GG, und vom Bundespräsidenten auszufertigen, d.h. zu unterzeichnen, und zu verkünden. 177

Erst wenn dies geschehen ist, ist das Gesetz wirksam. Ob bzw. welches Prüfungsrecht dabei der Bundespräsident hat, ist einer der Klassiker in der staatsrechtlichen Klausur und wird im Abschnitt über den Bundespräsidenten behandelt (vgl. u. Rn. 213 ff.).

IV. Sonderproblem: Verfassungsändernde Gesetze, Art. 79 GG

Sonderanforderungen an verfassungsändernde Gesetze

Für eine Änderung des Grundgesetzes, die grds. nach den in Art. 76 ff. GG normierten Vorschriften durchzuführen ist,[290] normiert Art. 79 GG erschwerende verfahrensmäßige und materielle Voraussetzungen: 178

Art. 79 I GG: Änderung des GG-Textes selbst; Beschluss durch Zweidrittel von Bundestag und Bundesrat

1. Für das Verfahren ist zum einen zu beachten, dass nach Art. 79 I GG der Text des Grundgesetzes selbst geändert werden muss, zum anderen, dass nach Art. 79 II GG verfassungsändernde Gesetze von zwei Dritteln der Mitglieder des Bundestags (i.S.d. gesetzlichen Mitgliederzahl) und zwei Dritteln der Stimmen des Bundesrats beschlossen werden müssen: verfassungsändernde Gesetze sind also stets Zustimmungsgesetze. 179

Art. 79 III GG: „Ewigkeitsgarantie"

2. Inhaltlich ist die sog. Ewigkeitsgarantie des Art. 79 III GG zu beachten, das dem Mehrheitsprinzip der parlamentarischen Demokratie Grenzen setzt: es können nämlich die bundesstaatliche Ordnung (nicht aber der Bestand einzelner Länder[291]), der Schutz der Menschenwürde nach Art. 1 GG und die in Art. 20 GG niedergelegten Grundsätze (etwa i.S.d. freiheitlich demokratischen Grundordnung) nicht geändert werden. 180

Außerdem muss Art. 79 III GG selbst als unabänderlich verstanden werden, da sonst die Unabänderlichkeitssperre zu leicht umgangen werden könnte.

hemmer-Methode: Art. 79 III GG enthält auch eine Wertung über die Gewichtung der Verfassungsgüter, sodass die hier genannten Grundsätze z.B. im Rahmen einer Güterabwägung von der abstrakten Wertigkeit her sehr hoch einzustufen sind. Soweit von Ihnen eine Verfassungsänderung auf ihre Wirksamkeit zu überprüfen ist, dürfen Sie diese nur am Maßstab des Art. 79 III GG messen. Art. 79 III GG kann allein über den Weg des Art. 146 GG, also über eine völlig neue Verfassung umgangen werden.[292]

---

290 Dagegen sind diese Vorschriften nicht zur Ablösung der Verfassung anwendbar; zum Unterschied zwischen Akten der pouvoir constitués und des pouvoir constituant und zur Lage nach der Wiedervereinigung Deutschlands vgl. Sachs, JuS 1991, 985 ff.

291 Vgl. Degenhart, Rn. 243.

292 Wobei das BVerfG in seiner Lissabon-Entscheidung andeutet, selbst in einem solchen Fall die Schranken des Art. 79 III GG heranziehen zu wollen, BVerfG, NJW 2009, 2267 = **Life&Law 09/2009, 618** = **juris**byhemmer.

Einspruchsgesetz

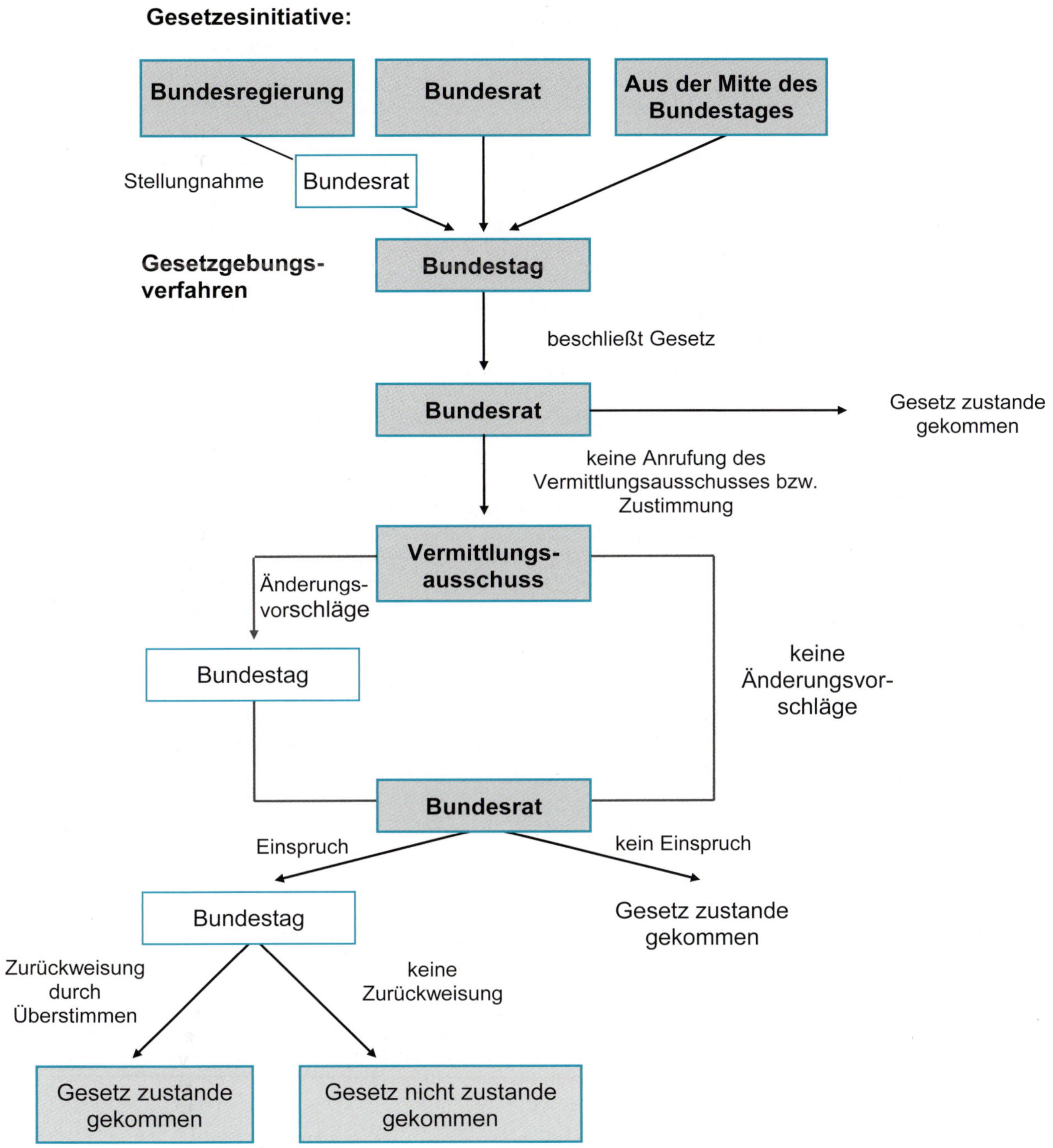

Zustimmungsgesetz

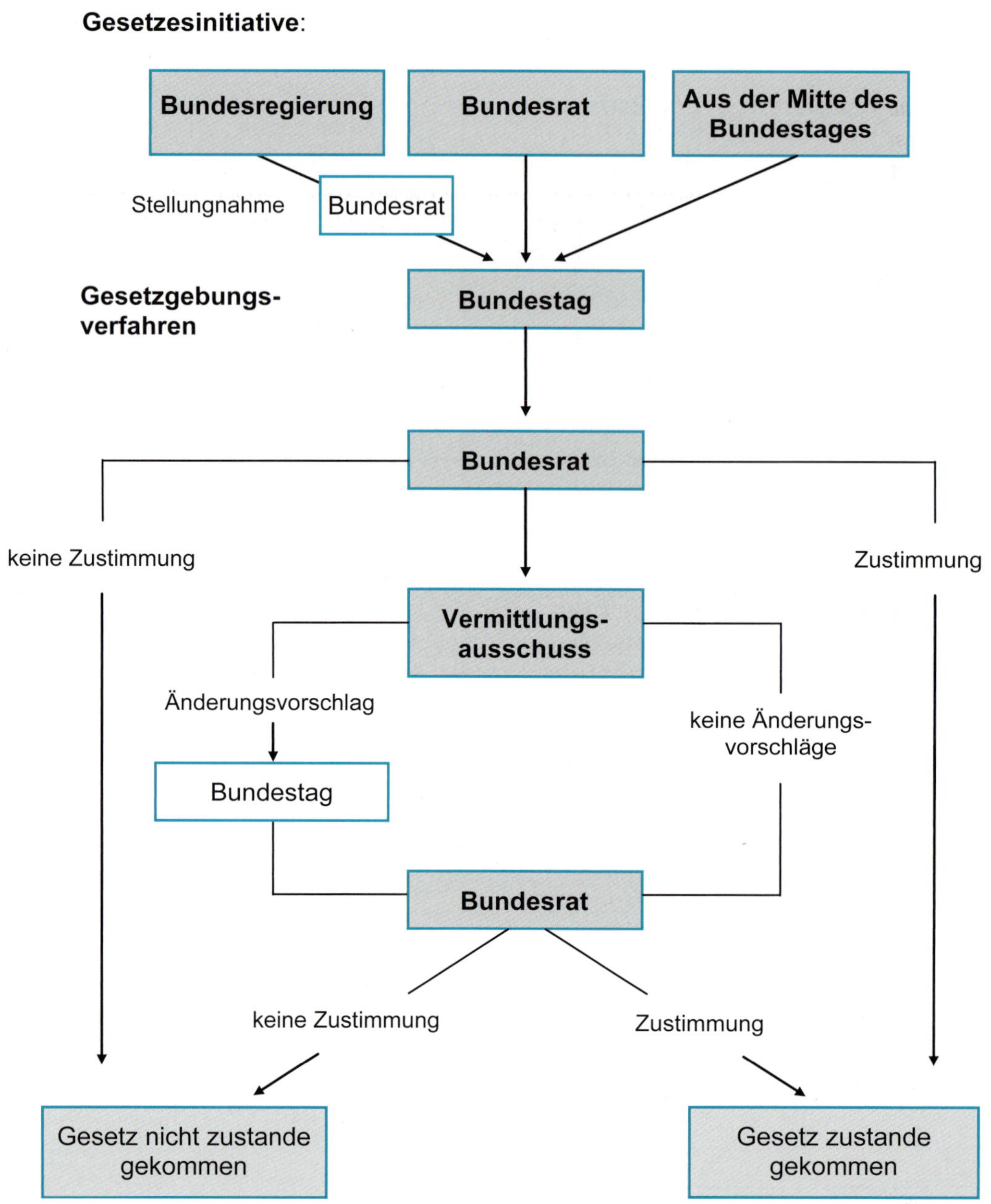

§ 15 EXEKUTIVE

A) Begriff des Verwaltungshandelns

Verwaltung: Wahrnehmung öffentl. Aufgaben, die nicht Gesetzgebung oder Rechtsprechung ist

Bevor man die Verwaltungskompetenzen prüft, ist als (gedankliche) Vorfrage klarzustellen, ob überhaupt ein Verwaltungshandeln vorliegt: dies ist unproblematisch bei der gesetzesvollziehenden Verwaltung, kann aber Schwierigkeiten aufwerfen bei der sog. nichtgesetzesakzessorischen Verwaltung. Hier ist die Einordnung am zweckmäßigsten in Abgrenzung zu den anderen beiden Gewalten vorzunehmen, die sich i.d.R. leichter bestimmen lassen. 181

Danach ist „Verwalten“ das Wahrnehmen einer öffentlichen Aufgabe, die nicht Rechtsprechung oder Gesetzgebung ist, durch den Staat. Ausschlaggebend ist nicht die Rechtsform des Handelnden (z.B. einer GmbH), sondern das Zuordnungssubjekt (der Staat) und dessen Zielsetzung (Erfüllung öffentlicher Aufgaben).

B) Grundsatz der Länderverwaltung

Grundsatz: Länderverwaltung, Art. 30, 83 GG

Der schon bei der Gesetzgebung erwähnte Art. 30 GG hat auch für die Verwaltungskompetenzen Bedeutung; insbesondere darf nach Art. 30 GG der Bund auch nichtgesetzesakzessorische Verwaltung nur betreiben, wenn er dafür eine spezielle Kompetenznorm hat. 182

Dagegen ergibt sich der Grundsatz der Verwaltung durch die Länder für den Bereich der gesetzesakzessorischen Verwaltung aus dem spezielleren Art. 83 GG: dieser gilt freilich nur für Bundesgesetze, selbstverständlich werden aber auch die Ländergesetze durch die Länder vollzogen.

C) Ausführung der Bundesgesetze als eigene Angelegenheit

grds.: Ausführung von Bundesgesetzen durch die Länder als eigene Angelegenheiten

Nach Art. 83, 84 I GG führen die Länder Bundesgesetze grds. als eigene Angelegenheit aus. In diesem Fall steht den Ländern die Organisationsgewalt zu und sie können die ihnen notwendig erscheinenden Behörden einrichten und das Verwaltungsverfahren selbst regeln.[293] 183

andere Regelung durch Bundesgesetz mit Zustimmung d. Bundesrats mögl.

Allerdings können auch schon die Bundesgesetze selbst die Regelung dieser Organisationsbereiche enthalten, Art. 84 I GG. 184

Dabei kann der Bund nach Art. 84 I GG sowohl die Einrichtung von Behörden als auch das Verwaltungsverfahren regeln. Darunter ist im Einzelnen Folgendes zu verstehen:

I. Einrichtung von Behörden

Einrichtung von Behörden (umfasst auch Errichtung und Neugründung)

Die „Einrichtung der Behörden“ umfasst nicht nur die Ausstattung mit sachlichen und persönlichen Mitteln und die Bestimmung von deren Sitz und örtliche wie sachliche Zuständigkeit, sondern nach h.M. auch ihre Errichtung, also die Neugründung einer Behörde.[294] Zugleich steht dem Bund in diesen Fällen auch die Aufgabenzuweisung an die Behörde zu, die von der Errichtung nicht sinnvollerweise getrennt werden kann. 185

293 Vgl. dazu aus der Rechtsprechung BVerfGE 55, 319 ff. = jurisbyhemmer.

294 Vgl. Maunz/Dürig, Art. 84 GG, Rn. 25.

Unzulässig ist es nach Art. 84 I S. 7 GG allerdings, dass der Bund direkt Gemeinde oder Gemeindeverbänden Aufgaben überträgt.

II. Regelung des Verwaltungsverfahrens

Regelung des Verwaltungsverfahrens

Außerdem darf der Bund nach Art. 84 I GG auch das Verwaltungsverfahren regeln. Damit gemeint ist die Regelung des Verwaltungsablaufs bei der Gesetzesausführung im Sinne einer verbindlichen Festlegung für Art, Weise und Form der Ausführung der Bestimmungen.[295] 186

III. Abweichungsmöglichkeiten der Länder

Abweichungsmöglichkeiten der Länder

Die Verfahrens- und Zuständigkeitsregelungen des Bundes sind seit der Föderalismusreform nur noch bloße Einspruchsgesetze. Die Länder erhalten aber das Recht, von den bundesgesetzlichen Vorgaben abzuweichen, Art. 84 I S. 2 GG. Das spätere Landesrecht verdrängt das frühere Bundesgesetz, Art. 84 I S. 4, 72 III GG. Erlässt der Bund später wiederum Verfahrensregelungen, gehen diese den früheren Landesregelungen vor. Diese Bundesgesetze dürfen aber, um den Ländern eine Reaktionsmöglichkeit einzuräumen, frühestens sechs Monate nach Verkündung in Kraft treten, wenn nicht der Bundesrat seine Zustimmung zu einem früheren In-Kraft-Treten erteilt hat. Nur wenn das Abweichungsrecht der Länder wegen eines besonderes Bedürfnisses ausgeschlossen sein soll, ist die Zustimmung des Bundesrates erforderlich, Art. 84 I S. 5 und 6 GG. Diese Bundesgesetze dürfen sich aber nur das Verwaltungsverfahren nicht auf die Behördeneinrichtung beziehen. Regelungen der Behördeneinrichtung ohne Abweichungsmöglichkeit sind dem Bund verwehrt. 186a

hemmer-Methode: Art. 84 GG war die neben der Änderung der Art. 70 ff. GG klausurrelevanteste Ausprägung der Föderalismusreform dar. Nach dem Wortlaut des Grundgesetzes ist das Einspruchsgesetz der Normal-, das Zustimmungsgesetz der Ausnahmefall. Tatsächlich waren zuletzt über 60 % der Gesetze Zustimmungsgesetze. Das Gesetzgebungsverfahren war damit zumindest wesentlich erschwert, da der Bundestag oft gezwungen war, aus einem einheitlichen Gesetz zwei verschiedene Gesetze zu machen: Ein Einspruchsgesetz, das nach Zurückweisung des Einspruchs gemäß Art. 77 IV GG zustande kam, und ein Zustimmungsgesetz, das je nachdem zustande kam oder scheiterte. Die Zustimmungsbedürftigkeit eines Bundesgesetzes ergab sich in der Vergangenheit meist daraus, dass es Regelungen über das Verwaltungsverfahren oder die Zuständigkeit der Behörden enthielt, Art. 84 I GG a.F. Durch die jetzige Fassung des Art. 84 I GG soll das Regel-Ausnahme-Verhältnis des Grundgesetzes wieder hergestellt und die Beziehung zwischen Bund und Ländern entflochten werden: Künftig kann der Bund Verfahrens- und Zuständigkeitsregelungen durch Einspruchsgesetz erlassen, die Länder erhalten aber das Recht, von den bundesgesetzlichen Vorgaben abzuweichen, Art. 84 I S. 2 GG.

IV. Allgemeine Verwaltungsvorschriften

Verwaltungsvorschriften (grds. keine Außenwirkung)

Gemäß Art. 84 II GG hat die Bundesregierung das Recht, mit Zustimmung des Bundesrates allgemeine Verwaltungsvorschriften zu erlassen. Verwaltungsvorschriften i.S.d. Art. 84 II GG sind Vorschriften (Richtlinien, Erlasse u.Ä.), die sich ausschließlich an die Exekutive richten und i.d.R. keine Außenwirkung haben. 187

---

295 Vgl. BVerfGE 75, 108 (150) = **juris**byhemmer; eine Definition des Verwaltungsverfahrens findet sich auch in § 9 VwVfG.

hemmer-Methode: Im mündlichen Examen wird gerne die Frage aufgeworfen, was Inhalt der Verwaltungskompetenz ist. Ziehen Sie zur Definition Art. 84 I und II GG heran. Die Verwaltungskompetenz beinhaltet die Einrichtung der Behörden, die Regelung des Verfahrens und den Erlass von Verwaltungsverordnungen (= Verwaltungsvorschriften).

V. Bundesaufsicht

Bundesaufsicht: nach Art. 84 III GG reine Rechtsaufsicht

Gemäß Art. 84 III GG übt der Bund auch bei der Ausführung als eigene Angelegenheit die Aufsicht aus, „dass die Länder die Bundesgesetze dem geltenden Recht gemäß ausführen". Dies bedeutet eine reine Rechtskontrolle daraufhin, ob Verfassungsrecht und einfaches Recht (wohl auch Landesrecht) beachtet werden,[296] also eine bloße Rechtsaufsicht. 188

Die Zweckmäßigkeit des Gesetzesvollzugs kann der Bund hier nicht überprüfen. Diese Begrenzung ist Ausdruck der Eigenverantwortlichkeit der Länder bei der Gesetzesausführung als eigene Angelegenheit.

hemmer-Methode: Machen Sie sich den Unterschied von Rechtsaufsicht und Fachaufsicht (auch Überprüfung der Zweckmäßigkeit des Verwaltungshandelns) klar! Eine noch größere Rolle spielt sie wohl im Kommunalrecht, wo sich aufsichtsrechtliche Klausuren großer Beliebtheit erfreuen. Auch dort ist die Begrenzung auf die Rechtsaufsicht Ausdruck der Eigenverantwortlichkeit der Kommunen, insbesondere der kommunalen Selbstverwaltung.

Aufsichtsmittel

Eingriffsmittel des Bundes bei der Rechtsaufsicht sind: 189

- ⇨ das Recht auf allgemeine Information,
- ⇨ die Entsendung eines Beauftragten (i.d.R. an die oberste Landesbehörde), Art. 84 III S. 2 GG,
- ⇨ die Mängelrüge durch den Bundesrat auf Antrag der Bundesregierung nach Art. 84 IV GG,
- ⇨ in bestimmten Fällen Einzelweisungen nach Maßgabe des Art. 84 V GG.

Gegen derartige Bundesmaßnahmen kann das Land das BVerfG anrufen.[297]

D) Bundesauftragsverwaltung

Bundesauftragsverwaltung: Weisungsgebundenheit der Länder und Fachaufsicht des Bundes

1. Die in Art. 85 GG geregelte Bundesauftragsverwaltung durch die Länder für den Bund schränkt die Handlungsfreiheit der Länder viel weitergehend ein als die Landesverwaltung unter der Bundesaufsicht nach Art. 84 GG. Insbesondere unterstehen die Landesbehörden nach Art. 85 III GG den Weisungen der obersten Bundesbehörden, d.h. der Ministerien, und die Aufsicht erstreckt sich auch auf die Zweckmäßigkeit des Verwaltungshandelns, Art. 85 IV GG, es besteht also eine Fachaufsicht. 190

grds. kein inhaltliches Prüfungsrecht des Landesministers

Wesen der fachaufsichtlichen Weisung ist es, dass der angewiesene Landesminister grundsätzlich kein inhaltliches Prüfungsrecht hat, sondern die Weisung ohne „Wenn und Aber" befolgen muss.

---

296 Vgl. Jarass/Pieroth, Art. 84 GG, Rn. 30.

297 Zu den föderalen Streitigkeiten vgl. o. Rn. 35 ff.; vgl. näher zu den einzelnen Möglichkeiten Jarass/Pieroth, Art. 84 GG, Rn. 33.

Allerdings kann das Weisungsrecht des Bundes nach Art. 85 III GG auch im Verhältnis zu den Ländern nicht grenzenlos bestehen. Eine Bindung der Länder muss insbesondere dann entfallen, wenn die Befolgung der Weisung einen groben Verfassungsverstoß darstellen müsste, die Allgemeinheit z.B. einer schwerwiegenden Gesundheitsgefahr ausgesetzt würde. Von dem Land kann nichts gefordert werden, was **„schlechthin außerhalb des von einem Staat Verantwortbaren"** liegt[298].

Kommt ein Land einer Weisung des Bundes nicht nach, liegt bei der Bundesauftragsverwaltung hierin ein Rechtsverstoß, der die Eingriffsmittel der Rechtsaufsicht auslöst (vgl. o. Rn. 189).

trotzdem „echte Landesverwaltung"

2. Dennoch handelt es sich um eine echte Landesverwaltung, da grds. die Organisationsgewalt bei den Ländern bleibt, wenn nicht ein Bundesgesetz mit Zustimmung des Bundesrates etwas anderes vorsieht, Art. 85 I GG. Insoweit gilt dasselbe wie zu Art. 84 I GG Ausgeführte, insbesondere kann der Bund nach h.M. über den Wortlaut des Art. 85 I GG hinaus auch hier nicht nur die Behördeneinrichtung, sondern nach h.M. auch das Verwaltungsverfahren regeln.[299] Auch treten die Länder nach außen auf. 191

3. Welche Materien zur Bundesauftragsverwaltung gehören (können), ist ausschließlich dem Grundgesetz selbst zu entnehmen. Dabei ist zu unterscheiden zwischen obligatorischer Bundesauftragsverwaltung (z.B. Art. 90 II, 104a III S. 2 GG) und fakultativer Auftragsverwaltung (z.B. Art. 87c, 87d II GG). 192

E) Bundeseigene Verwaltung

bundeseigene Verwaltung

1. Als stärkste Abweichung von den Art. 30, 83 GG sieht das Grundgesetz auch die bundeseigene Verwaltung vor, bei der der Bund selbst nach außen als Verwaltungsträger auftritt. Auch die bundeseigene Verwaltung ist z.T. obligatorisch, z.T. fakultativ vorgesehen. Dabei ist Art. 87 GG insofern missverständlich, als er die Gegenstände der bundeseigenen Verwaltung nicht abschließend aufzählt, sondern im Grundgesetz auch noch andere Bereiche aufgeführt sind, so z.B. in Art. 87b, 87d I, 89, 90 III GG. 193

2. Dabei ist zu unterscheiden zwischen bundesunmittelbarer Verwaltung und mittelbarer Bundesverwaltung:

bundesunmittelbare Verwaltung

a) Von bundesunmittelbarer Verwaltung spricht man, wenn der Bund als juristische Person des öffentlichen Rechts unmittelbarer Träger der Verwaltungsbehörden ist, im Streitfall also selbst Beklagter wäre. Die unmittelbare Bundesverwaltung ist dreistufig aufgebaut, wobei die Oberbehörden die Ministerien sind. 194

mittelbare Bundesverwaltung

b) Bei der mittelbaren Bundesverwaltung werden bestimmte Verwaltungsaufgaben des Bundes auf andere Personen, i.d.R. rechtlich selbstständige juristische Personen des öffentlichen Rechts übertragen. In diesen Fällen ist nicht mehr der Bund Träger der Verwaltungsbehörde, sondern die selbstständige juristische Person, welche auch Beklagte im Prozess wäre. Der Bund fungiert lediglich als Aufsichtsbehörde. 195

***Bspe.** für solche Körperschaften des öffentlichen Rechts sind die überregionalen Sozialversicherungsträger oder die Bundesanstalt für Arbeit.*

---

298 BVerfG, DÖV 1990, 657 (659) = **juris**byhemmer.

299 Vgl. BVerfGE 26, 338 (385); Jarass/Pieroth, Art. 85 GG, Rn. 3.

hemmer-Methode: Machen Sie sich noch einmal die Terminologie klar: Es handelt es sich zwar hier um sog. bundesunmittelbare Körperschaften, weil sie unmittelbar dem Bund zugeordnet sind. Die Verwaltung, die sie tätigen, wird aber mittelbare Bundesverwaltung genannt, weil nicht der Bund selbst, sondern die rechtlich selbstständige Körperschaft tätig wird.

F) Exkurs: Ungeschriebene Bundeskompetenzen

ungeschriebene Bundesverwaltungskompetenzen nur selten anzunehmen

Ähnlich wie bei den Gesetzgebungskompetenzen wird auch bei den Verwaltungskompetenzen die Frage nach ungeschriebenen Verwaltungskompetenzen des Bundes, insbesondere aus der Natur der Sache diskutiert. Diese ist zwar theoretisch wieder denkbar, wenn „begriffsnotwendig" nur der Bund die Aufgabe wahrnehmen kann, doch wird man bei einer solchen Annahme noch zurückhaltender sein müssen als schon bei den Gesetzgebungskompetenzen: wenn eine einheitliche gesetzliche Regelung besteht, ist nur schwer denkbar, dass ein Vollzug durch die Länder zu untragbaren Ergebnissen führen würde.[300] 196

hemmer-Methode: Eine solche ungeschriebene Bundeskompetenz wird teilweise für Warnungen durch Bundesminister bspw. vor verunreinigten Lebensmitteln oder gefährlichen Sekten bejaht.[301] Das BVerfG scheint allerdings eher aus Art. 65 GG eine geschriebene Zuständigkeit herauslesen zu wollen.[302]

G) Verbot der Mischverwaltung und Gemeinschaftsaufgaben

Verbot der Mischverwaltung

Die föderalistische Verwaltungsaufgliederung darf nicht dadurch umgangen werden, dass im Verhältnis von Bund und Ländern gesetzlich eine Mischverwaltung vorgesehen wird. 197

Gemeinschaftsaufgaben

Andererseits ist nicht jede Form der Kooperation untersagt, und für bestimmte Fälle sieht das Grundgesetz sogar selbst ein gemeinsames Handeln von Bund und Ländern vor in den Vorschriften über die sog. Gemeinschaftsaufgaben, Art. 91a und b GG.[303]

hemmer-Methode: Meist wird in der Klausur hier kein Detailwissen von Ihnen verlangt, außerdem sind die Vorschriften über die Verwaltungskompetenzen insgesamt auch ausführlicher in ihren Regelungen als z.B. die Grundrechte, bei denen man sich außerhalb des Verfassungstexts viel merken muss.
Jedenfalls den grundsätzlichen Unterschied zwischen Verwaltung als eigene Angelegenheiten, Bundesauftragsverwaltung und bundeseigener Verwaltung sollten Sie aber verstanden haben und sich auch die einschlägige Terminologie einprägen. Im Übrigen wird es sehr darauf ankommen, in der Klausur die einschlägige Bestimmung zu finden (was erleichtert wird, wenn Sie auch bei der Lektüre dieses Skripts immer den Gesetzestext mit heranziehen!) und argumentativ zu einer überzeugenden Lösung zu kommen. Als Beispiel dafür kann folgender Fall dienen:

Bsp. zu den Verwaltungskompetenzen:

Nachdem auf den Märkten mehrerer Städte ein geklonter Kohl aufgetaucht ist, entschließt sich die Bundesregierung zu raschem Handeln: In Zukunft soll die Genehmigung gentechnologischer Großanlagen von der Landesregierung erteilt werden im Einvernehmen mit dem Bundeslandwirtschaftsminister. 198

300 Vgl. Degenhart, Rn. 526 f.

301 Schmidt-Bleibtreu/Klein, Art. 30 GG, Rn. 4.

302 BVerfG, NJW 2002, 2621 ff. = jurisbyhemmer; vgl. zu dieser Entscheidung auch oben Rn. 122.

303 Näher zu den Problemen des Zusammenwirkens auch im Beispielsfall Rn. 198.

Oppositionsführer S sieht in geklontem Kohl kein Problem. Außerdem verstoße der Gesetzentwurf der Regierung gegen grundlegende bundesstaatliche Prinzipien. Die Regelung verhindere auch einen effektiven Rechtsschutz des Betroffenen und sei im Übrigen eine verfassungswidrige Form der Mischverwaltung.

Haben die juristischen Berater des S Recht?

Lösung:

Es handelt sich bei dem Gentechnik-Gesetzentwurf um eine Zusammenarbeit von Bundes- und Landesverwaltung, wobei nur die Landesbehörde unmittelbar gegenüber dem Bürger handelnd in Erscheinung tritt. Andererseits aber geht die Beteiligung der Bundesbehörde über eine bloße Anhörung durch die Landesbehörde hinaus. Hieraus könnten sich verschiedene verfassungsrechtliche Bedenken ergeben:

A) Bundesstaatsprinzip

Diese Art der Verwaltungstätigkeit könnte einen Verstoß gegen das Bundesstaatsprinzip beinhalten. Das wäre dann der Fall, wenn Voraussetzung dieses Prinzips wäre, dass Bund und Länder geteilte Souveränität haben müssen, und eine Überschneidung von vornherein ausgeschlossen wäre.[304]

Tatsächlich widerspricht aber ein Zusammenwirken von Bund und Ländern nicht etwa bereits dem Bundesstaatsprinzip.[305] Das wird durch Art. 91a und b GG zum Ausdruck gebracht. In diesen Vorschriften spiegelt sich die Einsicht, dass die strikte Kompetenzverteilung zwischen Bund und Ländern nicht für alle Staatsaufgaben möglich ist, und dass die wirksame Erledigung einiger öffentlicher Aufgaben einer institutionellen Zusammenarbeit des Bundes und der Länder bedarf.[306]

Aus der Zusammenarbeit von Bundes- und Landesbehörde folgt deshalb noch kein Verstoß gegen das Bundesstaatsprinzip.

B) Art. 19 IV GG

Es könnte aber in der angesprochenen Regelung ein Verstoß gegen Art. 19 IV GG liegen.

Art. 19 IV GG gewährleistet einen effektiven Rechtsschutz.[307] Aus diesem Grunde könnte die beabsichtigte Kompetenzverteilung verfassungsrechtlich bedenklich sein, wenn – für den Fall, dass der Bundeslandwirtschaftsminister sein Einvernehmen verweigerte - der betroffene Bürger eine Klage gegen die Landesbehörde und eine Klage gegen den Bundesminister anstrengen müsste, um zu seinem Recht zu kommen.[308]

Diese Bedenken sind aber nicht durchschlagend, da das aufgrund einer gegen die Landesregierung gerichteten Verpflichtungsklage angerufene Gericht auch - zumindest inzidenter - über die Einvernehmenserklärung des Bundesministers entscheiden könnte. Diese Möglichkeit ist bezüglich des gemeindlichen Einvernehmens gem. § 36 I BauGB in der Rechtsprechung anerkannt.[309] Im Vergleich zu der dort vorliegenden Konstellation ergeben sich hier keine grundlegenden Besonderheiten, insbesondere auch nicht daraus, dass im letzteren Fall eine Bundesbehörde beteiligt ist, sodass auch hier das Gericht das Einvernehmen ersetzen könnte.[310]

304 Vgl. die Hinweise bei Ronellenfitsch, Die Mischverwaltung im Bundesstaat, 1975, S. 93 und 255.

305 Schmidt-Bleibtreu/Klein, Art. 20 GG, Rn. 7 f.; Hesse, S. 102; v. Münch, Art. 20 GG, Rn. 6.

306 Schmidt-Bleibtreu/Klein, Art. 20 GG, Rn. 7 F. zum sog. „kooperativen Föderalismus".

307 BVerfGE 8, 326; 15, 282; 25, 365; 35, 401 ff.; 37, 150 ff.; 40, 42 ff.; 40, 274 m.w.N.; 41, 23 f.: **alle Entscheidungen** = **juris**byhemmer.

308 So Loeser, Die Mischverwaltung, Diss. Göttingen 1973, S. 205 ff. (209 f.).

309 Vgl. z.B. BVerfGE 42, 8 (10 f.) = **juris**byhemmer; a.A. Erichsen, Verwaltungsrecht und Verwaltungsgerichtsbarkeit I, S. 102.

310 Auch nach der oben erwähnten Ansicht von Erichsen ergäbe sich für den beigeladenen Innenminister eine Bindung an die Auffassung des Gerichts.

Der betroffene Bürger wäre deshalb nicht gezwungen, für seinen Rechtsschutz zwei verschiedene Klagen - evtl. sogar vor zwei verschiedenen Gerichten - anzustrengen. Demnach liegt kein Verstoß gegen Art. 19 IV GG vor.

hemmer-Methode: Sehen Sie die Zusammenhänge! Eine Regelung kann in der Klausur durchaus unter mehreren Blickwinkeln zu überprüfen sein! Da die Kompetenzverteilung auch dem Bundesstaatsprinzip dient, ist es naheliegend, dass diese beiden Punkte häufig in einer Konstellation auftauchen. U.U. wäre es aber deshalb auch vertretbar, die bundesstaatlichen Überlegungen dort in die Argumentation mit einzubauen.
Denkbar wäre hier außerdem eine Prüfung am Maßstab des Demokratieprinzips, da das vorgesehene Übergreifen einer Macht in den Bereich des föderalistischen Partners nicht demokratisch legitimiert sei.[311]

C) Ausgestaltung der Verwaltungskompetenzen nach dem Grundgesetz

Das im Gentechnik-Gesetzentwurf geregelte Verfahren könnte dann unzulässig sein, wenn eine derartige Zusammenarbeit im Grundgesetz nicht vorgesehen und die in der Verfassung enthaltenen Kompetenzaufteilungen abschließend wären.

1. Einvernehmen und Weisungsrecht aus Art. 84 V GG

Es könnte sich die Zulässigkeit dieses Verfahrens im Wege eines argumentum a maiore ad minus aus Art. 84 V GG ableiten lassen.[312]

Danach kann der Bundesregierung durch ein Gesetz, das der Zustimmung des Bundesrats bedarf, zur Ausführung von Bundesgesetzen die Befugnis verliehen werden, für besondere Fälle Einzelweisungen zu erteilen. Bei einer Weisung trägt der Weisungsgeber 100 % der Verantwortung und der Angewiesene ist nur ausführendes Organ. Bei der Regelung im Entwurf zum Gentechnik-Gesetz bleiben für das Land demgegenüber 50 % der Entscheidungsverantwortung erhalten.

Art. 84 V GG könnte aber nur dann im Wege eines argumentum a maiore ad minus herangezogen werden, wenn zunächst das generelle Einvernehmen tatsächlich als Minus zur Einzelweisung angesehen werden könnte.

hemmer-Methode: Innerhalb der Jurisprudenz ist die Methodik ungefähr das, was im gesellschaftlichen Leben der Stil ist. Unauffällige Merkmale im Text signalisieren für den Kenner die Zuordnung. Sie sollten dabei in Ihrer Falllösung keine methodentheoretischen Erörterungen einbauen. Über Methodik spricht man nicht, man hat sie (sie zeigt sich in der Art des Argumentierens an Problemen).
Hier ist entscheidend, dass Sie die Struktur des argumentums a maiore ad minus erkennen. Das Argument setzt zwei Größen in Bezug, die rein quantitativ verschieden sind. Sobald noch weitere qualitative Unterschiede hinzutreten, ist das Argument nicht mehr möglich.

Einzelweisungen im Sinne des Art. 84 V GG sind alle individuell-konkreten Befehle, die sich auf (rechtliche) Verbindlichkeit im innerdienstlichen Raum beschränken.[313] Dem Bund soll damit die Möglichkeit eröffnet werden, im Rahmen der politisch eigenverantwortlichen Gesetzesausführung durch die Länder, bei der Ausführung der von ihm erlassenen Gesetze durch die Gliedstaaten eine gewisse allgemeine Steuerungsmöglichkeit zu erhalten.[314]

311 So Kisker, Kooperation im Bundesstaat 1971, S. 120 - 126, 161, 180 ff., 290 f.; zustimmend zitiert bei Loeser, Die Mischverwaltung, S. 216, Fn. 413 f.

312 So Köttgen, DÖV 1955, 485 ff.; Forsthoff, Fragen der Zuständigkeit des Bundes auf dem Gebiet des Wasserrechts 1956 Rechtsgutachten S. 20; Hamann-Lenz, Art. 83 GG, B 8, S. 568; Kratzer, BayVBl. 1958, 75; zitiert bei Loeser, S. 346, Anm. 398.

313 V. Mangoldt/Klein, Art. 84 GG Rn. 35; ebenso Maunz/Dürig, Art. 84 GG, Rn 37.

314 So Loeser, S. 341.

Inhalt der Einzelweisung kann, wie der Zusammenhang des Art. 84 GG zeigt, der dem Bund nur eine Rechtsinspektion gewährt, eine punktuelle Lenkung der Landesexekutive sein.[315] Insoweit könnte auch die Genehmigung bestimmter Anlagen als nur punktuelles Teilgebiet erscheinen.

Die Besonderheit besteht in den Fällen des Gesetzentwurfs aber darin, dass der Bundesinnenminister nicht nur Weisungen erteilen kann, sondern sein Einvernehmen erteilen muss. Damit erscheint aber der Rahmen eines nur punktuellen Einwirkens, wie es Art. 84 V GG vorsieht, gesprengt. Zudem unterscheidet auch das Grundgesetz deutlich zwischen „Einvernehmen" einerseits - und „Weisungsrecht" andererseits.[316]

Nach allem kann man die im Entwurf zum Gentechnik-Gesetz vorgesehene Einvernehmenserklärung nicht als Unterfall des in Art. 84 V GG angesprochenen Einzelweisungsrechts bewerten. Insoweit erübrigt es sich deshalb auch, darauf einzugehen, ob in Anlehnung an Art. 84 V GG nur die Bundesregierung als Kollegialorgan ihr Einvernehmen erklären durfte.[317]

2. Einvernehmen und Aufsichtsrecht

Ebenso wenig wie auf das Weisungsrecht des Art. 84 V GG kann ferner auf ein Aufsichtsrecht des Bundes, möglicherweise aus Art. 84 III S. 1 GG abzustellen sein.[318]

Zum einen ergeben sich ähnliche Einwände wie in Bezug auf Art. 84 V GG, zum anderen beträfe ein solches Aufsichtsrecht nur die Recht-, nicht aber die Zweckmäßigkeit des Verwaltungshandelns (da hier keine Bundesauftragsverwaltung vorliegt).

3. Einvernehmensrecht des Bundes aus der Natur der Sache

Es könnte hier ein Einvernehmensrecht des Bundes aus der Natur der Sache folgen. Ein solches Recht wird z.T. für den Bereich oberster staatlicher Selbstbestimmung und Leitung und aus raumordnerischen und landesplanerischen Erwägungen von zentralstaatlicher Bedeutung aus dem Gesichtspunkt interföderativer Kooperation dem Bund zugestanden.[319]

Zunächst ist aber schon bei der Herleitung von ungeschriebenen Verwaltungszuständigkeiten aus der Natur der Sache äußerste Zurückhaltung geboten.[320] Weiterhin ist es auch nicht ersichtlich, warum gentechnischen Anlagen eine derartige zentralstaatliche Bedeutung zukommen soll, wie sie etwa noch bei Bundesfernstraßen zu erwägen wäre.[321]

Auch ein Einvernehmensrecht des Bundes aus der Natur der Sache scheidet damit aus.

4. Abschließende Regelung im Grundgesetz

Da somit die Zulässigkeit des in Frage stehenden Verwaltungsverfahrens weder ausdrücklich noch im Wege der Auslegung aus dem Grundgesetz folgt, ist ausschließlich auf die Kompetenzverteilung im Grundgesetz abzustellen.

---

315 V. Mangoldt/Klein, Art. 84 GG Rn. 36; A. Köttgen, JöR 3, 86; Das Einzelweisungsrecht sei kein „Behelfsmittel der laufenden Verwaltung"; zustimmend zitiert bei Loeser, a.a.O.

316 Füßlein, DVBl. 1956, 1 (3).

317 Zu dieser Streitfrage bei Art. 84 V GG vgl. die Nachweise bei v. Mangoldt-Klein, Art. 84 GG Rn. 40, Fn. 175; anders Seifert/Hömig, Art. 85 GG, Rn. 15.

318 So für das Kaiserreich Triepel, zitiert bei Füßlein, DVBl. 1956, 1 (Fn. 18).

319 Vgl. Loeser, S. 352 f.

320 V. Münch, Art. 83 GG, Rn. 5.

321 Loeser, a.a.O.

Danach obliegt die Verwaltungszuständigkeit entweder den Ländern oder dem Bund und nur in Ausnahmefällen beiden gemeinsam. Diese Kompetenzverteilung ist abschließend.[322] Demnach wäre das hier vorgesehene Verfahren dann zulässig, wenn es als reine Landesverwaltung angesehen werden könnte.[323]

Dem widerspricht aber die Tatsache, dass hier eine Bundesbehörde mitentscheidend tätig werden soll, zum andern auch der Umstand, dass auch die in Art. 91a und b GG angesprochenen Gemeinschaftsaufgaben im Grundgesetz von der reinen Landes- und Bundesverwaltung abgehoben werden, woraus folgt, dass bei Beteiligung einer Bundesbehörde eben keine reine Landesverwaltung vorliegt.

Das im Entwurf zum Gentechnik-Gesetz angeordnete Verwaltungsverfahren ist im Grundgesetz nicht vorgesehen und deshalb unzulässig.

322 Mit Ausnahme von Kompetenzen aus der Natur der Sache; BVerfGE 11, 124 = **juris**byhemmer; BVerwGE 4, 24 ff. = **juris**byhemmer; Schmidt-Bleibtreu/Klein, vor Art. 83 GG, Rn. 8; Maunz/Dürig, Art. 83 GG, Rn. 33 ff. und Art. 84 GG, Rn. 48 und 59.

323 So Füßlein, DVBl 1956, 1 ff.

§ 16 JUDIKATIVE

Judikative

Bei der „dritten Gewalt" spielen sich in der Klausur - wenn überhaupt - die Fragen weniger auf der Ebene der Kompetenzen im Sinne einer Frage im materiellen Teil der Klausur ab. Vielmehr ist häufig im prozessualen Teil die Zuständigkeit der Gerichte zu prüfen. Die klausurrelevanten Verfahrensarten vor dem BVerfG wurden dabei schon im ersten Abschnitt dieses Skripts dargestellt. 199

mögliches Problem: ist Entscheidungsform Rechtsprechung i.S.d. GG?

In der Klausur kann es eher einmal erforderlich werden zu entscheiden, ob eine bestimmte Entscheidungsform als Rechtsprechung i.S.d. Grundgesetzes anzuerkennen ist bzw. dessen Voraussetzungen genügt.

Art. 92 GG: Rechtsprechung ist Richtern anvertraut

Art. 97 GG: richterliche Unabhängigkeit

Die rechtsprechende Gewalt ist nach Art. 92 GG „den Richtern anvertraut". Sie wird ausgeübt in der Regel durch die Gerichte der Länder, in den im Grundgesetz normierten Ausnahmefällen durch die obersten Bundesgerichte sowie durch das Bundesverfassungsgericht. Nach Art. 97 I GG sind die Richter „unabhängig und nur dem Gesetz unterworfen". In Art. 97 II GG sowie in Art. 98 GG wird dieser Grundsatz dann konkretisiert. Aus Art. 97 I GG geht einmal hervor, dass die Träger der Rechtsprechung von Einzelweisungen und von allgemeinen Sammelweisungen (im Stil des Dritten Reiches = „Richterbriefe") von Regierungs- und Verwaltungsstellen unabhängig sind. Zum anderen lässt sich entnehmen, dass ihre Entscheidung nur am Gesetz (d.h. hier im materiellen Sinn, also an den Rechtsnormen), somit am geltenden Recht und nicht an außerrechtlichen Gesichtspunkten orientiert sein darf. 200

Justizgrundrechte

Im Übrigen gelten für die Rechtsprechung natürlich, wie sonst auch, die allgemeinen rechtsstaatlichen Grundsätze wie beispielsweise Art. 20 III, 1 III GG sowie die speziellen Justizgrundrechte der Art. 101 ff. GG (z.B. Verbot von Ausnahmegerichten, Garantie des gesetzlichen Richters, Anspruch auf rechtliches Gehör, Verbot rückwirkender Strafgesetze, Verbot der Doppelbestrafung).[324] 201

Für die Frage nach Rechtsprechung außerhalb der staatlichen Justiz können den Art. 92 und 97 GG sowie den genannten anderen Vorschriften die inhaltlichen Maßstäbe für den Begriff der Rechtsprechung nach dem Grundgesetz entnommen werden: 202

⇨ erstens Entscheidung durch ein von der Exekutive unabhängiges Gremium, das

⇨ zweitens eine Entscheidung nur nach Rechts- und nicht nach Zweckmäßigkeits- oder sonstigen Erwägungen trifft und das

⇨ drittens an eine rechtsstaatliche Verfahrensordnung gebunden ist.

Bearbeiten Sie die Wiederholungs- und Vertiefungsfragen zum 3. Kapitel!

---

324 Vgl. zu den Justizgrundrechten auch **Hemmer/Wüst, Staatsrecht I, Rn. 331 ff.**

4. KAPITEL: OBERSTE STAATSORGANE

Inhalt dieses Abschnitts sind Stellung, Funktion und Kompetenzen der obersten Staatsorgane. Es sollen dabei zum einen ein Überblick für das Verständnis der Organe geschaffen, zum anderen die typischen, klausurrelevanten Probleme eingeordnet und erläutert werden. Außerdem beschränkt sich die Darstellung auf die in der Klausur am ehesten eine Rolle spielenden Organe, nämlich den Bundespräsidenten, die Bundesregierung und den Bundestag. Der Bundesrat wird nicht einzeln dargestellt, da die mit ihm verbundenen klausurrelevanten Probleme in anderen Zusammenhängen (z.B. beim Gesetzgebungsverfahren, oben Rn. 173 ff., oder beim Gesetzgebungsnotstand, unten Rn. 210) erörtert werden.[325] 203

§ 17 BUNDESPRÄSIDENT

Bundespräsident: v.a. Art. 54 ff. GG

Das Amt des Bundespräsidenten ist primär in den Art. 54 ff. GG geregelt, allerdings wird er auch in anderen Normen (v.a. Art. 82 GG zur Verkündung von Gesetzen) erwähnt.

A) Stellung des Bundespräsidenten

Staatsoberhaupt und Exekutivorgan i.S.d. Art. 1 III, 20 II S. 2, III GG

Die Rechtsstellung des Bundespräsidenten als solche ist weder im Grundgesetz noch im einfachen Gesetzesrecht geregelt, es ist aber völlig unstreitig, dass er das Staatsoberhaupt der Bundesrepublik Deutschland ist.[326] Als solches dürfte er i.S.d. Art. 1 III, 20 II S. 2 und III GG der Exekutive zuzurechnen sein.[327] 204

„unselbstständiger, nicht regierender Präsident“

Gleichwohl ist seine Stellung vergleichsweise schwach, er ist ein unselbstständiger, nicht regierender Präsident.[328] Dies wird nicht zuletzt auch darin deutlich, dass alle (weit auszulegenden[329]) „Anordnungen und Verfügungen“ der Gegenzeichnung durch den Bundeskanzler bzw. den zuständigen Bundesminister bedürfen, Art. 58 GG. Ausnahmen sind nach Art. 58 S. 2 GG die Ernennung und Entlassung des Bundeskanzlers, die Auflösung des Bundestages nach Art. 63 GG und das Ersuchen um vorläufige Amtsweiterführung nach Art. 69 III GG. Im Vergleich zum Reichspräsidenten der WRV hat der Bundespräsident viel an Macht verloren, die in die Hände von Regierung und Parlament gelegt wurde.

hemmer-Methode: So hatte der Reichspräsident die Befugnis zur Auflösung des Reichstages, verfügte über ein Notverordnungsrecht und hatte den Oberbefehl über die Wehrmacht. Außerdem hatte er mit sieben Jahren eine längere Amtszeit und wurde vom Volk gewählt. Mit der weit verbreiteten Argumentation mit Hilfe der unterschiedlichen Stellung des Bundespräsidenten im Vergleich zum Reichspräsidenten ist allerdings in im Grundgesetz nicht ausdrücklich geregelten Fragen Vorsicht geboten, sie läuft oft auf eine petitio principii hinaus: „Der Bundespräsident hat diese Befugnis nicht, weil er eine schwächere Stellung hat als der Reichspräsident.“ - *Ob* der Bundespräsident im in Frage stehenden Fall wirklich eine geschwächte Stellung hat, ist aber gerade erst die durch Auslegung des Grundgesetzes zu beantwortende Frage!

325 Allgemein zum Bundesrat im Gefüge des Grundgesetzes Gusy, „Das parlamentarische Regierungssystem und der Bundesrat“, DVBl. 1998, 917.

326 Vgl. nur Jarass/Pieroth, Art. 54 GG, Rn. 1.

327 Vgl. Jarass/Pieroth, a.a.O.

328 Stern, Staatsrecht II, § 30 II 7.

329 Vgl. Jarass/Pieroth, Art. 58 GG, Rn. 2: „alle auf rechtliche Verbindlichkeit angelegten Akte“.

Reservefunktion

Eine wichtige Funktion des Bundespräsidenten ist deswegen seine Reservefunktion, v.a. in den Fällen der Auflösung des Bundestages nach Art. 68 GG:[330] Wenn andere Verfassungsorgane nicht mehr arbeiten können, muss er selbst Entscheidungen treffen.

B) Wahl des Bundespräsidenten

Wahl durch Bundesversammlung

205

Nach Art. 54 I S. 1 GG wird der Bundespräsident von der Bundesversammlung gewählt.[331] Diese setzt sich nach Art. 54 III GG i.V.m. § 2 BPräsWG aus den Mitgliedern des Bundestags und einer gleich großen Gruppe von Mitgliedern zusammen, die von den Länderparlamenten bestimmt werden, wobei sich das Verhältnis nach der Bevölkerungszahl der einzelnen Länder richtet.

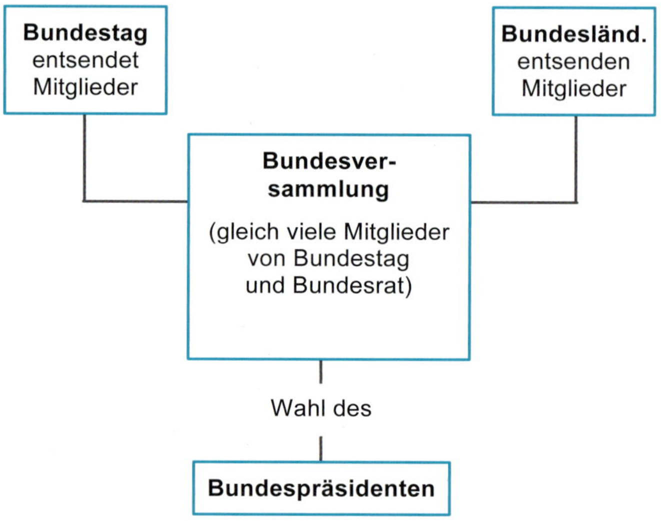

Die Wahl findet „ohne Aussprache“, d.h. ohne vorherige Diskussion über den Kandidaten statt.

Passiv wahlberechtigt ist nach Art. 54 I S. 2 GG jeder aktiv wahlberechtigte[332] Deutsche über 40 Jahre, die Amtszeit des gewählten Bundespräsidenten dauert fünf Jahre, eine einmalige Wiederwahl ist zulässig. Weitere Einzelheiten zur Wahl ergeben sich aus Art. 54 IV - VII GG i.V.m. dem BPräsWG.

hemmer-Methode: Die Tatsache, dass der Bundespräsident auf Zeit gewählt wird und nicht auf dynastischer Basis und nicht auf Lebenszeit bestimmt wird, ist letztlich die Hauptaussage des Republikprinzips in Art. 20 I GG, soweit es eine über das Demokratieprinzip hinausgehende Bedeutung hat.

[330] Dazu unten Rn. 238 f.

[331] Als Hinweis zur Allgemeinbildung, aber auch für die mündliche Prüfung: die bisherigen Bundespräsidenten waren bzw. sind Theodor Heuss (2x), Heinrich Lübke (2x), Gustav Heinemann, Walter Scheel, Karl Carstens, Richard von Weizsäcker (2x), Roman Herzog, Johannes Rau, Horst Köhler, Christian Wulff, Joachim Gauck, Frank-Walter Steinmeier.

[332] Zum aktiven Wahlrecht zum Bundestag vgl. u. Rn. 248 ff.

C) Wichtigste Befugnisse des Bundespräsidenten

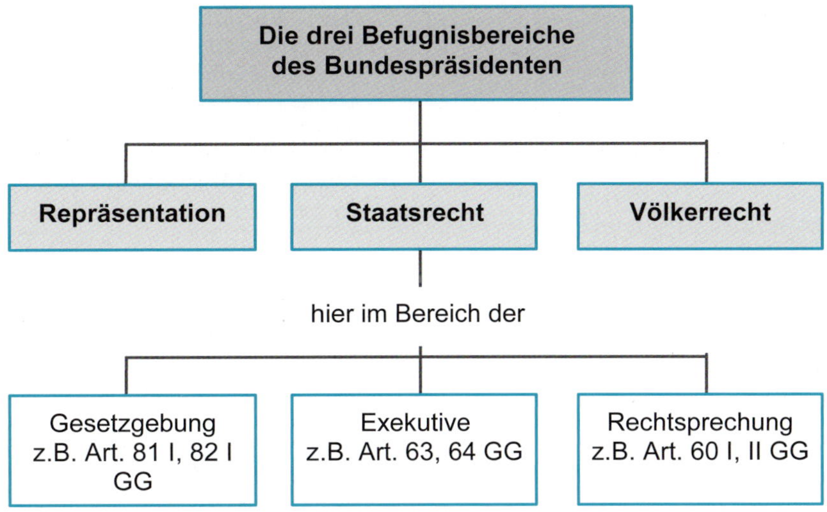

I. Zuständigkeit bei der Regierungsbildung

1. Vorschlag und Ernennung des Bundeskanzlers

Vorschlag und Ernennung des Kanzlers

bei Vorschlag zwar keine Bindung, aber i.d.R. Kandidat der Mehrheitspartei

Nach Art. 63 I GG wählt der Bundestag den Bundeskanzler auf den Vorschlag des Bundespräsidenten hin. Dabei ist der Bundespräsident nach dem Grundgesetz zwar nach h.M. in keiner Weise gebunden,[333] praktisch wird er aber wohl immer den Kanzlerkandidaten der Mehrheitspartei bzw. -koalition vorschlagen. Auch die Frage, ob der Bundespräsident sein Vorschlagsrecht verwirkt, wenn er keinen Vorschlag tätigt[334] (und was dann geschieht), dürfte ohne praktische Bedeutung sein. Das weitere Verfahren bei nicht geglückten Wahlversuchen ist in Art. 63 III und IV GG geregelt.[335] 206

2. Ernennung der Bundesminister

Ernennung der Bundesminister

Nach Art. 64 I GG ernennt der Bundespräsident auf Vorschlag des Bundeskanzlers die Bundesminister. Problematisch ist hierbei, ob dem Bundespräsidenten hierbei ein Prüfungsrecht zusteht: 207

hemmer-Methode: Verwechseln Sie diese Frage nicht mit der bekannteren und für die Klausur wichtigeren Frage nach dem Prüfungsrecht des Bundespräsidenten bei der Gesetzesausfertigung (dazu sogleich Rn. 213 ff.). Gerade weil die Prüfung bei der Ministerernennung aber noch nicht ganz so „ausgekaut" ist, eignet sie sich ebenfalls gut zumindest als Zusatzfrage für eine Klausur.[336]

formelles und materielles Prüfungsrecht (+)

Insoweit wird einhellig angenommen, dass der Bundespräsident ein formell- und materiell-rechtliches Prüfungsrecht hat, welches aber wegen der geringen Anforderungen, die an eine Ministerernennung (rechtlich) gestellt werden, wenig Bedeutung hat. Zu diesen Voraussetzungen einer Ministerernennung gehören die Wählbarkeit i.S.d. Art. 38 II GG sowie ein Mindestmaß an Verfassungstreue. Nicht erforderlich ist hingegen die Mitgliedschaft im Bundestag.

333 Vgl. Jarass/Pieroth, Art. 63 GG, Rn. 1 m.w.N.; krit. AK/GG, Art. 63 GG, Rn. 4; BoK, Art. 63 GG, Rn. 52.

334 Vgl. dazu Jarass/Pieroth, Art. 63 GG, Rn. 1.

335 Vgl. dazu auch unten Rn. 229.

336 Eine klausurmäßige Bearbeitung des Problems findet sich bei Arndt, JuS 1991, L 28 ff.

str., ob auch politisches Prüfungsrecht, nach h.M. aber (-)

Dagegen ist umstritten, ob der Bundespräsident das Recht hätte, eine Ministerernennung aus Zweckmäßigkeitsgesichtspunkten bzw. politischen Erwägungen abzulehnen: 208

Bsp.: *Wegen interner Probleme, die eine der Regierungsparteien hat, kommt es zu Um- und Neubesetzungen der Ministerposten. Der vom Bundeskanzler als neuer Familienminister vorgeschlagene Michael Matscho (M) stößt dabei bei den Medien und in der Frauenbewegung auf wenig Gegenliebe, nachdem er sich in einer Talksendung dazu hinreißen ließ, seine Ansichten über die Rolle der Frau im dritten Jahrtausend („Kinder, Küche, Kirche") zu äußern. Der Bundespräsident hat Bedenken, ob es ratsam sei, M zum Familienminister zu machen.*

Lösung:

a) Der Wortlaut („ ... werden ... ernannt" statt wie beim Bundeskanzler in Art. 63 II S. 2 GG „ ... ist ... zu ernennen") schließt ein Prüfungsrecht zwar nicht aus, ist aber auch nicht eindeutig dafür heranzuziehen.

b) Als Argument gegen ein Prüfungsrecht die „schwache Stellung des Bundespräsidenten (im Vergleich zum Reichspräsidenten nach der WRV)" heranzuziehen, ist methodisch problematisch (vgl. o. Rn. 204), da hier ja gerade in Frage steht, welche Stellung der Bundespräsident in concreto hat.

c) Allerdings spricht gegen ein Prüfungsrecht das (in der Verfassung insoweit ausdrücklich vorgezeichnete) Verhältnis zwischen dem Bundeskanzler und dem Bundespräsidenten: Wenn man mit der h.M. davon ausgeht, dass der Bundespräsident nach Art. 63 GG keinen Einfluss auf die Wahl des Bundeskanzlers haben soll, zeigt dies eine vom Bundespräsidenten unabhängige Stellung des Kanzlers. Der Kanzler bestimmt aber nach Art. 65 S. 1 GG die Richtlinien der Politik,[337] welche sich von Personalfragen schwer trennen lässt. Außerdem trägt der Kanzler nach Art. 65 S. 1 GG auch die Verantwortung für die Regierungsarbeit. Dies ist ihm aber nur möglich, wenn er mit den von ihm selbst ausgewählten Ministern zusammenarbeiten kann. Wenn es deshalb der Bundeskanzler für zweckmäßig hält, M zum Familienminister zu machen, muss dies letztlich seine Entscheidung sein.[338] Allerdings muss man dem Bundespräsidenten wohl zugestehen, zumindest seine Bedenken zu äußern.

II. Zuständigkeit bei Regierungskrisen[339]

Auflösung des Bundestags, Art. 68 GG

Wenn der Bundeskanzler nach Art. 68 GG die Vertrauensfrage gestellt hat und nicht die Zustimmung der Mehrheit gefunden hat, kann der Bundespräsident auf Vorschlag des Bundeskanzlers den Bundestag auflösen. 209

Gesetzgebungsnotstand, Art. 81 II GG

Wird nach Verneinung der Vertrauensfrage gleichwohl der Bundestag nicht aufgelöst und auch kein neuer Kanzler nach Art. 68 I S. 2 GG oder Art. 67 GG gewählt, kann der Bundespräsident nach Art. 81 I S. 1 GG für eine bestimmte Gesetzesvorlage, die die Bundesregierung als dringlich bezeichnet, den Gesetzgebungsnotstand ausrufen, wenn der Bundestag die Gesetzesvorlage ablehnt.[340] Nach Art. 81 II GG gilt das Gesetz dann als zustande gekommen, wenn der Bundestag eine erneute Vorlage wieder nicht (oder nur in einer für die Regierung unzumutbaren Fassung) annimmt und der Bundesrat zustimmt. 210

---

337 Zur „Richtlinienkompetenz" vgl. u. Rn. 231 f.

338 So auch die h.M., vgl. BoK-Schenke, Art. 64 GG, Rn. 9 ff.; M/D-Herzog, Art. 64 GG, Rn. 14; a.A. z.B. Maunz/Zippelius, § 42 Rn. 32.

339 Vgl. auch Rn. 236 ff. zur Bundesregierung.

340 Zum „normalen" Verfahren bei der Gesetzgebung vgl. o. Rn. 168 ff.

III. Völkerrechtliche Vertretung des Bundes

völkerrechtliche Vertretung

211 Nach Art. 59 I GG vertritt der Bundespräsident die Bundesrepublik völkerrechtlich, wobei freilich völkerrechtliche Verträge unter den Voraussetzungen des Art. 59 II GG der Zustimmung des Bundestags bedürfen.[341]

IV. Ausfertigung von Gesetzen

Ausfertigung von Gesetzen

212 Nach Art. 82 I GG fertigt der Bundespräsident „die nach den Vorschriften dieses Grundgesetzes zustande gekommenen Gesetze" nach Gegenzeichnung durch die Bundesregierung aus. Die Frage, ob bzw. in welchem Umfang er dabei ein Prüfungsrecht hat und ggf. die Ausfertigung verweigern kann, gehört zu den absoluten Klassikern des Staatsorganisationsrechts.[342]

hemmer-Methode: Dieses Problem müssen Sie kennen! Kommt es meist im Staatsrecht v.a. auf das Erkennen des Problems und eine nachvollziehbare Lösung an (worauf hier auch oft hingewiesen wird), so ist das Prüfungsrecht des Bundespräsidenten einer der wenigen Fälle, in denen in der Klausur die Kenntnis wenigstens einiger gängiger Argumente vorausgesetzt wird.[343] Die Frage ist regelmäßig schon Gegenstand von Anfängerübungen, taucht aber auch in Examensklausuren auf. Denken Sie wieder an die richtige Einordnung: das Problem eignet sich hervorragend als Einstieg in eine Klausur, in der im Übrigen die Verfassungsmäßigkeit eines Gesetzes (z.B. formell anhand der Kompetenzen, materiell anhand von Grundrechten) zu prüfen ist. Prozessual verbinden lässt es sich z.B. mit einem Organstreitverfahren, wenn sich der Bundestag durch die Nichtausfertigung in seinen Rechten verletzt fühlt.

Ausgangspunkt in der Klausur ist regelmäßig, dass der Bundestag ein Gesetz beschlossen hat, der Bundespräsident aber (u.U. verschiedene) Bedenken anmeldet und sich weigern möchte, es auszufertigen. Prozessualer Aufhänger kann dabei ein Organstreitantrag des Bundestages gegen den Präsidenten sein, mittels dessen die Rechtswidrigkeit der Verweigerung festgestellt werden soll, Art. 93 I Nr. 1 GG. Dabei sind drei Fragen zu unterscheiden:[344]

1. Politisches Prüfungsrecht

politisches Prüfungsrecht nach h.M. (-)

213 Praktisch unstreitig steht dem Bundespräsidenten bei der Ausfertigung von Gesetzen kein politisches Prüfungsrecht im Sinne einer Zweckmäßigkeitskontrolle zu.[345] Hierin läge ein unzulässiger Eingriff in die politische Staatsleitung durch das unmittelbar demokratisch legitimierte Parlament. Im Gegensatz zur Frage der Ministerernennung, bei der ein politisches Prüfungsrecht zwar auch abzulehnen (vgl. o. Rn. 208), aber umstritten ist, liegt hier auch schon formal das Hauptgewicht des Vorgangs nicht beim Bundespräsidenten.

---

341 Dazu näher unten im Abschnitt über die auswärtigen Beziehungen, Rn. 327 ff.

342 Ausführlich zu den gängigen Argumenten, insbesondere zum materiellen Prüfungsrecht Borysiak/Fleury, JuS 1993, L 81 ff.

343 Vgl. Frotscher/Afflerbach, JuS 1992, L 4 f.: „ ... wird erwartet, dass der Bearbeiter auf die üblicherweise herangezogenen Normen (Art. 56, 61 I, 79 I, 20 III GG) und die hierzu vorgebrachten Argumente eingeht ...".

344 Zusammenfassend Rau, DVBl. 2004, 1 ff.

345 Vgl. nur Degenhart, Rn. 784 ff.; in vielen Darstellungen wird diese Frage deshalb nicht einmal erwähnt.

2. Formelles Prüfungsrecht

formelles Prüfungsrecht nach h.M. (+) („nach den Vorschriften dieses GG zustande gekommene Gesetze“)

Ebenso einhellig wird umgekehrt angenommen, dass dem Bundes- 214
präsidenten ein formelles Prüfungsrecht zusteht: nach dem Wortlaut des Art. 82 I GG sind die „nach den Vorschriften dieses Grundgesetzes zustande gekommenen Gesetze“ auszufertigen, worunter jedenfalls die verfahrensmäßigen Voraussetzungen gemeint sind, die das Grundgesetz an den Gesetzeserlass stellt. Das ergibt sich nicht zuletzt daraus, dass der Begriff des „Zustandekommens“ auch in Art. 78 GG gebraucht wird.

Außerdem besteht im Zeitpunkt der Entscheidung des Bundespräsidenten erstmals die Möglichkeit, das gesamte Gesetzgebungsverfahren retrospektiv zu betrachten und zu beurteilen.[346]

hemmer-Methode: Dieses Ergebnis ist unstreitig, machen Sie deshalb in der Klausur keine zu langen Ausführungen dazu. Sie können sich aber gerade an einer unproblematischen Stelle (nur) positiv absetzen, wenn Sie (in der gebotenen Kürze!) eine Begründung bringen (hier die Schlagworte: „Ähnlichkeit in der Formulierung zu Art. 78 GG“ und „Erstmalige Möglichkeit der kompletten Beurteilung“).

Das formelle Prüfungsrecht umfasst das Gesetzgebungsverfahren 215
und nach h.M. auch die Gesetzgebungskompetenz.[347] Dagegen wäre wohl z.B. ein Verstoß gegen Art. 19 I S. 1 GG, welcher auch als formelle Anforderung eingeordnet werden kann,[348] nicht mehr darunter zu fassen, da er mit dem Gesetzgebungsverfahren i.S.d. Art. 70 ff. GG nicht unmittelbar zu tun hat und darüber hinaus u.U. auch nur schwieriger festzustellen ist.

Dagegen können spezielle verfahrensrechtliche Anforderungen außerhalb der Art. 70 ff. GG (z.B. in Art. 113 oder 115d GG) überprüft werden.

Prüfungspflicht

Nach ganz h.M. steht dem Bundespräsidenten in formeller Hinsicht nicht nur ein Prüfungsrecht, sondern sogar eine Prüfungspflicht zu. Formell verfassungswidrige Gesetze darf der Bundespräsident mithin nicht ausfertigen.[349]

3. Materielles Prüfungsrecht

Hauptproblem: materielles Prüfungsrecht?

Heftig umstritten und daher Schwerpunkt entsprechend gelagerter 216
Klausuren ist die Frage, ob dem Bundespräsidenten auch ein Prüfungsrecht hinsichtlich der materiellen Verfassungsmäßigkeit eines Gesetzes zusteht:

Wortlaut offen

a) Der Wortlaut ist diesbezüglich offen, da „die Vorschriften dieses 217
Grundgesetzes“, nach denen „das Gesetz zustande gekommen sein muss“, Art. 82 I GG, natürlich auch materielle Vorschriften, z.B. die Grundrechte, sein könnten. Andererseits erscheint es angesichts der ähnlichen Formulierung wie in Art. 78 GG (vgl. o.) auch sinnvoll, hier nur einen Bezug auf „die Vorschriften dieses Grundgesetzes“ zu sehen, die mit dem Verfahren (i.w.S.) zusammenhängen.[350]

arg e Art. 56 GG (Amtseid): problematisch, da z.T. Zirkelschluss

b) Für ein umfassendes Prüfungsrecht wird vorgebracht, dass der 218
Bundespräsident durch seinen Amtseid, Art. 56 GG, auf den Gesamtinhalt der Verfassung verpflichtet sei, nicht nur auf die formellen Vorschriften.

---

346 Vgl. Degenhart, Rn. 784 ff. m.w.N.

347 Vgl. Jarass/Pieroth, Art. 82 GG, Rn. 3 m.w.N.

348 Vgl. Hemmer/Wüst, Staatsrecht I, Rn. 125.

349 M.w.N. Rau, DVBl. 2004, 1 ff., wobei Rau die Mindermeinung vertritt.

350 Vgl. zur Wortlautexegese Degenhart, Rn. 786.

Indes liegt hier zumindest teilweise ein Zirkelschluss vor: Der Bundespräsident kann sich durch den Amtseid nur zur Einhaltung seiner verfassungsmäßigen Pflichten verpflichten, nicht zur Vornahme von Handlungen, die verfassungswidrig wären. M.a.W.: worauf der Bundespräsident durch Art. 56 GG verpflichtet wird, ergibt sich aus anderen Vorschriften, die Art. 56 GG voraussetzen muss, neue Rechte können durch ihn nicht begründet werden. Zuzugestehen ist freilich, dass in der Verpflichtung des Bundespräsidenten auf die Verfassung ein Indiz dafür liegen kann, dass er nicht durch eine verfassungsrechtlich eingeschränkte Prüfungskompetenz am Erlass verfassungswidriger Gesetze beteiligt wird.

arg. e Art. 61 GG (Präsidentenanklage): Zirkelschluss

c) In noch deutlicherer Weise um einen Zirkelschluss handelt es sich beim Versuch, ein Prüfungsrecht des Bundespräsidenten aus der Gefahr einer sonst drohenden Präsidentenanklage, Art. 61 GG, abzuleiten.[351] Denn wenn und soweit der Bundespräsident kein Recht zur Prüfung hat, kann er wegen der Unterlassung auch nicht zur Rechenschaft gezogen werden. 219

andererseits auch kein Argument gegen Prüfungsrecht aus Stellung des BVerfG

d) Gegen ein materielles Prüfungsrecht wird das Verhältnis von Bundespräsident und BVerfG bzw. das Normverwerfungsmonopol desselben angeführt.[352] Indes kann auch dieses Argument nicht überzeugen. 220

Zum einen regeln die einschlägigen Vorschriften gar nicht explizit das Verhältnis zwischen Bundespräsident und BVerfG, wie z.B. Art. 100 GG,[353] der das Verhältnis von BVerfG und den anderen Gerichten zum Inhalt hat. Auch zu anderen Normenkontrollverfahren ergibt sich keine echte Überschneidung, weil i.d.R. diese erst nach Inkrafttreten der Norm anwendbar sind.[354] Zum anderen trifft der Bundespräsident ja gar nicht zwingend die letzte Entscheidung über die Gültigkeit der Norm, da der Bundestag ein Organstreitverfahren herbeiführen kann, in dem dann inzident das BVerfG über die materielle Verfassungsmäßigkeit zu entscheiden hat.

für Prüfungsrecht: sub specie Art. 79 GG Trennung formelle/ materielle Verfassungsmäßigkeit schwer durchzuführen

e) Für ein materielles Prüfungsrecht wird vorgebracht, eine genaue Unterscheidung zwischen formeller und materieller Verfassungsmäßigkeit sei nicht möglich, da es sich bei einem materiell verfassungswidrigen Gesetz auch um ein formell verfassungswidriges (da Art. 79 GG nicht beachtendes[355]) verfassungsänderndes Gesetz handeln würde.[356] Diese Argumentation ist zwar formal richtig, jedoch alleine nur von geringer Überzeugungskraft, da durch diesen Kunstgriff der grundlegende Unterschied zwischen formellem und materiellem Verfassungsrecht nicht beseitigt wird. 221

allgemeine Grundsätze: Bindung durch Art. 20 III GG

f) Man muss deshalb wohl (zumindest ergänzend) noch allgemeine Grundsätze des Grundgesetzes und der Stellung des Bundespräsidenten nach ihm heranziehen.[357] Dabei kann insbesondere ein Prüfungsrecht nicht mit dem Verweis auf die angeblich schwache Stellung im Vergleich zum Reichspräsidenten abgelehnt werden (vgl. o. Rn. 204), da gerade wieder erst geklärt werden soll, wie stark oder schwach seine Stellung in concreto ist. 222

Vielmehr erscheint es dem Bundespräsidenten als ein nach Art. 1 III, 20 III GG an Recht und Gesetz gebundenes Verfassungsorgan nicht zumutbar, sehenden Auges die Ausfertigung einer verfassungswidrigen Norm vorzunehmen.

---

351 Vgl. Arndt, NJW 1958, 605.

352 Vgl. die Nachweise bei Borysiak/Fleury, JuS 1993, L 81 (82 f.).

353 Zur konkreten Normenkontrolle oben Rn. 26 ff.

354 Vgl. dazu oben Rn. 18.

355 Zu den Voraussetzungen für ein verfassungsänderndes Gesetz nach Art. 79 GG vgl. o. Rn. 178 ff.

356 Vgl. Maurer, DÖV 1958, 605; M/D-Maunz, Art. 82 GG, Rn. 2.

357 Dazu lehrreich Borysiak/Fleury, JuS 1993, L 81 (83).

Dies umso mehr, als er nicht antragsberechtigt zu einer abstrakten Normenkontrolle ist, mithin keine Möglichkeit hätte, eine Klärung über die Verfassungsmäßigkeit herbeizuführen. Schließlich erschiene es auch nicht sinnvoll, wenn das BVerfG den Bundespräsidenten, der gleichwohl ein Prüfungsrecht in Anspruch nimmt, im Organstreitverfahren zur Ausfertigung eines verfassungswidrigen Gesetzes verurteilt.

im Ergebnis nach h.M. materielles Prüfungsrecht (+); str. aber, ob nur hinsichtlich evidenter Verstöße

g) Im Ergebnis ist deshalb mit der h.M.[358] und auch der Handhabung in der Praxis von einem auch materiellen Prüfungsrecht auszugehen. Von einer stark vertretenen Ansicht wird dieses auf evidente Verstöße beschränkt.[359] 223

Dies hat zwar den Vorteil, in einer Streitfrage gewissermaßen eine Kompromissstellung einzunehmen, findet aber keinen näheren Anhaltspunkt im Grundgesetz und ist auch (in der Klausur) schwierig zu handhaben.

Selbstverständlich ist dagegen, dass der Bundespräsident z.B. die Einschätzungsprärogative des Gesetzgebers hinsichtlich der Erforderlichkeit einer Maßnahme (ebenso wie das BVerfG und der Klausurbearbeiter) zu berücksichtigen hat.

Auch hier wird - soweit ein Prüfungsrecht anerkannt wird - überwiegend ebenfalls eine Prüfungspflicht angenommen.

hemmer-Methode: Zumindest in einer Klausur, die auch sonst noch viele Probleme enthält, ist eine Bearbeitung in dieser Ausführlichkeit wahrscheinlich nicht möglich. Bemühen Sie sich aber, die Argumente zumindest anzureißen; oftmals bringt schon das Schlagwort (z.B. „Amtseid, Art. 56 GG") den ersten Haken, und wenn Sie noch eine kurze Stellungnahme bringen (im Bsp.: „Zirkelschluss; Verpflichtung nur auf die Pflichten, die der Bundespräsident eben hat"), holen Sie die für das Argument zu vergebenden Punkte.
Versuchen Sie, die hier dargestellten Argumentationsmuster auch methodisch einmal nachzuvollziehen: Ausgangspunkt war die Wortlautexegese, anschließend sind in verschiedenster Weise systematische Erwägungen angestellt worden: aus der Systematik der Normen über das Gesetzgebungsverfahren (Art. 78, 79 GG) über das Verhältnis zu anderen Organen, über die Stellung des Bundespräsidenten i.e.S. (Art. 56, 61 GG) und i.w.S. (Art. 20 III GG).
Die eigentliche Bedeutung des materiellen Prüfungsrechts des Bundespräsidenten zeigt sich gerade in Zeiten einer großen Koalition. Da die Opposition im Bundestag möglicherweise sogar weniger als $^1/_4$ beträgt, ist diese in einem Normenkontrollverfahren nach Art. 93 I Nr. 2 GG nicht antragsberechtigt. Da die Bundesregierung nur selten gegen ein Bundestagsgesetz vorgehen wird und auch die Landesregierungen von den gleichen Parteien wie die große Koalition zumindest mitgetragen werden, findet sich niemand, der einen Normenkontrollantrag stellen wollte bzw. könnte. Umso wichtiger ist ein Bundespräsident, der seine materielle Prüfungskompetenz wahrnimmt.

V. Sonstiges

Ernennungsrechte

Nach Art. 60 I GG ernennt der Bundespräsident außerdem die Bundesrichter, Bundesbeamten, Offiziere und Unteroffiziere, soweit gesetzlich nichts anderes bestimmt ist, wobei von der Delegationsmöglichkeit des Art. 60 III GG in weitem Umfang Gebrauch gemacht wurde. 224

Gnadenrecht

Nach Art. 60 II GG übt der Bundespräsident im Einzelfall das Gnadenrecht aus. 225

358 Vgl. nur Maunz/Dürig, Art. 82 GG, Rn. 2; Hesse, Rn. 667; Stern, Staatsrecht II, § 30 III; vgl. auch die Nachweise bei Borysiak/Fleury, JuS 1993, L 81 ff.; a.A. dagegen AK-Ramsauer, Art. 82 GG, Rn. 16 ff.; vgl. zum viel zitierten Bsp. über die Nichtausfertigung des Gesetzes zur Privatisierung der Flugsicherung Heckmann, DVBl. 1991, 847 ff.; als Klausurfall aufbereitet von Frotscher/Afflerbach, JuS 1992, L 4 ff.

359 Vgl. Jarass/Pieroth, Art. 82 GG, Rn. 3 m.w.N.; Bonner Komm., Art. 82 GG, Rn. 50; wohl auch Degenhart, Rn. 786.

§ 18 BUNDESREGIERUNG

Die Vorschriften über die Bundesregierung befinden sich in den Art. 62 ff. GG, ergänzend spielt auch die GeschOBReg eine Rolle. Die Bundesregierung setzt sich nach Art. 62 GG zusammen aus dem Bundeskanzler und den Bundesministern. Die Aufgaben der Bundesregierung sind über das gesamte Grundgesetz verteilt,[360] wobei sie v.a. Funktionen als politisches Führungsorgan, Exekutivorgan und bei der Gesetzgebung innehat. 226

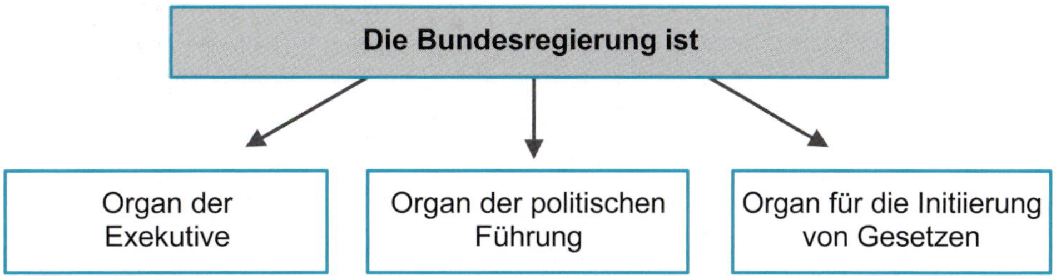

A) Wahl des Bundeskanzlers

Wahl des Kanzlers durch jeden neuen Bundestag

Die Amtsperiode des Bundeskanzlers ist an die Wahlperiode des Bundestages gekoppelt, sodass jeder neu gewählte Bundestag das Recht, aber auch die Pflicht hat, einen Bundeskanzler zu wählen. 227

hemmer-Methode: Entgegen der oft sehr stark personenorientierten Wahlwerbungen handelt es sich also bei der Bundestagswahl um keine direkte „Kanzlerwahl", sondern (wie der Name schon sagt) um eine Wahl des Parlaments, welches seinerseits den Kanzler wählt. De facto steht aber natürlich schon fest, welchen Kanzler welche Partei bzw. Koalition im Falle ihres Wahlsieges wählen würde. Bundestagsmehrheit und Bundeskanzler erlangen dadurch zu Beginn einer jeden Legislaturperiode eine Übereinstimmung, die eine gewisse Durchbrechung des Gewaltenteilungsgrundsatzes darstellt. Doch ist dies in der Regelung des Grundgesetzes angelegt und unter den gegebenen Voraussetzungen wohl auch Grundlage für die relativ stabilen Regierungen in der Geschichte der Bundesrepublik. Die gleichwohl drohenden Gefahren sind im Abschnitt über die politischen Parteien, die ja Regierung und Mehrheitsfraktion tragen, dargestellt (vgl. u. Rn. 350).

Vorschlag und Wahl des Kanzlers

Nach dem Ausgang der Bundestagswahl[361] und in Absprache mit den Parteien schlägt der Bundespräsident einen Kanzlerkandidaten, i.d.R. den Kandidaten der Mehrheitspartei bzw. -koalition, vor, Art. 63 I GG.[362] Im Regelfall wird der Bundeskanzler anschließend im ersten Wahlgang geheim mit der in Art. 63 II GG geforderten absoluten Mehrheit der stimmberechtigten Mitglieder gewählt und anschließend vom Bundespräsidenten zum Kanzler ernannt. 228

erforderlichenfalls mehrere Wahlgänge binnen vierzehn Tagen

Es wäre aber auch denkbar, dass der Kanzlerkandidat im ersten Wahlgang nicht die geforderte Mehrheit erhält, wozu auch die Stimmengleichheit gehören würde. Ist dies der Fall, kann der Bundestag innerhalb von vierzehn Tagen (in beliebig vielen Anläufen) versuchen, den Kanzler mit der erforderlichen Mehrheit zu wählen, vgl. Art. 63 III GG. 229

360 Eine übersichtliche Zusammenstellung dieser Aufgaben der Bundesregierung in den verschiedenen Bereichen findet sich bei Hitschold, Staatsbürgerkunde, 7. Auflage 1989, Kap. 11.6.6.

361 Vgl. dazu unten Rn. 241 ff.

362 Vgl. dazu auch oben Rn. 206.

Es kann dazu nach § 4 V GeschOBT auch ein anderer Kandidat mit einem Viertel der Stimmen vorgeschlagen werden.

wenn Wahl endgültig erfolglos, entweder Minderheitenkanzler oder Auflösung des Bundestags

Wird innerhalb dieser Frist der Kanzler nicht gewählt, findet nach Art. 63 IV GG nochmals ein letzter Wahlgang, u.U. mit mehreren Kandidaten statt. Erhält ein Kandidat die erforderliche Mehrheit, muss ihn der Bundespräsident nach Art. 63 IV S. 2 GG zum Bundeskanzler ernennen. Anderenfalls kann der Bundespräsident nach Art. 63 IV GG den Kandidaten mit den meisten Stimmen zum Kanzler ernennen („Minderheitenkanzler") oder den Bundestag auflösen.

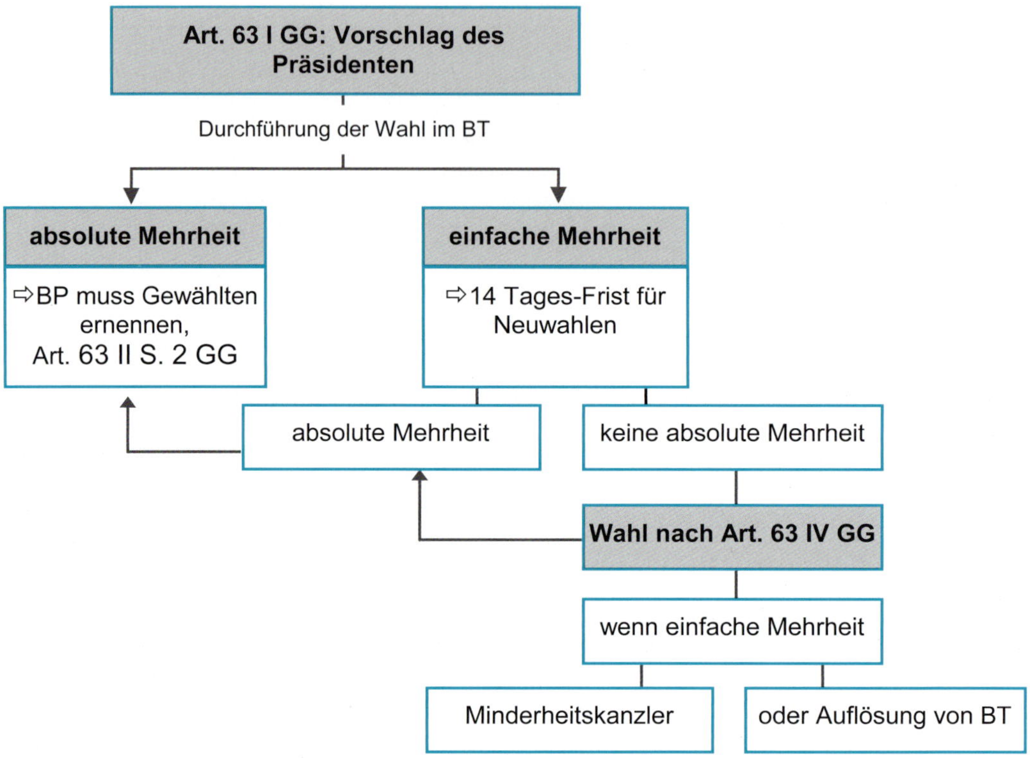

hemmer-Methode: Im Zusammenhang mit der Kanzlerwahl (aber auch mit der Ministerernennung) könnte sich in der Klausur das Problem der Wirksamkeit sog. Koalitionsvereinbarungen ergeben: Deren grundsätzliche Zulässigkeit wird heute allgemein angenommen, da sie in der Parteiendemokratie, vgl. Art. 21 GG, nahe liegen und ja auch formal nur diese Parteien, nicht aber die Staatsorgane sich binden wollen. Ebenso ist aber im Ergebnis auch weitgehend anerkannt, dass die Verpflichtungen zumindest nicht gerichtlich durchsetzbar sind: Teilweise wird schon die Bindungswirkung abgelehnt, zumindest aber auf die Parteien beschränkt, sodass zumindest die Staatsorgane nicht gebunden sind. Auf keinen Fall kann im Koalitionsvertrag etwas vereinbart werden, das vom Grundgesetz abweicht. Außerdem fehlt es an einem Rechtsweg, soweit man die Koalitionsvereinbarungen als verfassungsrechtliche Verträge ansieht: § 40 I VwGO scheidet für verfassungsrechtliche Streitigkeiten aus, in der (abschließenden) Zuständigkeit des BVerfG sind sie nicht erwähnt und die subsidiäre Zuständigkeit der ordentlichen Gerichte, vgl. Art. 19 IV GG, dürfte ebenfalls nicht eingreifen, da die Parteien nicht in ihrer Stellung als Teil der Gesellschaft, sondern in ihrem der Staatlichkeit zuzuordnendem Bereich betroffen sind.

B) Ernennung der Bundesminister

Vorschlag und Ernennung der Bundesminister

Auf Vorschlag des Bundeskanzlers ernennt der Bundespräsident nach Art. 64 I GG die Bundesminister, wobei ihm nach h.M. ein rechtliches, nicht aber ein politisches Prüfungsrecht zusteht.[363] 230

[363] Vgl. dazu ausführlicher oben Rn. 207 f.

Die Zahl und Einteilung der Ministerien ist nicht völlig vorgeschrieben. Aus dem Grundgesetz ergibt sich nur, dass es einen Verteidigungsminister (vgl. Art. 65a GG), einen Justizminister (vgl. Art. 96 II S. 4 GG) und einen Finanzminister (vgl. Art. 108 III S. 2, 112, 114 GG) geben muss. Zu den „klassischen Ministerien" gehören außerdem noch das Innen- und Außenministerium.[364]

hemmer-Methode: Nicht formell zur Regierung gehören die sog. Staatssekretäre, die in parlamentarische und beamtete aufgeteilt sind: Die parlamentarischen Staatssekretäre gehören dem Bundestag an und sollen die Zusammenarbeit zwischen Ministerium und Parlamentsmehrheit koordinieren. Die beamteten Staatssekretäre dürfen gerade nicht dem Bundestag angehören und sind die höchsten Beamten des jeweiligen Ministeriums sowie zugleich Vertreter des Ministers.

C) Regierungsprinzipien

Regierungsprinzipien

Art. 65 GG nennt für die Regierungsarbeit drei Prinzipien: das Kanzlerprinzip, das Ressortprinzip und das Kollegialprinzip.

I. Kanzlerprinzip

Art. 65 S. 1 GG: Kanzlerprinzip (Richtlinienkompetenz)

231 Nach Art. 65 S. 1 GG bestimmt der Kanzler die Richtlinien der Politik (sog. Richtlinienkompetenz) und trägt dafür die Verantwortung. Somit hat er die Leitungs- und Lenkungsfunktion inne, kann aber andererseits auch nur selbst in die Verantwortung genommen werden: so ist z.B. das Misstrauensvotum nach Art. 67 GG nur gegenüber ihm, nicht gegenüber einzelnen Ministern[365] möglich.

Richtlinien: allgemeine Grundsätze, im Einzelfall aber auch wichtige Einzelentscheidung

232 Den Umfang der „Richtlinien" zu bestimmen, ist schwierig, man wird sie aber im Interesse der Ausgewogenheit mit den übrigen Prinzipien i.d.R. auf allgemeine Grundsätze und Richtungen der Politik beschränken müssen. Im Einzelfall erscheint es aber vertretbar, auch einer Einzelentscheidung ein solches politisches Gewicht zuzumessen, dass sie als „Richtlinienfrage" einzuordnen ist.[366] Die Richtlinien binden die Einzelminister als Leiter ihres Ministeriums, keinesfalls aber andere Verfassungsorgane.

Gewissermaßen eine Ergänzung dieser starken Stellung des Bundeskanzlers bilden seine weiteren im Grundgesetz verankerten Rechte, z.B. aus Art. 39 III, 58, 69 I und 115b GG.

hemmer-Methode: In der Praxis wird das Richtlinienprinzip durch die faktischen Zwänge einer Koalitionsvereinbarung stark beschränkt. Es bringt dem Kanzler nur wenig, den starken Mann bzw. die starke Frau zu markieren, wenn dafür die Regierungskoalition auseinanderbricht!

II. Ressortprinzip

Art. 65 S. 2 GG: Ressortprinzip - jeder Minister leitet Ministerium innerhalb der Richtlinien selbstständig

233 Nach Art. 65 S. 2 GG leitet jeder Bundesminister innerhalb dieser Richtlinien seinen Geschäftsbereich selbstständig und in eigener Verantwortung. Damit sind die Minister einerseits für Einzelfragen voll verantwortlich, andererseits in den Richtlinien durch die Vorgaben des Kanzlers (vgl. o.) gebunden. Hält sich ein Minister nicht an diese Vorgaben, kann ihn der Kanzler im Extremfall dem Bundespräsidenten zur Entlassung vorschlagen, Art. 64 I GG.

364 Weitere gängige Ministerien sind das für Wirtschaft, für Arbeit und Soziales, für Verkehr, für Forschung und Technologie, für Umwelt und Reaktorsicherheit, für Bauwesen und Städtebau, für Jugend, Familie und Frauen, für Gesundheit sowie für wirtschaftliche Zusammenarbeit. Der Freiheit zur Einrichtung der Ministerien überhaupt entspricht die Freiheit bei der Zusammenstellung der Zuständigkeitsbereiche für die einzelnen Ministerien.

365 So noch in der WRV, vgl. dort Art. 54.

366 Vgl. Jarass/Pieroth, Art. 65 GG, Rn. 3 m.w.N. (strittig!); hinsichtlich solcher Einzelfragen ist aber jedenfalls eine enge Auslegung zu fordern, um nicht Ressort- und Kollegialprinzip auszuhöhlen.

III. Kollegialprinzip

Art. 65 S. 3 GG: Kollegialprinzip - im Übrigen bei Streitfragen Entscheidung der Regierung als Gesamtheit

Nach Art. 65 S. 3 GG entscheidet über Streitigkeiten zwischen den Bundesministern die Bundesregierung als Gesamtheit. Dieses sog. Kollegialprinzip ist freilich begrenzt durch das Ressortprinzip zum einen und das Kanzlerprinzip zum anderen. Mit anderen Worten: 234

Die Streitentscheidungskompetenz der Bundesregierung betrifft nur

⇨ ressortübergreifende Fragen, für die

⇨ der Bundeskanzler keine Richtlinien erlassen hat bzw. kann.

Darüber hinaus wird aber auch in einigen im Grundgesetz speziell genannten Fällen nach h.M. ein Kabinettsbeschluss gefordert, wenn von einer Entscheidung der Bundesregierung die Rede ist, so z.B. in Art. 37 I, 76 I, III, 80 I, 81 I, 91 II und 115f GG.

hemmer-Methode: In einer Klausur zu den Regierungsprinzipien wird also im Einzelfall zu entscheiden sein, wer für die jeweilige Maßnahme zuständig ist, d.h. ob sie z.B. noch von der Richtlinienkompetenz gedeckt ist oder ob eine Weisungsbefugnis durch Kanzler oder Kabinett gegenüber einem Minister besteht.

D) Verantwortlichkeit der Regierung

Verantwortlichkeit der Regierung

Wegen der Entscheidung des Grundgesetzes für ein parlamentarisches Regierungssystem ist die Regierung vom Parlament abhängig und bedarf der Zustimmung seiner Mehrheit. Dies wird einmal deutlich bei der Kanzlerwahl (vgl. o. Rn. 227 ff.), zum anderen bei den Kontrollbefugnissen des Bundestags[367] sowie v.a. beim konstruktiven Misstrauensvotum und der Vertrauensfrage. 235

I. Konstruktives Misstrauensvotum

Art. 67 GG: konstruktives Misstrauensvotum auf Antrag von einem Viertel der Mitglieder

Hat der Bundestag zu dem gewählten Bundeskanzler kein Vertrauen mehr, kann er auf Initiative eines Viertels der Mitglieder (vgl. § 97 GeschOBT) dem Bundeskanzler (nicht aber einem einzelnen Minister, vgl. o.) das Misstrauen aussprechen. 236

zugleich neue Kanzlerwahl obligatorisch

Dies muss allerdings nach Art. 67 I GG konstruktiv geschehen, d.h. der Bundestag muss zugleich mit der Mehrheit seiner Mitglieder einen neuen Kanzler wählen. Gelingt ihm das nicht, hat er keine Möglichkeit, den alten Kanzler abzuberufen.

hemmer-Methode: Aus dem Gedanken dieser Regelung lässt sich auch die (wohl herrschende) Ansicht erklären, dass durch einfachen Parlamentsbeschluss zwar Einzelheiten der Regierungsführung, nicht aber eine Missbilligung der Amtsführung des Kanzlers insgesamt ausgesprochen werden kann. Ein solches „allgemeines, nicht-konstruktives Misstrauensvotum“ würde nämlich die Stellung des Bundeskanzlers ebenfalls schwächen, ohne eine personelle Alternative aufzuzeigen.

neuer Kanzler muss ernannt werden

Hat der Bundestag allerdings einen neuen Kanzler gewählt, muss der Bundespräsident den alten Kanzler auf Gesuch des Bundestags entlassen und den neuen Kanzler ernennen, Art. 67 I S. 2 u. 3 GG. Mit dem alten Kanzler tritt nach Art. 69 II GG die gesamte Bundesregierung zurück.

---

[367] Vgl. dazu unten Rn. 265.

hemmer-Methode: Somit wäre als ultima ratio zur Ablösung eines Ministers durch das Parlament möglich, dem Bundeskanzler, der an seinem Minister festhält, selbst konstruktiv das Misstrauen auszusprechen, um auf diese Weise auch den Minister „loszuwerden".

48 Stunden zwischen Antrag und Abstimmung

Nach Art. 67 II GG müssen mindestens 48 Stunden zwischen dem Antrag und der Wahl liegen. Diese Bestimmung dient dem Zweck, bei ebenso plötzlichen wie vorübergehenden Regierungskrisen einen Zeitraum zum „Ruhe finden" zu gewähren, um überstürzte Entscheidungen zu verhindern.

II. Vertrauensfrage

Art. 68 GG: Vertrauensfrage

1. Nach Art. 68 GG hat auch der Bundeskanzler selbst die Möglichkeit zu beantragen, dass der Bundestag ihm das Vertrauen ausspricht. 237

Spricht ihm die Mehrheit das Vertrauen aus, wird er i.d.R. im Amt bleiben und keine weiteren Konsequenzen ziehen, wenn ihm die Mehrheit nicht „zu dünn" ist.

bei Verneinung: Vorschlag der Auflösung des Bundestags möglich

2. Findet er dagegen keine Mehrheit, kann er zurücktreten oder aber nach Art. 68 I S. 1 GG dem Bundespräsidenten vorschlagen, binnen 21 Tagen den Bundestag aufzulösen.[368] Die Auflösungsbefugnis des Bundespräsidenten erlischt, wenn der Bundestag innerhalb dieser Frist einen neuen Kanzler wählt. 238

Verbot der Selbstauflösung

3. Wegen des in Art. 68 GG inhärenten Verbots einer voraussetzungslosen Selbstauflösung des Parlaments,[369] ist als ungeschriebene Voraussetzung zu verlangen, dass der Bundestag dem Kanzler tatsächlich nicht mehr vertraut. 239

> ***Bsp.:*** *Die C-Partei hat im Bundestag eine komfortable Mehrheit von 55 % der Sitze. Die aus der A- und B-Partei bestehende Opposition zeigt allerdings keinerlei Verhandlungsbereitschaft über die Zustimmung zu einigen von der C-Partei als unbedingt erforderlich gehaltenen verfassungsändernden Gesetzesvorlagen. Als aber von einem wöchentlich erscheinenden Nachrichtenmagazin verlautbart wird, dass die Parteivorsitzenden der A- und B-Partei möglicherweise in einen schlimmen Skandal verwickelt sind, sieht die C-Partei ihre Chance: Solange in der Bevölkerung noch die Empörung kocht und bevor sich die Meldung möglicherweise als Ente herausstellt, sollen Neuwahlen initiiert werden, weil bei diesen die ohnehin marode B-Partei wohl an der 5 %-Hürde scheitern und auch die A-Partei mächtig Stimmen einbüßen würde, sodass sich die C-Partei gute Chancen auf eine Zwei-Drittel-Mehrheit ausrechnet. Der Bundeskanzler stellt daraufhin die Vertrauensfrage, die wegen der Enthaltung seiner Parteifreunde aus der C-Partei erwartungsgemäß negativ ausfällt. Kann der Bundespräsident das Parlament auflösen?*

Wegen des Verbots einer Selbstauflösung darf der Bundespräsident das Parlament nur auflösen, wenn dem Kanzler wirklich und ernsthaft kein Vertrauen ausgesprochen wird.[370] Das BVerfG fordert das Vorliegen einer „politisch instabilen Lage". Ob diese gegeben ist, unterliegt aber nur einer sehr eingeschränkten verfassungsgerichtlichen Überprüfung, dem Bundeskanzler kommt hier ein sehr großer Spielraum zu:[371]

---

368 Vgl. dazu auch oben Rn. 209.

369 Vgl. Jarass/Pieroth, Art. 68 GG, Rn. 3.

370 Vgl. BVerfGE 62, 1 (36 ff.) = **juris**byhemmer; BVerfG, DVBl. 2005, 1102 = **Life&Law 09/2005, 635** = **juris**byhemmer; umfassend dazu Bonner Komm., Art. 68 GG, Rn. 62 ff.

371 Vgl. BVerfGE 62, 1 (50 ff.) = **juris**byhemmer; BVerfG, DVBl. 2005, 1102 = **Life&Law 09/2005, 635** = **juris**byhemmer.

So wurde z.B. bei der äußerst umstrittenen Vertrauensfrage am 17.12.1982 durch Bundeskanzler Kohl, der am 01.10.1982 nach einem konstruktiven Misstrauensvotum zum neuen Kanzler gewählt wurde, für ausreichend befunden, dass die neue CDU/CSU/FDP-Koalition nur einen zeitlich und sachlich begrenzten Aufgabenbereich gehabt habe.

Auch die Vertrauensfrage des Bundeskanzlers Schröder im Jahr 2005 wurde vom BVerfG gebilligt, obwohl die Regierung bis zu diesem Tag keine relevante Abstimmung im Bundestag verloren hatte.

Im vorliegenden Fall oben aber liegt der Missbrauch so eindeutig auf der Hand, dass der Bundespräsident den Bundestag keinesfalls auflösen dürfte.

bei Verneinung auch Gesetzgebungsnotstand möglich

Wird die Vertrauensfrage verneint, besteht statt Rücktritt oder Auflösungsantrag auch die Möglichkeit, dass die Regierung beim Bundespräsidenten den Antrag stellt, für eine bestimmte Gesetzesvorlage (im deren Zusammenhang der Kanzler insbesondere auch die Vertrauensfrage stellen konnte) den Gesetzgebungsnotstand zu erklären.[372]

hemmer-Methode: Sehen sie auch hier die Zusammenhänge: Durch das Erfordernis eines konstruktiven Misstrauensvotums wird zwar ein Machtvakuum verhindert, es führt aber auch dazu, dass u.U. ein Kanzler im Amt bleibt, der eine Mehrheit gegen sich hat, was natürlich die Regierungsführung stark beeinträchtigt. Deshalb hat er die Möglichkeit, mit der Vertrauensfrage doch (zumindest formal) die Mehrheit wieder hinter sich zu bringen bzw. - falls das scheitert - die Auflösung des Bundestags oder zumindest die Regierungserleichterung des Gesetzgebungsnotstandes herbeizuführen.

372 Vgl. dazu näher im Kapitel über den Bundespräsidenten, Rn. 210.

§ 19 BUNDESTAG

Bundestag = Parlament: zentrales Organ der repräsentativen Demokratie

Der Bundestag - das Parlament - ist die Versammlung der vom Volk gewählten Volksvertreter, der Abgeordneten und das zentrale Organ der mittelbaren Demokratie: Da das Volk als Souverän nicht alle Entscheidungen selbst treffen kann, bestimmt es in periodisch wiederkehrenden Abständen seine Vertreter und überträgt diesen die Staatsgewalt (repräsentative Demokratie). 240

hemmer-Methode: Bei Fragestellungen anhand des Demokratieprinzips (vgl. o. Rn. 90 ff.) ist dieser Unterschied zwischen dem Bundestag als einzigem unmittelbar demokratisch legitimierten Staatsorgan und anderen Organen, die lediglich mittelbar demokratisch legitimiert sind, u.U. von Bedeutung.

A) Wahl des Bundestages

I. Allgemeines[373]

Art. 20 II S. 2, 38 I GG zur Wahl

1. Nach Art. 38 I GG werden die Abgeordneten des Deutschen Bundestages in allgemeiner, unmittelbarer, freier, gleicher und geheimer Wahl gewählt. Auf diese Art und Weise übt das Staatsvolk seine Gewalt durch Wahlen aus i.S.d. Art. 20 II S. 2 GG. Der Bundestag setzt sich aus 598 Abgeordneten zusammen, vgl. Art. 38 III GG i.V.m. § 1 BWG. 241

Wahlperiode: vier Jahre, Ausfluss des Demokratieprinzips

2. Die Wahlperioden betragen nach Art. 39 I S. 1 GG jeweils immer vier Jahre. Diese zeitliche Begrenzung ist ebenfalls Ausfluss des Demokratieprinzips, da dadurch sichergestellt ist, dass das Volk die einmal übertragene Staatsgewalt nicht auf alle Zeit verliert. Aus diesem Grunde dürfte auch eine (grds. mögliche, freilich verfassungsändernde i.S.d. Art. 79 GG) Verlängerung nur in einem Rahmen möglich sein, der diese demokratische Funktion nicht zunichtemacht. Nahezu einhellig wird außerdem angenommen, dass eine entsprechende Verlängerung immer erst mit Wirkung für die nächste Legislaturperiode möglich wäre,[374] da das Volk für den jeweils gewählten Bundestag die Staatsgewalt nur für die z.Zt. der Wahl vorgesehene Höchstdauer übertragen hat. 242

hemmer-Methode: Diesem Zweck der regelmäßigen Wahlen entsprechend besteht zwar auch der Bundestag als Organ stets fort, es gilt aber gleichwohl der Grundsatz der personellen und sachlichen Diskontinuität. D.h. der Bundestag ist auch immer in seiner speziellen Zusammensetzung zu betrachten, so dass z.B. jeder neu gewählte Bundestag sich eine eigene Geschäftsordnung i.S.d. Art. 40 I S. 2 GG gibt. In der Praxis wird diese freilich regelmäßig (zumindest weitgehend) übernommen. Nach § 125 GeschOBT gelten alle Vorlagen am Ende einer Wahlperiode als erledigt, insbesondere Gesetzesvorlagen, über die nicht abgestimmt wurde, „verfallen“ (sachliche Diskontinuität).

personalisierte Verhältniswahl

3. Das z.Zt. geltende Wahlsystem[375] stellt eine sog. personalisierte Verhältniswahl dar, also eine Mischform aus Verhältniswahl und Mehrheitswahlsystem (= Persönlichkeitswahl). 243

Verhältniswahl

a) Bei der Verhältniswahl führen die Parteien ihre Kandidaten auf Listen. Gewählt werden die Kandidaten in der Reihenfolge ihrer Aufstellung auf der Liste, wobei sich die Zahl der von jeder Liste gewählten Kandidaten aus dem Stimmenanteil der Liste an den abgegebenen Stimmen ergibt: 244

---

[373] Minkoff/Grieger, Probleme des Staatsorganisationsrechts – Das Wahlsystem, **Life&Law 03/2012, 214 ff.** und **04/2012, 297 ff.**

[374] Vgl. Jarass/Pieroth, Art. 39 GG, Rn. 1 m.w.N.

[375] Zu den verschiedenen Wahlsystemen und dem BWahlG sowie auch zu den Systemen zur Sitzermittlung ausführlich Erichsen, Jura 1984, 22 ff.

Bsp.: Auf die Liste der A-Partei entfallen 55 %, auf die der B-Partei 37 % und auf die der C-Partei 8 % der Stimmen.

Enthält das Parlament 200 Sitze, kommen die ersten 110 Kandidaten auf der Liste A, die ersten 74 auf der Liste B und die ersten 16 auf der Liste C ins Parlament.

Mehrheitswahl

b) Beim Mehrheitswahlsystem wird dagegen das Wahlgebiet in so viele Wahlkreise aufgeteilt, wie das Parlament Sitze enthält. Aus jedem Wahlkreis wird der Kandidat ins Parlament geschickt, der die meisten Stimmen bekommen hat. Ist dazu erforderlich, dass er - erforderlichenfalls in einer Stichwahl - die absolute Mehrheit erhält, spricht man von einem absoluten Mehrheitswahlsystem. 245

c) Nach der z.Zt. in Deutschland geltenden personalisierten Verhältniswahl findet sowohl eine Personenwahl in Wahlkreisen mit der sog. Erststimme, vgl. §§ 1 II, 4, 5 BWG, als auch eine Listenwahl mit der sog. Zweitstimme, vgl. §§ 1 II, 4, 6 BWG, statt. 246

Die Zahl der Abgeordneten, die jede Partei ins Parlament schicken darf, wird dabei grds. über die Zweitstimme nach den für die Verhältniswahl geltenden Regeln (vgl. o.) ermittelt, vgl. § 6 IV BWG. Werden aber von einer Partei mehr Kandidaten mit der Erststimme direkt gewählt, als nach der Zweitstimme ins Parlament einziehen dürften, behalten die direkt gewählten Kandidaten ihr Mandat. Um die Gleichheit der Wahl zu gewährleisten, werden den anderen Parteien Ausgleichsmandate zugesprochen und der Bundestag wird um die entsprechende Zahl von Abgeordneten aufgestockt, § 6 V BWG.[376]

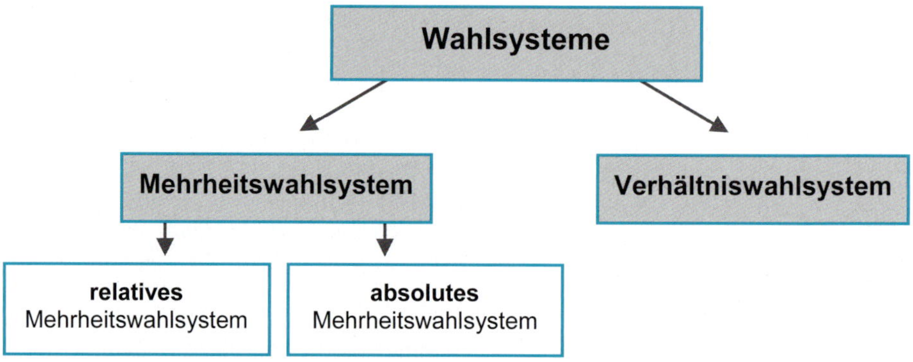

Art. 38 I GG: Wahlrechtsgrundsätze

d) Bei der Wahl sind die in Art. 38 I S. 1 GG genannten Wahlrechtsgrundsätze zu beachten. Da diese als Ausfluss des Demokratieprinzips[377] über Art. 28 I S. 1 u. 2 GG (auch neben der Bundestagswahl) eine weite Anwendung finden,[378] sind sie von einiger Bedeutung und werden auch in Klausuren gerne geprüft, sodass ein Überblick über ihre Bedeutung angebracht erscheint.[379] 247

376 Zur Entstehungsgeschichte des aktuellen § 6 BWahlG, insbesondere zur Verfassungswidrigkeit der früher bestehenden Überhangmandate vgl. BVerfG, Urteil vom 25.07.2012, Az. 2 BvF 3/11, 2 BvR 2670/11, 2 BvE 9/11: **alle Entscheidungen** = **juris**byhemmer sowie Grieger/Knott, Das neue Bundestagswahlrecht, **Life&Law 09/2013, 690 ff**.

377 Vgl. Jarass/Pieroth, Art. 38 GG, Rn. 1 m.w.N.

378 Zur Bedeutung des Homogenitätsgrundsatzes und seinen Grenzen vgl. o. Rn. 82 und 99; zur Bedeutung außerhalb demokratischer Wahlen vgl. Erichsen, Jura 1983, 635 (636).

379 Vgl. zu den Wahlrechtsgrundsätzen den lesenswerten Überblick bei Erichsen, Jura 1983, 635 ff.; eine Fallbearbeitung zum Wahlrecht findet sich bei Ipsen/Epping, JuS 1991, 1022 ff.; vgl. auch BVerfG, NJW 1998, 2892 ff. = **juris**byhemmer; Roth, „Zur Durchsetzung der Wahlrechtsgrundsätze vor dem Bundesverfassungsgericht", DVBl. 1998, 214.

II. Grundsatz der allgemeinen Wahl

allgemeine Wahl: gesamtes Volk darf wählen

1. Nach dem Demokratieverständnis des Grundgesetzes geht „alle Staatsgewalt vom Volke aus"; danach soll das gesamte Volk die Chance zur verantwortlichen Mitbestimmung haben. Um das sicherzustellen, muss (auch das passive, v.a. aber) das aktive Wahlrecht grds. allen Bürgern zustehen, und Differenzierungen z.B. nach Geschlecht, Rasse, Religion, Bildungs- oder Besitzstand müssen unzulässig sein. *248*

Bsp.: *Der Großindustrielle Protz, der in Gesprächen oft den Verdacht äußert, der gesamte Aufschwung Ost werde alleine aus seinen Steuergeldern finanziert, ist der Meinung, bei der nächsten Wahl sollten „nur er und seines Gleichen wählen dürfen oder aber alle so viel Steuern zahlen wie er."*

Im Abhängigmachen des Wahlrechts von einem bestimmten Einkommen oder Besitz würde ein Verstoß gegen das Gebot der Allgemeinheit der Wahl liegen.

hemmer-Methode: Dagegen wäre ein Drei-Klassen-Wahlrecht, wie es bis 1918 in Preußen galt, ein Verstoß gegen den Grundsatz der gleichen Wahl: Bei diesem geht es um den Zählwert der abgegebenen Stimme, bei der Allgemeinheit der Wahl um die gleiche Stimmberechtigung.

allerdings formale Voraussetzungen zulässig

2. Allerdings ist es zulässig, das Wahlrecht von bestimmten formalen Voraussetzungen abhängig zu machen wie etwa dem Besitz eines Wahlscheins (vgl. § 14 I BWahlG). *249*

auch materielle Anforderungen, soweit zwingende Gründe

3. Auch materielle Anforderungen dürfen gestellt werden, wenn sie auf zwingenden Gründen beruhen.[380] So sieht z.B. das Grundgesetz selbst in Art. 38 II GG die Altersgrenze des achtzehnten Lebensjahres bzw. der Volljährigkeit vor. *250*

hemmer-Methode: In der Klausur könnte also die Rechtmäßigkeit einer bestimmten materiellen Wahlvoraussetzung zu prüfen sein. Da die Wahlrechtsgrundsätze zugleich grundrechtsgleiche Rechte sind, müssen die Einschränkungen auch dem Verhältnismäßigkeitsgrundsatz genügen, wobei eine Abwägung mit dem Rechtsgut erforderlich wird, in dessen Interesse die Allgemeinheit der Wahl eingeschränkt wird. Lesen Sie zu einer sauberen Abwägung noch einmal Hemmer/Wüst, Staatsrecht I, Rn. 131 ff., insbesondere Rn. 135.

Inkompatibilitäten

Eine spezielle Ermächtigung zur Einschränkung der Allgemeinheit der Wahl enthält Art. 137 I GG, nach dem zur Sicherung der organisatorischen Gewaltenteilung[381] „die Wählbarkeit von Beamten, Angestellten des öffentlichen Dienstes, Berufssoldaten (...) und Richtern (...) gesetzlich beschränkt werden" kann. Entgegen dem Wortlaut sollen aber nach h.M. von Art. 137 I GG nur Inkompatibilitäts-, nicht aber Inelegibilitätsregeln gedeckt sein, da sein Zweck schon erreicht werden kann, wenn die parallele Bekleidung zweier Funktionen ausgeschlossen wird (z.B. durch Verlust der Position mit Annahme der Wahl); das (einschneidendere) Verbot, sich überhaupt wählen zu lassen, ist dementsprechend nicht erforderlich.[382]

---

380 Vgl. Erichsen, Jura 1983, 635 (637) m.w.N. (Fn. 24).

381 Vgl. Jarass/Pieroth, Art. 137 GG, Rn. 1.

382 Vgl. Erichsen, Jura 1983, 635 (638).

Wahlrecht von Ausländern: nach h.M. (-), da Staatsvolk i.S.d. Art. 20 II GG nur Deutsche

4. Heftig umstritten ist bzw. war, ob der Ausschluss des Wahlrechts von Ausländern, vgl. für die Bundestagswahl § 12 I BWahlG, mit Art. 38 I GG zu vereinbaren ist. Die h.M. geht dabei davon aus, dass die Wahl der (mittelbaren) Willensbildung durch das Staatsvolk[383] als Souverän dient, vgl. Art. 20 II GG (vgl. o. Rn. 240), welches in der Präambel (auch schon in der a.F.) und Art. 146 GG jeweils explizit als das „deutsche Volk" bezeichnet wird.[384] Ist aber das „Volk" in diesem Sinne durch die Wahlrechtsgrundsätze berechtigt, kann ein Verstoß gegen Art. 38 I GG dann nicht vorliegen, wenn Personen ausgeschlossen werden, die gar nicht zum so definierten Volk gehören.[385] 251

allerdings im kommunalen Bereich Art. 28 I S. 3 GG n.F. beachten

Der Streit wurde freilich dadurch entschärft, dass durch die Verfassungsänderung vom 21.12.1992 für den Bereich der Kommunalwahlen, für den das Wahlrecht für Ausländer am heftigsten diskutiert wurde, in Art. 28 I S. 3 GG n.F. explizit ein Wahlrecht für Personen aus anderen Mitgliedstaaten der Europäischen Gemeinschaft ermöglicht wurde.

III. Grundsatz der unmittelbaren Wahl

unmittelbare Wahl: kein Wahlmännersystem

Damit sich die Zusammensetzung des Parlaments möglichst nah am Willen des Volkes orientiert, darf das Ergebnis der Wahl nur von den wahlberechtigten Bürgern selbst bestimmt werden.[386] Dadurch wäre z.B. ein Wahlmännersystem nach Art der amerikanischen Präsidentschaftswahlen unvereinbar.[387] Vielmehr darf nur noch der mathematische Vorgang der Stimmauswertung, nicht mehr aber die Zwischenschaltung eines autonomen fremden Willens zwischen Wahlakt und Wahlergebnis stehen. 252

> ***Bsp.:*** *Auch der Fall der Nachfolge für einen z.B. durch Tod ausgeschiedenen Abgeordneten muss bereits vor der Wahl geregelt sein, z.B. durch die Reihenfolge auf der Liste (vgl. § 48 I S. 1 BWahlG). Unzulässig wäre eine Regelung, nach der die Parteien im Falle eines Ausscheidens nach eigenem Ermessen den Nachrücker bestimmen dürften.*[388]

IV. Grundsatz der freien Wahl

freie Wahl: kein Druck, Zwang oder sonstiger rechtswidriger Einfluss

Der Grundsatz der freien Wahl besagt, dass auf Wähler oder Wahlbewerber weder vor noch nach der Wahl irgendein Druck, Zwang oder sonstiger rechtswidriger Einfluss ausgeübt werden darf.[389] 253

aber Wahlpropaganda in Grenzen der §§ 108 ff. StGB großzügig zulässig

Außerhalb einer staatlich gesteuerten Wahl ist hier jedoch eine gewisse großzügige Handhabung angebracht: Massive Wahlpropaganda durch politische Parteien oder auch andere gesellschaftliche Gruppierungen dürften i.d.R. (gerade auch sub specie Art. 21 I S. 1 GG bzw. Art. 5 I GG) zulässig sein. Hier ist weniger das Recht als vielmehr das politische Urteilsvermögen des Bürgers gefragt.[390] Erst wenn dieses bewusst beeinträchtigt wird, also in den Grenzen der §§ 108, 108a, 108b StGB (Wählernötigung, -täuschung oder -bestechung), ist die Freiheit der Wahl beeinträchtigt.

---

383 Staatsvolk i.S.d. Art. 20 II GG sind nur Deutsche. Wer Deutscher i.S.d. Grundgesetzes ist, wird wiederum in Art. 116 GG definiert.

384 Vgl. z.B. Stern, Staatsrecht I, § 8 I 4b; Isensee, VVDStRL 32, 49 (92 f.); a.A. Zuleeg, DVBl. 1974, 341 (349).

385 Vgl. BVerfGE 83, 37 (59) = **juris**byhemmer zur Verfassungswidrigkeit des kommunalen Ausländerwahlrechts vor Schaffung des Art. 28 I S. 3 GG n.F.

386 Vgl. BVerfGE 7, 63 (68) = **juris**byhemmer; vgl. auch E 3, 45 (49) = **juris**byhemmer: der Wähler müsse „das letzte Wort haben".

387 Vgl. BVerfGE 47, 253 (279 f.) = **juris**byhemmer.

388 Vgl. BVerfGE 7, 63 (72) = **juris**byhemmer.

389 Vgl. BVerfGE 15, 165 (166) = **juris**byhemmer; E 44, 125 (139) = **juris**byhemmer; vgl. auch Erichsen, Jura 1983, 635 (640) m.w.N. (Fn. 57).

390 So zutreffend Erichsen, Jura 1983, 635 (640).

hemmer-Methode: Problematisch unter dem Gesichtspunkt der negativen Wahl-Freiheit wäre die Einführung einer Wahlpflicht:[391] Sicher unzulässig wäre die Pflicht zur positiven Stimmabgabe, also das Verbot zur Stimmenthaltung. Aber auch das Recht, einer Wahl völlig fern zu bleiben, dürfte (nicht nur durch Art. 2 I GG) geschützt sein, denn auch hierin kann die Demonstration einer politischen Meinung liegen: Mag der Verzicht auf die Wahl auch politisch eher destruktiv sein, so sagt sie i.d.R. doch einiges aus über die Unzufriedenheit der Wähler mit den etablierten Parteien.

Problem: Beschränkung der Landeslisteneinreichung auf politische Parteien von BVerfG aber als zulässig erachtet

Da zur Freiheit der Wahl auch das Recht gehört, Wahlvorschläge einzureichen, ist problematisch, dass § 27 I S. 1 BWahlG das Recht, Landeslisten für eine Bundestagswahl einzureichen, auf Parteien beschränkt, es besteht also insoweit ein Parteienmonopol für Wahlvorschläge. Dieses hat das BVerfG für die Listenaufstellung (anderes gilt für die Direktkandidaten eines Wahlkreises) als verfassungsrechtlich zulässig erachtet, „da die Listenwahl Gruppen mit einem gemeinsamen Programm, d.h. praktisch politische Parteien, voraussetzt.“[392] Allerdings ist diese Beschränkung aus praktischen Erwägungen allenfalls für die Landeslisten zu Bundes- oder Landtagswahlen unbedenklich, während es auf der kommunalen Ebene mit ihren eng umrissenen Problemfeldern, durchaus möglich erscheint, dass auch andere Gruppierungen ein gemeinsames Programm ausarbeiten. Dort wäre eine entsprechende Beschränkung daher unzulässig.[393] 254

V. Grundsatz der gleichen Wahl

gleiche Wahl

1. Der Grundsatz der gleichen Wahl gebietet zweierlei: 255

Gleichheit des Zählwerts

Zum einen darf jeder Stimmberechtigte nur die gleiche Zahl von Stimmen haben (z.B. kein Drei-Klassen-Wahlrecht, vgl. o. Rn. 248) und diese Stimmen müssen bei der Auszählung den gleichen Wert haben (= Gleichheit des Zählwertes).

Gleichheit des Erfolgswertes

Darüber hinaus soll aber auch sichergestellt sein, dass „jede gültig abgegebene Stimme im Rahmen des Wahlsystems den gleichen Einfluss auf das Wahlergebnis hat“[394] (= Gleichheit des Erfolgswertes).

2. Diese Anforderung ist bei einem Verhältniswahlsystem regelmäßig erfüllt. Da sich letztlich die Kandidaten nach dem Gesamtergebnis einer Liste berechnen, haben alle Stimmen, die zu diesem Gesamtergebnis beitragen, den gleichen Einfluss auf den Wahlausgang. 256

Gleichheit des Erfolgswertes bei Mehrheitswahl problematisch

Dagegen ist die Lage bei einem Mehrheitssystem problematischer, da hier alle Stimmen für die Kandidaten, die in einem Wahlkreis letztlich unterliegen, keinen Einfluss nehmen.

allerdings wohl nur gleiche (potenzielle) Chancen i.R.d. geltenden Systems gefordert

Allerdings liegt darin nach h.M. kein Verstoß gegen das Gebot der gleichen Wahl, da die abgegebenen Stimmen zwar keinen realen, aber einen gleich großen potenziellen Erfolgswert haben.[395] Dieser soll aber ausreichen, da im Mehrheitssystem eine andere Lösung nicht möglich ist und das Grundgesetz kein bestimmtes Wahlsystem vorschreibt. Art. 38 I GG fordert also nur die gleiche Berücksichtigung der Stimmen im Rahmen des jeweiligen Wahlsystems.[396]

[391] Vgl. zur Bearbeitung dieser Frage in einer Falllösung den Übungsfall von Berg/Dragunski, JuS 1995, 238 (241 f.).

[392] BVerfGE 5, 77 (82) = **juris**byhemmer; 46, 196 (199) = **juris**byhemmer.

[393] Vgl. z.B. BVerfGE 11, 266 (271) = **juris**byhemmer; 13, 1 (13 f.) = **juris**byhemmer; dies ist auch zwingend, wenn man mit der h.M. kommunale Wählervereinigungen nicht unter den Parteibegriff subsumiert, vgl. § 2 I ParteiG; dazu auch unten Rn. 345.

[394] BVerfGE 11, 351 (360) = **juris**byhemmer.

[395] Vgl. Erichsen, Jura 1983, 635 (642 f.).

[396] Vgl. BVerfGE 11, 351 (360) = **juris**byhemmer.

verboten dagegen Wahlkreismanipulationen oder Mehrheitsbonus

3. Dagegen wären Verstöße gegen den Grundsatz der gleichen Wahl möglich, wenn durch ungleiche Aufteilung von Wahlkreisen oder im Rahmen eines Verhältniswahlsystems durch einen Mehrheitsbonus zur Stärkung stabiler Mehrheiten innerhalb eines Wahlsystems die abgegebenen Stimmen nicht den gleichen Einfluss auf den Ausgang der Wahl haben. 257

5 %-Klausel

4. Mit dem Gebot des gleichen Erfolgswertes kollidieren auch Sperrklauseln wie die in den meisten Wahlgesetzen vorgesehene 5 %-Klausel: Danach haben nämlich die Stimmen der Wähler, die eine an der Sperrklausel gescheiterte Partei gewählt haben, keinen Einfluss auf den Wahlausgang und verfallen. 258

hemmer-Methode: Das gleiche Problem ergibt sich auch bei Kleinstparteien, die z.B. nur 0,02 % der Wählerstimmen auf sich vereinigen, sodass sich rechnerisch daraus nur ein Zehntel Abgeordneter ergäbe. Indes ist hier die Begründung einfacher, da schon rein rechnerisch kein Vertreter ins Parlament geschickt werden kann. Umgekehrt ergibt sich aber aus dieser Überlegung, dass das Parlament zumindest so viele Mitglieder haben muss, dass sich für Parteien mit einem bestimmten Wahlergebnis die rechnerische Möglichkeit eines Abgeordneten ergibt. Freilich ist das ein rein theoretisches Problem, da dies selbst bei einer extremen Verringerung der Mitgliederzahl des Bundestags noch problemlos gewährleistet wäre.

nach BVerfG gerechtfertigt wegen Zersplitterungsgefahr

Das BVerfG geht allerdings davon aus, dass die 5 %-Klausel (freilich als oberste Grenze einer Sperrklausel) verfassungsgemäß sei, da sonst die Gefahr einer zu starken Zersplitterung des Parlaments drohe, die die Bildung einer (stabilen) Mehrheit verhindert.[397]

hemmer-Methode: Zu hinterfragen (auch im Rahmen einer Klausur) wäre freilich, ob diese Zersplitterungsgefahr jenseits der Parteien, die schon rein rechnerisch kein Mandat bekommen würden, vgl. oben, in der heutigen politischen Realität überhaupt noch bestünde bzw. ob die damit verbundene Gefahr noch so groß wäre. Betrachtet man die Geschichte des Deutschen Bundestages würde sich bei einer Hürde von bspw. 3 % kaum oder nur eine geringfügige Änderung hinsichtlich der in den Bundestag eingezogenen Parteien ergeben. Im Ergebnis wäre es aber wahrscheinlich meist ratsam, der insofern gefestigten Rechtsprechung des BVerfG zu folgen.
Sub specie Art. 3 GG könnte man es als bedenklich ansehen, wenn von diesem Erfordernis nach § 6 VI S. 1 BWahlG eine Ausnahme für Parteien gemacht wird, die mindestens drei Direktmandate über die Erststimmen errungen hat. Dem Regelungszweck der 5 %-Klausel wird diese Differenzierung nämlich nicht gerecht. Gleichwohl hat das BVerfG[398] sie für verfassungsgemäß erachtet.[399]

früher Überhangmandate, jetzt Ausgleichsmandate

5. Verfassungsrechtlich äußerst problematisch war die Zulässigkeit sog. Überhangmandate. Diese entstanden, wenn einer Partei nach dem Ergebnis der Erststimmenwahl mehr Mandate zustanden, als ihr nach dem Ergebnis der Zweitstimmenwahl zukamen. In diesem Fall entstanden bis zur Bundestagswahl 2013 sog. Überhangmandate. Die entsprechenden Mandate verblieben der jeweiligen Partei, der Bundestag wurde um die entsprechende Zahl an Mandatsträgern aufgestockt.

Die Zulässigkeit dieser Überhangmandate war immer umstritten, da sie zu einer Verschiebung des Erfolgswertes führte.

397 Vgl. bereits BVerfGE 1, 208 (256 f.); ständige Rspr., vgl. z.B. später noch BVerfGE 51, 222 (237); an dieser Rechtsprechung wird trotz BVerfG, Urteil vom 09.11.2011, 2 BvC 4/10, 2 BvC 6/10, 2 BvC 8/10 (**alle Entscheidungen** = **juris**byhemmer) festzuhalten sein. In dieser Entscheidung wurde die 5 % - Klausel im Rahmen der Europawahl für verfassungswidrig erklärt. Diese Entscheidung beruht aber auf den Besonderheiten der Europawahl. So sind im Europäischen Parlament ohnehin ca. 160 Parteien vertreten.

398 BVerfGE 6, 84 (95 f.) = **juris**byhemmer; vgl. auch BVerfG, NJW 1997, 1568 ff. = **juris**byhemmer.

399 Vgl. Rn. 258 a.E.

Bsp.: Partei A und B erreichen jeweils 30 % der Zweitstimmen, was rechnerisch ca. 180 Bundestagsabgeordneten entspricht. Partei A gewinnt aber fünf Überhangmandate, sodass sie bei der gleichen Zweitstimmenzahl insgesamt 185 Abgeordnete und damit fünf mehr als Partei B hat.

Das BVerfG war zunächst der Auffassung, die Überhangmandate seien als Ergebnis der Erststimmenwahl als Mehrheitswahl verfassungsgemäß.[400] In einer Entscheidung aus dem Jahr 2008 wurden Überhangmandate dann jedenfalls als insoweit verfassungswidrig erklärt, als sie zur Figur des negativen Stimmgewichts führen, d.h. dass eine Partei durch ein Minus an Zweitstimmen insgesamt ein Mandat mehr, nämlich ein Überhangmandat erhält.[401] Endgültiger Wendepunkt war dann eine Entscheidung aus dem Jahr 2012, in dem das BVerfG Überhangmandate dann für verfassungswidrig erklärte, wenn der Grundcharakter als Verhältniswahl in Frage gestellt wird. Dies soll dann der Fall sein, wenn die Anzahl der Überhangmandate „in etwa 15" übersteigt.[402]

In Folge dieser Entscheidung hat der Deutsche Bundestag das Wahlrecht reformiert und die umstrittenen Überhangmandate werden nun durch Ausgleichsmandate für die anderen Parteien ergänzt, § 6 V BWahlG.

Bsp.: In obigem Beispiel erhält nunmehr die Partei B fünf Ausgleichsmandate, sodass die Erfolgswertgleichheit gewährleistet ist. Auch die anderen Parteien, die in den Bundestag eingezogen sind, erhalten eine entsprechende verhältnismäßige Aufstockung.

hemmer-Methode: Die Rechtsprechung des BVerfG zur maximalen Zahl der Überhangmandate erscheint doch recht willkürlich. Warum sollten „in etwa 15" Überhangmandate noch verfassungskonform sein, 20 aber dann wohl nicht mehr? Hier greift das BVerfG ziemlich stark in die gesetzgeberische Gestaltungshoheit ein, zumal in der Entscheidung BVerfGE 95, 335 noch eine Grenze von ca. 5 % der Mandate angedeutet war, also ca. 30 Mandate.
Ob die Lösung über Ausgleichsmandate tatsächlich der Weisheit letzter Schluss ist, wird sich zeigen müssen. Die Gefahr an diesen Ausgleichsmandaten ist eine Aufblähung des Bundestages. So hat der aktuelle Bundestag nicht 598, sondern 709 Mitglieder!

Überhangmandate

6. Verfassungsgemäß ist nach Ansicht des BVerfG die sog. Grundmandatsklausel in § 6 III BWahlG.

Bsp.: Partei A und B erreichen beide 4 % der Zweitstimmen, die Partei A gewinnt aber drei Direktmandate. Während die Partei B überhaupt nicht in den Bundestag einzieht, zieht Partei A mit 4 %, also ca. 24 Mandaten in den Bundestag ein.

Hier wird zwar im Vergleich zweier Parteien, die beide die 5 %-Hürde nicht überwinden, die Partei bevorzugt, die drei Direktmandate erringt. Diese Ungleichbehandlung ist aber gerechtfertigt, da die gewonnenen Direktmandate eine besonders starke Verankerung der Partei unter den Wählern belegen, die die anderen, vergleichbar „kleinen" Parteien nicht aufweisen können.[403]

Chancengleichheit der Parteien

7. Wichtig für die gleiche Wahl ist auch das Gebot der Chancengleichheit der politischen Parteien. Dieses wird im Kapitel über die politischen Parteien erörtert.[404] 259

400 BVerfGE 121, 266 = NJW 1997, 1553 = **juris**byhemmer.

401 BVerfG, NVwZ 2008, 991 = **juris**byhemmer.

402 BVerfG, Urteil vom 25.07.2012, Az. 2 BvF 3/11, 2 BvR 2670/11, 2 BvE 9/11: **alle Entscheidungen** = **juris**byhemmer.

403 BVerfGE 121, 266 = NJW 1997, 1553 = **juris**byhemmer.

404 Vgl. dort Rn. 364 ff.

VI. Grundsatz der geheimen Wahl

geheime Wahl: sichert freie Wahl

Der Grundsatz der geheimen Wahl sichert v.a. den Grundsatz der freien Wahl, welche ohne geheime Wahl kaum denkbar erscheint. 260

Er verlangt, dass die Wahlentscheidung nach außen hin unbekannt bleibt. Dies schließt zwar nicht aus, dass der Wähler vor der Wahl ankündigt, was er wählen wird oder hinterher darüber berichtet. Der Wahlakt selbst muss aber geheim bleiben, worauf auch nicht wirksam verzichtet werden kann. Wäre dies möglich, würde nämlich indirekt Druck ausgeübt auf all diejenigen, die nicht darauf verzichten wollen.

hemmer-Methode: Die geheime Wahl ist also nicht nur ein Recht des Wählers, sondern sogar eine Pflicht. Er kann nicht auf den Gang in die Wahlkabine verzichten und seine Stimme öffentlich abgeben.

Problem: Wahlgeheimnis bei Briefwahl

Problematisch ist die Einhaltung dieses Grundsatzes bei der sog. Briefwahl, von der in großem Umfang Gebrauch gemacht wird. Andererseits hilft die Briefwahl, den Grundsatz der Allgemeinheit der Wahl zu verwirklichen, da sie auch Wahlberechtigten die Möglichkeit zur Wahl gibt, die sonst nicht an der Wahl teilnehmen könnten. Insofern wird man die Einführung einer Briefwahl zwar nicht als obligatorisch, wohl aber als eine Möglichkeit zur Sicherung der allgemeinen Wahl erachten können.[405]

hemmer-Methode: Eine andere Möglichkeit wäre z.B. die Öffnung der Wahllokale über mehrere Tage. Letztlich muss man aber hier dem Gesetzgeber ein Ermessen bei der genaueren Ausgestaltung der Wahlen zugestehen. Allerdings sind wegen der Gefahr der Beeinträchtigung des Wahlgeheimnisses gewisse Anforderungen an die Voraussetzungen der Briefwahl im Einzelfall zu stellen.
Während der Wahlakt des einzelnen Wählers geheim ist, ist die Wahl als Ganzes öffentlich. Dies fordert, dass alle wesentlichen Schritte der Wahl öffentlicher Überprüfbarkeit unterliegen. Aus diesem Grund sind Wahlcomputer, bei denen Wahlhandlung und die Ergebnisermittlung für den Wähler nicht nachvollzogen werden können, nach Ansicht des BVerfG verfassungswidrig.[406]

B) Funktionen des Bundestages

Befugnisse des Bundestags

Der Bundestag als unmittelbar demokratisch legitimiertes Verfassungsorgan hat nach dem Grundgesetz eine zentrale Rolle. Diese äußert sich nicht zuletzt in den drei sich ergänzenden Arten von Befugnissen, die er innehat: die Herrschaftsbestellungs-, die Gesetzgebungs- und die Kontrollfunktion: 261

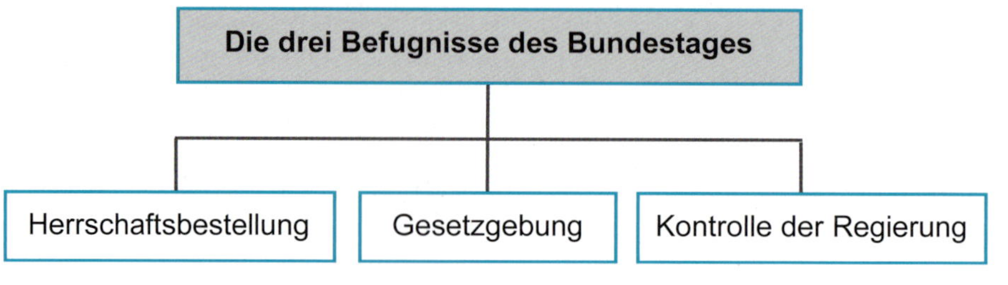

[405] Vgl. zur Briefwahl BVerfG, Beschluss vom 09.07.2013, 2 BvC 7/10 = **Life&Law 09/2013, 690** = **juris**byhemmer.

[406] BVerfG, DVBl. 2009, 511 = **Life&Law 06/2009, 411** = **juris**byhemmer.

I. Herrschaftsbestellungsfunktion

Herrschaftsbestellungs- = Wahl- = Kreativfunktion

Die Herrschaftsbestellungs- oder auch Wahlfunktion (Kreationsfunktion) des Bundestages äußert sich darin, dass er die anderen obersten Bundesorgane (außer dem Bundesrat) bzw. zumindest deren Spitze (mit-)bestellt. Auf diese Art und Weise wird deren Abhängigkeit von dem vom Volk gewählten Parlament deutlich (mittelbare demokratische Legitimation). 262

Im Einzelnen wählt der Bundestag:

- *Bundespräsident*

⇨ gemeinsam mit den Vertretern der Bundesländer in der Bundesversammlung den Bundespräsidenten, Art. 54 GG (vgl. o. Rn. 205)

- *Bundeskanzler*

⇨ den Bundeskanzler, Art. 63 GG (vgl. o. Rn. 227 ff.)

- *BVerfG (eine Hälfte der Mitglieder)*

⇨ die Hälfte der Mitglieder des BVerfG durch einen Wahlmännerausschuss, Art. 94 I GG (die andere Hälfte wird vom Bundesrat gewählt; im Übrigen vgl. zur Wahl genauer §§ 2 ff. BVerfGG[407])

- *Richterwahlausschuss*

⇨ die Hälfte der Mitglieder des Richterwahlausschusses zur Wahl der Mitglieder der obersten Bundesgerichte, Art. 95 II GG (die andere Hälfte des Wahlausschusses besteht aus den zuständigen Landesministern)

II. Gesetzgebungsfunktion

Gesetzgebung

Bei der Gesetzgebung hat der Bundestag umfangreiche Befugnisse, insbesondere in Form des Initiativrechts, der Entscheidung über Gesetzesvorlagen und erforderlichenfalls die Einberufung des Vermittlungsausschusses bei Zustimmungsgesetzen.[408] 263

insbesondere Haushaltsgesetzgebung

Zumindest formal auch zum Bereich der Gesetzgebung gehört das Recht, den Haushaltsplan durch das Haushaltsgesetz festzustellen, Art. 110 II GG (vgl. dazu näher unten Rn. 302 ff.). Es handelt sich hierbei um eine der klassischen Aufgaben eines Parlaments. Da jedoch mit Beratung und Beschlussfassung über das Haushaltsgesetz die von den einzelnen Ministerien für ihren Bereich veranschlagten Mittel genehmigt oder aber gekürzt bzw. gestrichen werden, ist die Feststellung des Haushaltsplans auch ein wichtiger Fall der sogleich zu erläuternden Kontrollfunktion des Bundestages.[409] 264

III. Kontrollfunktion, insbesondere Untersuchungsausschüsse

Kontrollfunktion

Der Bundestag hat auf viele weitere Weisen Kontrollfunktionen bzw. -möglichkeiten gegenüber der Bundesregierung. Zu nennen wären v.a.: 265

⇨ das Zitationsrecht des Art. 43 I GG[410]

⇨ das Zustimmungserfordernis für völkerrechtliche Verträge nach Maßgabe des Art. 59 II GG (vgl. dazu unten Rn. 328 ff.)

---

407 Zur Diskussion um die Verfassungsmäßigkeit der dort getroffenen Regeln, insbesondere um das dort vorgesehene System der mittelbaren Wahl vgl. die (auch den Argumentationsmustern nach) lesenswerte Fallbearbeitung von Pietzcker/Pallasch, JuS 1995, 511 ff.

408 Vgl. insgesamt zum Gesetzgebungsverfahren ausführlich oben Rn. 168 ff.

409 Ähnlich Hitschold, Staatsbürgerkunde, 7. Auflage 1989, Kap. 11.2.5.

410 Dabei ist allerdings zu berücksichtigen, dass die Regierung ihrerseits ein Zutrittsrecht allen Sitzungen des Bundestages hat und auch gehört werden muss, vgl. Art. 43 II GG; vgl. dazu auch Queng, „Das Zutritts- und Rederecht nach Art. 43 II GG", JuS 1998, 610 ff.

- ⇨ die Möglichkeit des konstruktiven Misstrauensvotums, Art. 67 GG, bzw. die Beantwortung der Vertrauensfrage, Art. 68 GG (vgl. dazu oben Rn. 235 ff.)

- ⇨ die Einsetzung eines Untersuchungsausschusses, Art. 44 GG i.V.m. §§ 1 ff. PUAG

Da die anderen (wichtigen) Kontrollrechte in anderem Zusammenhang erläutert werden, soll hier nur der Untersuchungsausschuss kurz dargestellt werden:

Untersuchungsausschuss: Hilfsorgan des Parlaments

Untersuchungsausschüsse sind – genau wie andere Ausschüsse (dazu unten Rn. 278) - Hilfsorgane des Parlaments, um bestimmte Tatsachen zu ermitteln bzw. näher zu untersuchen. 266

> ***Bspe.*** *für Untersuchungsausschussthemen sind Missstände in der Verwaltung, die Ermittlung bestimmter Tatsachen als Grundlage für die Gesetzgebung, Kriminalfälle oder politische Skandale (z.B. die Flick-Geldspendenaffäre, die Geschäftspraktiken der „Neuen Heimat“ oder der „Hanauer Atommüll-Skandal“, „Leuna-Affäre“, CDU-Spendenskandal, NSU-Affäre).*

für Beweiserhebung: entsprechende Geltung der StPO

Nach Art. 44 II S. 1 GG sind dabei auf die Beweiserhebung die Vorschriften der StPO entsprechend anzuwenden.[411] Nach Art. 44 III GG sind Gerichte und Behörden zur Amtshilfe verpflichtet.

Ist dann die Zulässigkeit einer speziellen (z.B. strafprozessualen) Maßnahme zu prüfen oder steht in Frage, ob eine spezielle Äußerung eines Untersuchungsausschusses zu einer Sachfrage zulässig war, ist gleichsam als Vorfrage zu prüfen, ob der Untersuchungsausschuss ordnungsgemäß eingesetzt wurde und es sich um einen zulässigen Untersuchungsgegenstand handelt.

hemmer-Methode: Die Frage nach dem Untersuchungsausschuss bzw. -gegenstand könnte in der Klausur auch noch in anderen Zusammenhängen oder überhaupt abstrakt auftauchen. Versuchen Sie, mit einem Obersatz den Zusammenhang der Fragestellung mit dem Untersuchungsausschuss herzustellen. Die nachfolgenden Prüfungspunkte sind kein starr anzuwendendes Schema, sondern vielmehr als Hinweis zu verstehen, welche Prüfungspunkte eine Rolle spielen können und wie man sie sinnvoll anordnen könnte.

1. Ordnungsgemäße Einsetzung des Untersuchungsausschusses

Mehrheits- oder Minderheitsenquete

Nach Art. 44 I S. 1 GG, § 1 PUAG[412] hat der Bundestag das Recht und auf Antrag eines Viertels seiner Mitglieder die Pflicht, einen Untersuchungsausschuss einzusetzen (Mehrheits- bzw. Minderheitsenquête). 267

hemmer-Methode: Da der Untersuchungsausschuss v.a. auch ein Mittel der Opposition ist, ist es nur logisch, dass auch eine Minderheit die Möglichkeit haben muss, ihn herbeizuführen. Problematisch kann dies allerdings in Zeiten einer großen Koalition sein. So vereinigte die Opposition nach der Bundestagswahl 2013 weniger als 25 % der Mandate auf sich!

---

411 Vgl. hierzu Kudlich, **Life&Law 02/2000, 141**; beachte auch BVerfG, DVBl. 2002, 773 = NJW 2002, 1936 = **juris**byhemmer, wonach sich aus Art. 44 GG auch ein Recht der Minderheit zur Stellung von Beweisanträgen ergibt.

412 Zur Einführung des PUAG Schneider, „Spielregeln für den investigativen Parlamentarismus, (Neues UA-Gesetz)“, NJW 2001, 2604.

keine Veränderung des Minderheitenantrags durch Mehrheitsbeschluss

268 In diesem Beschluss muss der Untersuchungsgegenstand hinreichend konkret festgelegt werden. Insbesondere im Fall einer Minderheitsenquête ist darauf zu achten, dass die Mehrheit den von der Minderheit gestellten Antrag grundsätzlich nicht verändern, i.d.R. auch nicht sachlich erweitern darf, vgl. § 2 PUAG, sodass bereits der Antrag der Minderheit alle verfassungsrechtlichen Vorgaben an den Einsetzungsbeschluss erfüllen muss (da er andernfalls nicht unverändert übernommen werden könnte).[413]

> ***Bsp.:*** *Hat die Minderheit einen Ausschuss zum Thema „Die Spenden der A-AG an die X-Partei" beantragt, darf die Mehrheit im stattgebenden Beschluss keinen Ausschuss mit dem Inhalt „Die Spenden der A-AG an die im Bundestag vertretenen Parteien" einsetzen. Obwohl hier möglicherweise ein sinnvoller Zusammenhang besteht, würde das Recht der Minderheit, genau diese Frage geklärt zu wissen, durch die zusätzlich aufzuklärenden Probleme beeinträchtigt, da jede Prüfungserweiterung z.B. zu einer Verzögerung führen kann.*

Die Minderheit hat dabei nicht nur ein Recht auf Einsetzung eines Untersuchungsausschusses, sondern im Rahmen eines eingesetzten Untersuchungsausschusses kann die Minderheit auch die Erhebung bestimmter Beweise verlangen, vgl. § 17 II PUAG.[414]

2. Zulässiger Untersuchungsgegenstand

Korrolartheorie

269 Der Untersuchungsausschuss als Hilfsorgan des Bundestages kann nicht mehr Rechte haben als dieser, d.h. das Untersuchungsrecht darf nur i.R.d. Kompetenzen des Bundestages ausgeübt werden, vgl. § 1 III PUAG (sog. Korrolartheorie).[415] Daraus ergeben sich v.a. folgende Einschränkungen:[416]

Grenzen aus Bundesstaatsprinzip

270 **a)** Aus dem Bundesstaatsprinzip ergibt sich, dass Untersuchungsausschüsse des Bundestages nicht zu Themen zulässig sind, die in der ausschließlichen Zuständigkeit der Länder liegen, soweit es nicht um aufsichtsrechtliche Fragen, z.B. nach Art. 84, 85 GG geht.

Grenzen aus Gewaltenteilungsgrundsatz

271 **b)** Nach dem Grundsatz der Gewaltenteilung dürfen keine Angelegenheiten untersucht werden, die in die ausschließliche Kompetenz anderer Verfassungsorgane fallen. Die parlamentarische Untersuchungskompetenz darf nicht zur Einflussnahme auf die anderen Gewalten missbraucht werden. Unzulässig sind deshalb Untersuchungsausschüsse, die sich mit laufenden Gerichtsverfahren auseinandersetzen, da hierdurch die richterliche Unabhängigkeit, Art. 97 GG, in Frage gestellt wird. Auch die Kontrolle der Exekutive darf nicht schrankenlos sein, da andernfalls deren Handlungsfähigkeit in Frage gestellt wird.[417]

> ***Bsp.:*** *So hat das BVerfG zur Kontrolle der Regierung die sog. Kernbereichsrechtsprechung entwickelt: dieser Kernbereich umfasst einen nicht ausforschbaren Initiativ-, Beratungs- und Handlungsbereich, der für die Willensbildung der Regierung konstitutiv ist. Damit das Parlament seine Kontrollfunktion aber wirksam ausüben kann, ist dieser Kernbereich eng auszulegen und i.d.R. bei bereits abgeschlossenen Entscheidungsfindungsprozessen nicht mehr betroffen.*[418]

---

413 Mit der Regelung des § 2 PUAG wurde die bisherige Rechtsprechung der Verfassungsgerichte ins Gesetz aufgenommen, vgl. BVerfGE 49, 70 = **juris**byhemmer; vgl. auch BayVerfGH, BayVBl 1977, 599 = **juris**byhemmer; BayVerfGH, BayVBl 1994, 463 (467).

414 BayVerfGH, BayVBl. 2007, 171 = **juris**byhemmer.

415 Vgl. Jarass/Pieroth, Art. 44 GG, Rn. 4.

416 Jarass/Pieroth, a.a.O.

417 Vgl. Bayerischer Verfassungsgerichtshof, Entscheidung vom 17.11.2014, Vf. 70-VI-14 = Life&Law 01/2015 = **juris**byhemmer. Für die Kontrolle der Staatsanwaltschaft gelten nicht die engen Anforderungen wie für einen Untersuchungsausschuss betreffend die Judikative.

418 Vgl. BVerfG, NJW 1988, 890 = **juris**byhemmer.

Untersuchungsgegenstand im öffentlichen Interesse

c) Weiterhin wird gefordert, dass der Untersuchungsgegenstand im öffentlichen Interesse liegen muss.[419] Indes sind auch hier keine zu hohen Anforderungen zu stellen, vielmehr soll sich der Bundestag nur nicht selbst blockieren, indem er Energien auf Gegenstände verschwendet, für deren parlamentarische Behandlung kein ausreichender Anlas besteht, wie bspw. rein private Angelegenheiten eines Ministers. 272

hemmer-Methode: Das öffentliche Interesse muss grundsätzlich nicht weiter geprüft werden. Wenn ¼ des Bundestages einen Untersuchungsantrag stellt, impliziert dies grundsätzlich das öffentliche Interesse. Über das Kriterium des öffentlichen Interesses sollen lediglich reine Privatangelegenheiten aus dem Bundestag herausgehalten werden. Die kritische Frage ist dabei allerdings die, wann es sich um eine reine Privatangelegenheit handelt oder ob diese nicht vielmehr auch Rückschlüsse auf bspw. die Amtsführung des Betroffenen zulässt. Eine seit einigen Jahren aktuelle Frage ist in dem Kontext die, ob der Bundestag sich mit einer möglicherweise auch schon länger zurückliegenden Promotion eines Ministers auseinandersetzen darf, wenn nunmehr ein Plagiatsvorwurf im Raum steht.

IV. Ungeschriebene Befugnisse

ungeschriebene Befugnisse des Bundestages:

- *schlichte Beschlüsse grds. (+), soweit nicht Rechte anderer Organe verletzt*
- *verbindliche Beschlüsse nur mit Rechtsgrundlage*

Gerade unter dem Gesichtspunkt der Gewaltenteilung kann sich u.U. die Frage stellen, ob der Bundestag zu bestimmten Handlungen befugt ist, wenn er keine geschriebene Befugnis hat. Dabei ist für das einzige unmittelbar demokratisch legitimierte Staatsorgan, zumindest für das Herbeiführen von schlichten Beschlüssen, grds. eine Allzuständigkeit anzunehmen, soweit dadurch nicht die Rechte anderer Organe beeinträchtigt bzw. geschriebene Regelungen umgangen werden. Beschlüsse, die als verbindlich gewollt sind, sollen dagegen einer Rechtsgrundlage bedürfen.[420] 273

> ***Bsp.:*** *Oben wurde schon erläutert, dass selbst ein schlichter allgemeiner Missbilligungsbeschluss hinsichtlich der gesamten Arbeit der Bundesregierung nicht zulässig wäre, weil dadurch das Erfordernis eines konstruktiven Misstrauensvotums umgangen würde.*
>
> *Dagegen wäre zwar wohl ein schlichter Beschluss möglich, in dem der Bundestag das Verhalten eines bestimmten Ministers rügt, nicht aber ein verbindlicher Beschluss, nach dem der Kanzler verpflichtet wird, diesen Minister dem Bundespräsidenten zur Entlassung vorzuschlagen: dieser griffe in die Richtlinienkompetenz des Kanzlers ein bzw. würde die Regelung umgehen, dass es nach dem Grundgesetz für einzelne Minister gerade kein Misstrauensvotum geben soll.*

hemmer-Methode: Hier liegen ähnliche Probleme wie oben bei der Zulässigkeit eines Untersuchungsgegenstandes: Grenzen der Befugnisse des Bundestages können sich v.a. aus dem Bundesstaatsprinzip und dem Grundsatz der Gewaltenteilung ergeben.
Bei letzterer gibt es allerdings oft keine komplette Zuordnung einer Materie zu einem Bereich, sondern die Kompetenzen müssen für jeden einzelnen Gegenstand sowie nach der Frage „verbindlicher oder schlichter Beschluss?“ abgegrenzt werden.

C) Arbeitsweise des Bundestages

Überwiegend zwar von praktischem Interesse, aber als Hintergrundinformation auch für die Klausur u.U. von Bedeutung sind Fragen über die Arbeitsweise des Bundestages, insbesondere über seine Geschäftsordnung, seine Untergliederungen und die Abstimmungsvorgänge:

[419] BVerfG, a.a.O. = jurisbyhemmer.

[420] Vgl. Stern, Staatsrecht II, § 26 II 2c.

I. Geschäftsordnung

GeschOBT: Satzung oder satzungsähnliches Recht auf Grund der Geschäftsordnungsautonomie

Die in diesem Skript schon häufiger zitierte Geschäftsordnung (GeschOBT) gibt sich der Bundestag aufgrund seiner Geschäftsordnungsautonomie, Art. 40 I S. 2 GG. Die GeschOBT wird als Satzung bzw. als einer Satzung zumindest nahekommender Rechtssatz sui generis betrachtet.[421] 274

reines Innenrecht

Die GeschOBT ist nach der überwiegenden Ansicht reines Innenrecht, bindet also nur die Mitglieder des Bundestages, soweit eine Außenwirkung sich nicht mittelbar ergibt, z.B. Art. 40 II GG. Im Rang steht die GeschOBT nach h.M. unter einfachem Gesetzesrecht, entsprechend werden z.B. Gesetze, die unter Verstoß nur gegen die GeschOBT zustande kommen, dadurch nicht unwirksam.[422]

Der Regelungsbereich wird stark durch die Tradition bestimmt und umfasst v.a. die Organisation, disziplinarische Fragen, die Selbstorganisation und den parlamentarischen Geschäftsgang.

II. Fraktionen im Bundestag

Fraktionen

1. Die Fraktionen sind von großer tatsächlicher Bedeutung, wenngleich sie im Grundgesetz nicht geregelt sind und nur in Art. 53a GG über die Bildung des Gemeinsamen Ausschusses genannt werden. 275

Definition in § 10 I S. 1 GeschOBT

Eine nähere Begriffsbestimmung findet sich in § 10 I S. 1 GeschOBT, wonach Fraktionen „Vereinigungen von mindestens fünf von Hundert der Mitglieder des Bundestages“ sind, „die derselben Partei oder solchen Parteien angehören, die aufgrund gleichgerichteter politischer Ziele in keinem Land miteinander im Wettbewerb stehen.“[423] Die Fraktionen sind also die „Parteien im Parlament“.[424]

Überwiegend wird dabei angenommen, dass die (der Sperrklausel bei der Wahl entsprechende) 5 %-Klausel zulässig ist, andererseits auch nicht mehr verschärft werden darf.[425] Mitglieder des Bundestages, die sich unterhalb der Fraktionsstärke zusammenschließen wollen, können nach § 10 IV GeschOBT als Gruppe anerkannt werden.

Rechtsnatur str.

2. Die nähere Rechtsnatur der Fraktionen ist umstritten:[426] die Einordnung reicht von bürgerlich-rechtlichen nichtrechtsfähigen Vereinen über öffentlich-rechtliche Vereine bis hin zu Körperschaften des öffentlichen Rechts oder Staatsorganen sui generis. Letztlich hat dieser Streit aber keine große Bedeutung, da jedenfalls zweierlei weitgehend anerkannt ist: 276

anerkannt aber:

notwendige Einrichtung der Verfassungslebens

⇨ die Fraktionen sind „notwendige Einrichtungen des Verfassungslebens“,[427] was für die Ermittlung von nicht ausdrücklich geregelten Rechten auch zu berücksichtigen ist, wenn man ihnen nicht den Status eines Staatsorgans zuspricht[428]

---

[421] Vgl. Jarass/Pieroth, Art. 40 GG, Rn. 7 m.w.N.

[422] Vgl. Jarass/Pieroth, Art. 40 GG, Rn. 7 f. m.w.N.

[423] Kleinere Gruppierungen im Parlament, die bspw. über die Grundmandatsklausel des § 6 VI BWG ins Parlament eingerückt sind, haben keinen Anspruch auf diesen Fraktionsstatus; vgl. BVerfG, NJW 1998, 3037 = **juris**byhemmer.

[424] Die politischen Parteien selbst werden in einem eigenen Kapitel am Ende des Skripts (Rn. 343 ff.) dargestellt, da diese eine wichtige Rolle nicht nur im Staatsorganisationsrecht i.e.S., sondern z.B. auch in verwaltungsrechtlichen Klausuren spielen können.

[425] Vgl. BVerfG, NJW 1998, 3037 = **juris**byhemmer; Stern, Staatsrecht I, § 23 I S. 2.

[426] Vgl. auch zu Rechtsnatur und Status der Parteien unten Rn. 344 - 349.

[427] BVerfGE 10, 4 (14) = **juris**byhemmer.

[428] Vgl. Degenhart, Rn. 668.

Beteiligtenfähigkeit im Organstreit

⇨ jedenfalls im Organstreitverfahren ist die Fraktion beteiligtenfähig, soweit es um ihre Rechte als Organ geht: Sie ist nämlich jedenfalls ein durch die GeschOBT mit eigenen Rechten ausgestatteter Teil des Verfassungsorgans Bundestag[429]

Rechte der Fraktionen aus GeschOBT

3. Die Rechte der Fraktionen werden in der GeschOBT näher ausgestaltet bzw. es werden bestimmte Rechte an den Fraktionsstatus gebunden, vgl. z.B. § 7 VI GeschOBT zum Bundestagspräsidenten, § 11 GeschOBT zur Reihenfolge der Fraktionen oder § 12 GeschOBT zu den Stellenanteilen der Fraktionen in Ausschüssen. 277

hemmer-Methode: Unterscheiden Sie von den „Rechten der Fraktion" die Rechte, die eine Gruppe von Abgeordneten in Fraktionsstärke zustehen können, wie es häufig durch die GeschOBT konkretisiert wird, vgl. z.B. Art. 43 I GG i.V.m. § 42 GeschOBT (Zitationsrecht) oder Art. 76 I GG i.V.m. § 76 GeschOBT. Träger der Rechte (und evtl. Partei in einem Organstreit) sind - soweit es sich nicht um Fraktionen, sondern um Gruppen in Fraktionsstärke handelt - die Abgeordneten selbst.

III. Ausschüsse

Ausschüsse

Der klausurrelevanteste Ausschuss, der Untersuchungsausschuss, wurde bereits oben dargestellt (Rn. 266 ff.). Die Bildung sonstiger (ständiger und Sonder-)Ausschüsse ist in § 54 GeschOBT geregelt. Ihre Funktion liegt v.a. in der Entlastung des Plenums, da die entscheidende Vorarbeit insbesondere im Gesetzgebungsverfahren in den Ausschüssen geleistet wird (vgl. auch § 80 GeschOBT). 278

Als einzelne Fachausschüsse obligatorisch im Grundgesetz genannt sind nur die für auswärtige Angelegenheiten und Verteidigung, Art. 45a I GG, sowie der Petitionsausschuss (Art. 45c GG), die Bildung der Übrigen ist nur durch die GeschOBT geregelt.

IV. Abstimmungen im Bundestag

grds. öffentliche Verhandlung und Beschlüsse im Plenum

1. Nach Art. 42 I GG verhandelt und beschließt[430] der Bundestag öffentlich, nach Maßgabe der Art. 42 I S. 2 u. S. 3 GG kann aber die Öffentlichkeit ausgeschlossen werden. Dies gilt aber nur für das Plenum, die Ausschüsse tagen grds. nichtöffentlich, § 69 GeschOBT. 279

Beschlussfähigkeit

2. Der Bundestag ist zwar nach § 45 I GeschOBT nur beschlussfähig, wenn die Hälfte seiner Mitglieder anwesend sind, doch besteht dafür gleichsam eine Vermutung, d.h. nach § 45 II, III GeschOBT muss die Beschlussunfähigkeit auf Antrag einer Fraktion bzw. von 5 % der Mitglieder festgestellt werden, sodass in der Praxis zumeist erheblich weniger Mitglieder als die Hälfte anwesend sind. 280

Abstimmungsformen

3. Abgestimmt wird nach § 48 GeschOBT durch Handzeichen oder Aufstehen oder Sitzenbleiben oder durch eine der Sonderformen der §§ 49 - 51 GeschOBT, d.h. bei 281

⇨ Wahlen, § 49 GeschOBT, durch verdeckte, geheime Stimmzettel

⇨ der Auswahl des Sitzes einer Bundesbehörde, § 50 GeschOBT, durch Stimmzettel

429 Vgl. nur BVerfGE 1, 351 (359); 60, 319 (325 f.); BVerfG, EuGRZ 1994, 297 (**alle Entscheidungen** = **juris**byhemmer) sowie hier oben Rn. 5.

430 Vgl. BVerfGE 89, 291 (303) = **juris**byhemmer zur weiten Auslegung des „Verhandelns" in Art. 42 I S. 1 GG.

⇨ der Durchführung des sog. Hammelsprungs nach § 51 II GeschOBT, wenn eine Abstimmungsmehrheit nach § 48 GeschOBT nicht sicher festgestellt werden kann

⇨ namentlichen Abstimmungen, § 52 GeschOBT, wenn dies von einer Fraktion oder 5 % der Mitglieder verlangt wird und kein nach § 53 GeschOBT von namentlichen Abstimmungen ausgeschlossener Gegenstand vorliegt

Mehrheiten:

- *einfache Mehrheit*

4. Bei der Beschlussfassung werden verschiedene Mehrheiten unterschieden: die einfache Mehrheit, d.h. die Mehrheit der abgegebenen Stimmen, genügt immer dann, wenn im Grundgesetz, in Spezialgesetzen oder in der GeschOBT keine andere Mehrheit verlangt ist, Art. 42 II GG, § 48 II GeschOBT. 282

Enthaltungen keine abgegebene Stimme

Im Rahmen der einfachen Mehrheit werden Enthaltungen nicht als abgegebene Stimmen gewertet, also bei der Ergebnisermittlung ignoriert, da ihnen andernfalls das Gewicht einer Nein-Stimme zukäme.

- *absolute Mehrheit*

Die absolute Mehrheit ist die Mehrheit der Stimmen der gesetzlichen Mitglieder des Bundestages in der jeweiligen Legislaturperiode, vgl. Art. 121 GG. 283

Bsp.: *Die absolute Mehrheit ist z.B. erforderlich zur Wahl des Bundespräsidenten im ersten und zweiten Wahlgang (§ 2 II GeschOBT), zur Wahl des Kanzlers (Art. 63 II GG), zum konstruktiven Misstrauensvotum (Art. 67 GG), für die Zustimmung zur Vertrauensfrage (Art. 68 GG) und für die Zurückweisung eines nichtqualifizierten Einspruchs des Bundesrates (Art. 77 IV GG).*

Ist die absolute Mehrheit erforderlich, hat eine Enthaltung das Gewicht einer Neinstimme, da zu einem Beschluss eben gerade die Mehrheit der gesetzlichen Stimmenzahl und nicht die der abgegebenen Stimmen erforderlich ist.

- *einfache Zweidrittelmehrheit*

Der Unterscheidung in einfache und absolute Mehrheit entsprechend wird auch in einigen Fällen eine einfache Zweidrittelmehrheit (d.h. der abgegebenen Stimmen), 284

Bspe.: *Ausschluss der Öffentlichkeit (Art. 42 I S. 2 u. 3 GG), Zurückweisung eines qualifizierten Einspruchs des Bundesrates (Art. 77 IV GG)*

- *qualifizierte Zweidrittelmehrheit*

in einigen Fällen eine qualifizierte Zweidrittelmehrheit (d.h. der Mitglieder des Bundestages) 285

Bspe.: *Verfassungsändernde Gesetze (Art. 79 II GG), Beschluss zur Präsidentenanklage (Art. 61 I S. 3 GG)*

verlangt.

hemmer-Methode: Diese letzten Punkte dienen zwar auch, aber nicht nur der „juristischen Allgemeinbildung“: so wenig man hier präsente Einzelheiten aus der GeschOBT von Ihnen verlangen wird, so leicht ließe sich ein Abstimmungsproblem zumindest bei bestimmten Sachverhaltshinweisen in eine Klausur einbauen. Es wäre dann z.B. das Gesetzgebungsverfahren als Frage der formellen Verfassungsmäßigkeit eines Gesetzes zu prüfen. Hier müssen Sie beweisen, dass Sie auch mit unbekannteren Normen arbeiten können und das Gesetz genau lesen (z.B. Mehrheit der Mitglieder des Bundestages).

D) Stellung des einzelnen Abgeordneten

I. Freies Mandat nach Art. 38 I S. 2 GG

Art. 38 I S. 2 GG

Nach Art. 38 I S. 2 GG sind die Abgeordneten „Vertreter des ganzen Volkes, an Aufträge und Weisungen nicht gebunden und nur ihrem Gewissen unterworfen." 286

freies Mandat (⇨ Spannungsverhältnis zu Parteizugehörigkeit)

Dieses Postulat, das für das System der repräsentativen Demokratie nach dem Grundgesetz wesentlich ist (vgl. Art. 20 II GG), gerät in zweierlei Weise in ein Spannungsverhältnis zu den ebenfalls im Grundgesetz (Art. 21 GG) erwähnten politischen Parteien:

Zum einen sind die Abgeordneten meist eben auch Vertreter einer politischen Partei, zum anderen ist die angestrebte Freiheit des Abgeordneten von Weisungen und Aufträgen besonders im Hinblick auf das Verhältnis zu seiner Partei bzw. Fraktion gefährdet. Dieses Spannungsverhältnis wird besonders deutlich beim sog. Rotationsprinzip.[431]

Fraktionsdisziplin

Entsprechend haben Fraktionsbeschlüsse z.B. über das Abstimmungsverhalten nur den Charakter unverbindlicher Empfehlungen.[432] Andererseits ist es für die Fraktionen zur Erfüllung ihrer Aufgaben fast unverzichtbar, ein möglichst geschlossenes Auftreten im Parlament herbeizuführen, sodass in gewissen Grenzen Verfahrens- bzw. Verhaltensregeln aufgestellt und Zuwiderhandlungen auch sanktioniert werden können (sog. Fraktionsdisziplin).[433]

Dagegen sind mit dem freien Mandat z.B. Blankoverzichtserklärungen oder Verpflichtungen finanzieller Art für den Fall des Parteiwechsels ohne Mandatsniederlegung nicht vereinbar.[434] Diese Maßnahmen kämen einem unzulässigen Fraktionszwang gleich.

hemmer-Methode: Sogar innerhalb des BVerfG heftig umstritten ist die Frage, wieweit eine Pflicht zur Offenlegung der Nebeneinkünfte mit dem freien Mandat vereinbar ist. Vier Richter rechtfertigen die Offenlegungspflicht gerade mit dem freien Mandant, da der Wähler einen Anspruch darauf hat zu wissen, ob die Abgeordneten wirklich frei entscheiden können oder sie evtl. wirtschaftlichen Zwängen unterliegen. Nach der Gegenansicht verletzt die Offenlegungspflicht das freie Mandant, da insbesondere Selbstständige, die auf die Weiterführung ihres Unternehmens während ihrer Zeit als Abgeordnete angewiesen sind, ein Mandat nur noch unter Eingriff in ihre Geschäftsgeheimnisse antreten können.[435]

II. Indemnität und Immunität

Nach Art. 46 I bzw. II GG genießen die Abgeordneten Indemnität und Immunität.

Indemnität

1. Die Indemnität erfasst Abgeordnete des Bundestages bei ihren Abstimmungen und Äußerungen im Bundestag und seinen Ausschüssen: für diese darf er nicht gerichtlich verfolgt oder sonst außerhalb des Bundestages zur Verantwortung gezogen werden. Die Bestimmung ist insgesamt weit auszulegen, nicht erfasst sind freilich rein private Äußerungen.[436] 287

---

431 Vgl. hierzu den instruktiven Fall von Gaster, JuS 1988, 634 ff.

432 Vgl. BVerfGE 47, 308 (318) = **juris**byhemmer; vgl. auch BVerwGE 90, 104 (106) = **juris**byhemmer.

433 Vgl. zum Ganzen Jarass/Pieroth, Art. 38 GG, Rn. 28 m.w.N.

434 Vgl. Jarass/Pieroth, Art. 38 GG, Rn. 29 m.w.N. und weiteren Beispielen.

435 BVerfG, Entscheidung vom 04.07.2007, 2 BvE 1/06 = **juris**byhemmer.

436 Vgl. Jarass/Pieroth, Art. 46 GG, Rn. 2 mit weiteren Abgrenzungen.

Dies gilt ab dem Erwerb des Mandats, endet aber für Äußerungen während des Mandats auch nicht nach dessen Verlust. Auf dieses Recht kann nach h.M. nicht verzichtet werden, auch kann es der Bundestag nicht aufheben.[437]

Grenze: Art. 46 I S. 2 GG, § 187 StGB

Eine Grenze gilt nach Art. 46 I S. 2 GG für verleumderische Beleidigungen. Zur Auslegung dieses Begriffs ist § 187 StGB heranzuziehen.

Verfahrenshindernis

Rechtsfolge der Indemnität ist ein spezielles Verfahrenshindernis, für das Strafrecht (vgl. auch § 26 StGB) wird überwiegend ein persönlicher Strafausschließungsgrund angenommen, sodass Tatbestandsmäßigkeit, Rechtswidrigkeit und Schuld nicht beseitigt werden.[438]

Immunität

2. Nach der Immunitätsregel des Art. 46 II GG kann ein Abgeordneter „nur mit Genehmigung des Bundestages zur Verantwortung gezogen oder verhaftet werden, es sei denn, dass er bei Begehung der Tat oder im Lauf des folgenden Tages festgenommen wird“. Im Gegensatz zur Indemnität, die den Abgeordneten privilegieren soll, ist hier speziell die Funktionsfähigkeit des Parlaments geschützt. Dementsprechend endet die Immunität auch mit dem Verlust des Mandats und der Bundestag (nicht aber der Abgeordnete selbst[439]) kann die Immunität aufheben. 288

Umfang

Nach Sinn und Zweck des Art. 46 II GG ist es unerheblich, ob die Straftaten schon vor Erwerb des Mandats begangen wurden (sog. mitgebrachte Verfahren[440]), andererseits ruht in dieser Zeit auch die Verfolgungs- und Vollstreckungsverjährung.[441]

Ordnungswidrigkeiten

Umstritten ist, ob Art. 46 II GG auch für die Verfolgung von Ordnungswidrigkeiten gilt; seiner Funktion nach wäre dies wohl zu bejahen, soweit es sich nicht nur um Verwarnungsgelder handelt (Bagatellcharakter).[442]

hemmer-Methode: Machen Sie sich noch einmal den unterschiedlichen Schutzzweck von Indemnität und Immunität und den aus diesem folgenden unterschiedlichen Anwendungsbereich klar: Da die Immunität v.a. das Parlament schützen soll, ist sein sachlicher Anwendungsbereich sehr weit gefasst, allerdings endet der Schutz mit Ausscheiden aus dem Parlament und er kann auch von diesem aufgehoben werden.

III. Status des fraktionslosen Abgeordneten

fraktionsloser Abgeordneter

Da viele Rechte an den Status der Fraktion geknüpft werden (vgl. o. Rn. 277), kann für den einzelnen Abgeordneten die Frage von besonderer Bedeutung sein, welche konkreten Rechte unmittelbar an seinen Status als Abgeordneten gebunden sind, d.h. welche Stellung er auch als fraktionsloser Abgeordneter hat bzw. hätte. 289

Da das Abstimmungsrecht im Plenum nicht an die Fraktionen gebunden ist, spielt v.a. die Frage eine Rolle, wie der fraktionslose Abgeordnete in Ausschüssen vertreten sein kann, die nach § 12 S. 1 GeschOBT grds. nach dem Stärkenverhältnis der Fraktionen besetzt werden:

437 Vgl. zur Reichweite BVerfG, DVBl. 2002, 193 = NJW 2002, 1111 = **Life&Law 05/2002, 326** = **juris**byhemmer.

438 Vgl. Bonner Komm., Art. 46 GG, Rn. 53; AK, Art. 46 GG, Rn. 3.

439 H.M., vgl. Maunz/Dürig, Art. 46 GG, Rn. 28; Jarass/Pieroth, Art. 46 GG, Rn. 5 m.w.N.

440 Wohl h.M., vgl. Jarass/Pieroth, Art. 46 GG, Rn. 5.

441 Vgl. BGHSt 20, 248 (250) = **juris**byhemmer.

442 Vgl. Jarass/Pieroth, Art. 46 GG, Rn. 6; anders aber die wohl h.M. und wohl auch die Praxis des Immunitätsausschusses des Bundestages.

Vertretung in mindestens einem Ausschuss, allerdings kein Stimmrecht

Das BVerfG[443] hat wegen der wichtigen Bedeutung der Ausschüsse für die parlamentarische Willensbildung angenommen, dass auch der fraktionslose Abgeordnete ein Recht auf Mitgliedschaft in mindestens einem Ausschuss haben muss, was der Bundestag im Anschluss in einen neuen § 57 I S. 2 GG in seine GeschO aufgenommen hat. Dagegen soll dieser Abgeordnete in den Ausschüssen kein Stimmrecht haben: da die Ausschüsse ein „verkleinertes Abbild des Plenums" darstellen sollen, wäre der einzelne fraktionslose Abgeordnete hier verhältnismäßig überrepräsentiert. *290*

dagegen Abstimmungsrecht im Plenum (+), auch (flexibel zu handhabendes) Rederecht

Dagegen gehört das Rede- und (hier unproblematische) Abstimmungsrecht im Plenum zu Kernelementen des Abgeordnetenstatus. Deshalb lehnt das BVerfG eine strenge Begrenzung der Redezeit auf den proportionalen Anteil des einzelnen fraktionslosen Abgeordneten an der Gesamtredezeit ab, sondern stellt auf den Einzelfall ab, wobei die Ausgestaltung der Redezeiten durch § 35 GeschOBT einen gewissen Anhaltspunkt geben können. *291*

keine Mitgliedschaft im Ältestenrat und keine Ausstattung wie Fraktion

Eine Mitgliedschaft im Ältestenrat und Enquêtekommissionen sowie eine materielle den Fraktionen vergleichbare Ausstattung lehnt das BVerfG dagegen ab. *292*

Bearbeiten Sie die Wiederholungs- und Vertiefungsfragen zum 4. Kapitel!

443 BVerfGE 80, 190 ff. = NJW 1990, 373 ff. = **juris**byhemmer; dazu lesenswert, wenngleich z.T. nicht leicht verständlich in den Formulierungen Ziekow, JuS 1991, 28 ff.

5. KAPITEL: FINANZVERFASSUNG

§ 20 FINANZVERFASSUNG

Bedeutung in Praxis und Klausur

Der Abschnitt über die Finanzverfassung ist der praktisch vielleicht wichtigste im Grundgesetz. Denn Geldfragen sind auch immer Machtfragen. Und obwohl die Examensrelevanz dieses Abschnitts wegen der Komplexität der Finanzprobleme geringer ist als bei den vorigen Gegenständen,[444] sollte man – nicht zuletzt im Hinblick auf mündliche Prüfungen, aber u.U. auch für Einzelprobleme in Klausuren - einen groben Überblick haben. Deshalb werden hier (nur) die zentralen Strukturen dargestellt und vor allem die grundlegenden Begriffe wie Steuer, Gebühr usw. erklärt, die man in vielen anderen Rechtsgebieten braucht. 293

hemmer-Methode: Gerade die Grundbegriffe, die auch für die Gesetzgebungskompetenzen und das Kommunalrecht wichtig werden, sind oft nicht bekannt. Hier bestätigt sich die Einschätzung eines erfahrenen Prüfers: „Für viele Examenskandidaten hört das Grundgesetz bei Art. 104 GG auf. Schon der wichtige Abschnitt VIII (Art. 83 ff. GG: „Die Ausführung der Bundesgesetze und die Bundesverwaltung") ist wenigen bekannt. Ist aber einmal ein Prüfer so leichtfertig, nach Regelungen des zehnten Grundgesetzabschnitts - der „Finanzverfassung" - zu fragen, so stößt er in achtzig von hundert Fällen schlechtweg auf Nichtwissen. Dabei stellen gerade Prüfer aus der Praxis gern Fragen aus diesem Gebiet, weil sie wissen, wie sehr diese verfassungsrechtlichen Fragen praktisch bedeutsam sind."[445] Geben Sie sich diese Blöße nicht, zumal Sie sich hier schon mit geringem Aufwand positiv abheben können! Lesen Sie deshalb beim Durcharbeiten dieses Kapitels die (i.d.R. noch unbekannten) einschlägigen Vorschriften mit!

A) Finanz- und haushaltsrechtlicher Ansatz des Grundgesetzes

Zusammenhang mit bundesstaatlichem System

Das Finanzwesen im Sinn des Finanzverfassungsrechts ist im 10. Abschnitt des Grundgesetzes geregelt (Art. 104a ff. GG). Der Struktur nach gehört es vor allem zum bundesstaatlichen System. Die Selbstständigkeit der Länder hängt in der Praxis davon ab, dass Bund und Länder grundsätzlich voneinander finanziell unabhängig sind. Damit haben sie auch jeweils ihre eigenen Aufgaben selbst zu finanzieren. Andererseits muss ihnen ein dafür ausreichender Anteil am gesamten Steueraufkommen zustehen. 294

Das Grundgesetz zieht aus diesem Grundgedanken folgende Konsequenz:

Art. 104a I GG: Ausgaben folgen den Aufgaben

In Art. 104a I GG ist der allgemeine Lastenverteilungsgrundsatz normiert. Nach ihm folgt in der Regel die Ausgabenkompetenz der Aufgabenkompetenz. Gleichzeitig ist die finanzielle Unabhängigkeit von Bund und Ländern darin enthalten.

hemmer-Methode: Merken Sie sich den Grundsatz: Die Ausgaben folgen den Aufgaben. Durchbrechungen dieses Grundsatzes finden sich in Art. 104a II - IV GG (lesen!).

---

444 Die Finanzverfassung eignet sich kaum für eine Klausur und höchstens noch für eine Hausarbeit. Teilweise ist sie deswegen sogar aus dem Pflichtstoff für die neue Prüfungsordnung herausgenommen worden. Wir haben daher die komplizierten Einzelheiten des Finanzausgleichs und der Steuerverwaltung ausgeklammert.

445 Vogel, „Die bundesstaatliche Finanzverfassung des GG", JA 1980, 577 ff. (sehr empfehlenswerter Überblick).

Sie lassen sich damit erklären, dass sich im föderalen Staat gewisse Überschneidungen der Interessenssphären ergeben, die auch bei den finanziellen Lasten berücksichtigt werden müssen: Nutzt z.B. der Bund die Verwaltungseinheiten der Länder und behält sich trotzdem die Letztentscheidung vor (so bei der Bundesauftragsverwaltung nach Art. 85 GG), muss er auch die entstehenden Kosten tragen, vgl. Art. 104 II GG.

Art. 109 I GG: Grundsatz der selbständigen und unabhängigen Haushaltswirtschaft

Institutionell und organisationsrechtlich wird dies in Art. 109 I GG mit dem Grundsatz der selbstständigen und unabhängigen Haushaltswirtschaft abgesichert.

praktische Schwierigkeiten

Es sind aber auch die zahlreichen praktischen Schwierigkeiten zu sehen, die dem Ansatz des Grundgesetzes nach Art. 104a I GG und Art. 109 I GG entgegenstehen: 295

- *Prognoseschwierigkeiten*

⇨ Das finanzielle Gewicht der einzelnen Aufgabenkompetenzen und ihre künftige Entwicklung sind kaum zuverlässig zu schätzen; vor allem wegen der verschiedenen Konjunkturabhängigkeit der einzelnen Steuerquellen schwankt auch deren Aufkommen und ist ebenfalls nicht genau vorherzusagen.

- *Abhängigkeit von politischen Entscheidungen*

⇨ Soweit Bund und Länder voneinander unabhängig Gesetzgebungs- und Verwaltungszuständigkeiten haben, ist ihr Finanzbedarf auch von ihren jeweiligen politischen Entscheidungen abhängig.

- *unterschiedliche wirtschaftliche Leistungsfähigkeit der Länder*

⇨ Art. 29 GG versucht, nicht zuletzt unter Berücksichtigung „der wirtschaftlichen Zweckmäßigkeit“ die Bundesländer so neu zu gliedern, dass sie „je nach Größe und Leistungsfähigkeit die ihnen obliegenden Aufgaben wirksam erfüllen können". Bekanntlich ist dieser Verfassungsauftrag aber noch nicht verwirklicht und hat keine Aussicht, in absehbarer Zeit realisiert zu werden.

⇨ Der Ansatz der Art. 104a I und 109 I GG widerspricht vor allem der sozialstaatlichen Forderung staatlicher Wirtschaftslenkung, einschließlich der Fiskal- und Kreditpolitik. Sie ist ein entscheidender Faktor in der vom Staat zunehmend erwarteten Globalsteuerung des Wirtschafts- und Sozialprozesses. Dafür müsste sich aber die öffentliche Hand in der Steuer-, Finanz- und Wirtschaftspolitik einheitlich verhalten. Das bundesstaatliche System erschwert eine Globalsteuerung. Die Reibungsverluste aus einer unterschiedlichen Politik der Gemeinden und der Länder sowie des Bundes sind bekannt, aber letztlich hinzunehmen im Hinblick auf die gewaltenteilende Bedeutung des Bundesstaatsprinzips.

B) Kompetenzen nach dem 10. Abschnitts des Grundgesetzes

Gesetzgebungskompetenzen

Der 10. Abschnitt lehnt sich zunächst an die Systematik des 7. Abschnitts über die Gesetzgebungskompetenzen an. Art. 105 GG regelt die ausschließliche und die konkurrierende Gesetzgebung des Bundes. Art. 105 IIa GG ist dabei einer der wenigen Fälle im Grundgesetz, in dem den Ländern spezielle Kompetenzen zugewiesen werden. 296

Verwaltungskompetenzen

Art. 108 GG regelt die Finanzverwaltung im Bundesstaat. Art. 108 IV GG versucht dabei ein Stück „kooperativen Föderalismus“ über „ein Zusammenwirken von Bundes- und Landesfinanzbehörden“ zu realisieren. 297

Gerichtsbarkeit

Für die Gerichtsbarkeit wird schließlich in Art. 108 VI GG eine einheitliche Regelung durch Bundesgesetz vorgesehen. Dieses Bundesgesetz ist die Finanzgerichtsordnung - parallel etwa zur Verwaltungsgerichtsordnung oder zum Bundesverfassungsgerichtsgesetz. 298

C) Verteilung der Steuern und Finanzausgleich

Verteilung der Steuererträge und Finanzausgleich

Des Weiteren regelt der 10. Abschnitt die Verteilung der Steuererträge und den vertikalen und horizontalen Finanzausgleich: 299

Finanzmonopole

⇨ Der Ertrag der Finanzmonopole und das Aufkommen der Steuern werden grundsätzlich nach einzelnen Steuern getrennt dem Bund und den Ländern zugewiesen (Art. 106 I und II GG).

Kommunen

⇨ Die Finanzausstattung der Kommunen ist in Art. 106 V – IX GG geregelt.

Verteilung der sog. großen Steuern

⇨ In der Praxis am wichtigsten ist Art. 106 III GG. Er ist die zentrale Norm über die Verteilung der Erträge zwischen Bund und Ländern. Der Grund liegt darin, dass es sich hier um die Einkommens-, Körperschafts- und Umsatzsteuer, also um die sogenannten großen Steuern handelt. Sie werden zum Zweck des Ausgleichs als so genannte Gemeinschaftssteuern in einem Verbund zusammengefasst. In der Praxis umfasst dieser Verbund pro Haushaltsjahr mehr als $^{2}/_{3}$ des gesamten Steueraufkommens der öffentlichen Hände in Bund und Ländern. 300

Finanzausgleich

⇨ Ein Finanzausgleich[446] kann nur dort nötig werden, wo der Grundsatz des sogenannten örtlichen Aufkommens gilt, d.h. wenn der den Ländern zustehende Steueranteil sich danach bestimmt, wie viel die Finanzbehörden in ihrem Gebiet vereinnahmen. Dies ist nach Art. 107 I GG der Fall. Das Grundgesetz verteilt die Landessteuer sowie die Länderanteile an den Gemeinschaftssteuern nach dem tatsächlichen territorialen Aufkommen. Auf diese Art entstehen erhebliche Unterschiede in der Finanzkraft der einzelnen Länder. Der Hauptgrund liegt, wie schon erwähnt, in der Nichterfüllung des Verfassungsauftrags aus Art. 29 GG. 301

D) Wichtigste sonstigen Normen des Haushaltsrechts

Der 10. Abschnitt des Grundgesetzes enthält außerdem eine Reihe von Vorschriften über das Haushaltsrecht.

hemmer-Methode: Eine nähere gesetzliche Ausgestaltung hat in der Bundeshaushaltsordnung stattgefunden, die heranzuziehen wäre, wenn eine Arbeit detailliertere Probleme des Haushaltsrechts enthalten sollte.

Art. 110 GG: Aufstellung und Verabschiedung des Haushaltsplans

Ausgangsnorm ist Art. 110 GG. Er regelt die Aufstellung und gesetzliche Verabschiedung des Bundeshaushaltsplans. Wichtig ist in diesem Zusammenhang die dogmatische Unterscheidung zwischen Haushaltsplan und Haushaltsgesetz. 302

Bsp.: *Im Haushaltsplan des Bundeslandes NRW sind Haushaltstitel enthalten, die Übergangshilfen für entlassene Bergleute vorsehen. Ein entlassener Stahlarbeiter sieht darin einen Verstoß gegen Art. 3 I GG. Das zuständige Sozialgericht will beim Bundesverfassungsgericht die Frage vorlegen, ob der Haushaltstitel mit dem Grundgesetz vereinbar ist. Ist die Vorlage zulässig?*[447]

[446] Zum Problem Finanzausgleich vgl. H.P. Schneider, in: Evers (Hrsg.), Chancen des Föderalismus in Deutschland und Europa, 1994.

[447] Vgl. BVerfGE 38, 121 ff. = **juris**byhemmer.

Die Vorlage zur konkreten Normenkontrolle könnte zulässig sein, wenn die fraglichen Haushaltstitel „Gesetze" im Sinne des Art. 100 I GG sind.

Nach h.L., der sich der Erste Senat anschließt, unterscheidet man zwischen dem Haushaltsgesetz und dem Haushaltsplan. Nach Art. 110 II S. 1 GG (dem Art. 81 III NRW-Verf. entspricht) wird der Haushaltsplan „durch das Haushaltsgesetz festgestellt". Ohne dass eine solche Aufteilung verfassungsrechtlich vorgeschrieben wäre, wird dabei herkömmlicherweise zwischen dem Haushaltsgesetz i.e.S. und dem eigentlichen Haushaltsplan unterschieden. Im Gesetzblatt publiziert werden nur das Haushaltsgesetz und der Gesamtplan des Haushaltsplans, nicht aber die Einzelpläne mit den einzelnen Haushaltstiteln. Nach traditioneller Lehre ist das Haushaltsgesetz das Musterbeispiel des nur formellen Gesetzes. Es handelt sich danach um einen Staatsakt, dem zwar äußerlich Gesetzesform zukommt, der aber keine materiellen Rechtssätze enthält. Begründet wird diese Lehre damit, dass das Haushaltsgesetz nach Art. 110 IV S. 1 GG nur Regelungen enthalten darf, die „die Einnahmen und Ausgaben des Bundes betreffen" (Bepackungsverbot). Rechtliche Beziehungen würden deshalb nur im Innenverhältnis zwischen Staatsorganen begründet. Das Haushaltsgesetz entfalte dagegen keine Rechtswirkung im Außenverhältnis Dritten gegenüber. In diesem Zusammenhang wird immer auf § 3 II HGrG verwiesen. Dort heißt es in der Tat, dass Dritte aus den Ansätzen und Erläuterungen des Haushaltsplans grundsätzlich keine Rechte und Pflichten ableiten können. Obwohl in § 3 II HGrG nur von den Rechtswirkungen des Haushaltsplans gesprochen wird, betrachtet der Erste Senat Haushaltsgesetz und Haushaltsplan als eine Einheit. „Die Feststellung des Haushaltsplanes, die durch Gesetz erfolgt ..., ändert nichts daran, dass der Haushaltsplan auch nach dieser Feststellung keine Rechtswirkungen außerhalb des Organbereichs von Landtag und Landesregierung entfaltet".[448]

Im Übrigen lehnte der Senat auch die Argumentation des vorlegenden Gerichts ab, nur durch die Vorlage des Haushaltsgesetzes könne eine rasche und effektive verfassungsrechtliche Kontrolle des Subventionswesens gewährleistet werden. Ein solches rechtspolitisches Bedürfnis kann nach Auffassung des Senats eine Zuständigkeit des BVerfG nicht begründen. Zudem bleibe dem Bürger stets die Möglichkeit einer Verfassungsbeschwerde nach Erschöpfung des Rechtswegs (unter den Voraussetzungen des § 90 II S. 2 BVerfGG auch davor). Im Ergebnis behandelt der Senat die Vorlage daher als unzulässig.

Art. 111 GG: vorläufige Maßnahmen

Art. 110 GG wird ergänzt durch Art. 111 GG. Dieser ermöglicht vorläufige Maßnahmen vor der Genehmigung des Etats nach Art. 110 GG für das laufende Haushaltsjahr. 303

Art. 113 GG: Zustimmungserfordernis der Bundesregierung

Eine weitere Ergänzung ist Art. 113 GG: Solche Gesetze, die die Ausgaben des Haushaltsplans erhöhen würden, bedürfen der Zustimmung der Bundesregierung. Hier genügt also nicht die Parlamentsmehrheit. Das Gleiche gilt für Gesetze, die Minderungen der Einnahmen mit sich bringen, weil der Effekt haushaltstechnisch derselbe ist. 304

Art. 112 GG: Zustimmungserfordernis des Wirtschaftsministers

Eine ähnliche Norm ist Art. 112 GG: „Über- und außerplanmäßige Ausgaben bedürfen der Zustimmung des Bundesfinanzministers". Diese Zustimmung ist an enge Voraussetzungen gebunden worden („unvorhergesehenes und unabweisbares Bedürfnis"). 305

Bsp. zur Einordnung der Art. 110 ff. GG

__Bsp.:__ Der Bundeshaushalt 1993 wurde am 20.06.1993 vom Bundestag verabschiedet; das Haushaltsgesetz 1993 wurde am 12.07.1993 verkündet. Das Haushaltsjahr 1994 wurde am 25./26.10.1993 im Bundestag in erster Lesung beraten. Die zweite und dritte Lesung fand am 21. und 22.05.1994 statt; das Haushaltsgesetz 1994 wurde am 05.06.1994 verkündet. Am Ende des Haushaltsjahres 1993 ergab sich im Bundeshaushalt ein Überschuss von einigen Milliarden Euro.

---

[448] BVerfGE 38, 121 ff. = **juris**byhemmer.

Bei dieser Sachlage bewilligte der Bundesminister der Finanzen im Dezember 1993 und im Januar 1994 eine Reihe von überplanmäßigen und außerplanmäßigen Ausgaben, u.a. eine überplanmäßige Zuwendung an das Sondervermögen Deutsche Bundesbahn von 1350 Millionen Euro, ein außerplanmäßiges Darlehen an die Kreditanstalt für Wiederaufbau in Höhe von 480 Millionen Euro, ein außerplanmäßiges Darlehen an die Vereinigte Industrie-Unternehmungen AG (VIAG) in Höhe von 100 Millionen Euro, sowie eine überplanmäßige Kapitalzuführung an die Salzgitter AG in Höhe von 100 Millionen Euro.

Mit ihrer gegen den Bundesminister der Finanzen gerichteten Organklage beantragte die XY-Fraktion des Bundestages die Freistellung, dass die vorerwähnten Maßnahmen des Antragsgegners gegen Art. 110 und 112 GG verstoßen haben.[449]

Zu prüfen ist, ob die überplanmäßigen und außerplanmäßigen Ausgaben des Bundesfinanzministers (im folgenden BFM) durch Art. 112 GG gedeckt waren. Diese Frage lässt sich in mehrere Teilfragen untergliedern:

Fraglich ist zunächst, in welchem systematischen Kontext Art. 112 GG mit Art. 110 GG einerseits und Art. 111 GG andererseits steht. Art. 110 GG betrifft gewissermaßen den „Normalfall" der Erstellung des Haushaltsplans des Bundes. Art. 111 GG regelt hingegen, welche Ausgaben vor der Etatgenehmigung - also in der Zeit zwischen dem Beginn des Haushaltsjahres und der Verkündung des Haushaltsgesetzes – getätigt werden dürfen. Vor diesem Hintergrund ist der verfassungsrechtliche Stellenwert von Art. 112 GG wie folgt zu bewerten: Von Verfassung wegen muss gewährleistet sein, dass stets staatliche Mittel in einem rechtlich geordneten Verfahren zur Verfügung gestellt werden können, um ein nicht weiter aufschiebbares staatliches Bedürfnis zu erfüllen. Diesem Gesichtspunkt trägt Art. 112 GG Rechnung. Die Norm verleiht dagegen dem BFM keine „allgemeine Plankorrekturkompetenz".[450]

Ein Bedürfnis ist nur dann „unvorhersehbar", wenn es „tatsächlich, gleich aus welchen Gründen, vom Bundesminister der Finanzen oder der Bundesregierung bei der Aufstellung des Haushaltsplans oder vom Gesetzgeber bei dessen Beratung und Feststellung nicht vorhergesehen wurde oder dessen gesteigerte Dringlichkeit, die es durch Veränderung der Sachlage inzwischen gewonnen hat, nicht vorhergesehen worden ist".[451] Erst wenn eine Anforderung zum Zwecke der Deckung eines Bedürfnisses beim Bundesminister der Finanzen geltend gemacht worden oder ihm aus seinem Ressort heraus bekannt geworden ist und er die Anforderung abgelehnt hat, ist dieses Bedürfnis im Sinne des Art. 112 GG nicht unvorhergesehen.

Das Tatbestandsmerkmal „unabweisbar" verlangt nach Auffassung des BVerfG, „dass die vorgesehene Ausgabe sachlich unbedingt notwendig und zugleich zeitlich unaufschiebbar ist".[452] Wichtig ist also das Moment des Zeitdrucks. Dies bedeutet konkret: „Erst wenn eine Mehrausgabe so eilbedürftig ist, dass die Einbringung eines Nachtragshaushaltsplans oder eines Ergänzungshaushaltsplans oder schließlich ihre Verschiebung bis zum nächsten regelmäßigen Haushalt ... als nicht mehr vertretbar anerkannt werden kann, liegt ein Fall der Unabweisbarkeit vor".

Da unvorhergesehene und unabweisbare Bedürfnisse auch vor Verabschiedung des Haushalts eintreten könnten, gelten nach Auffassung des BVerfG die in Art. 112 GG enthaltenen Grundsätze auch im etatlosen Zustand. Das heißt konkret: Der BFM kann überplanmäßigen und außerplanmäßigen Ausgaben vor Inkrafttreten des Haushaltsplans und auch dann zustimmen, wenn die Ausgaben anderen Zwecken als den in Art. 111 GG genannten dienen.

Aus dem Charakter von Art. 112 GG als „Subsidiäre Kompetenz für dringende Notfälle" folgt ferner, dass der BFM prüfen muss, ob nicht nach der Sachlage im Einzelfall eine Bewilligung durch den Gesetzgeber möglich ist. Bestünden insoweit Zweifel, so ist der BFM gehalten, mit dem Gesetzgeber in Verbindung zu treten. Erst nach dieser Konsultation ist der Weg frei für die Ausübung der Kompetenz aus Art. 112 GG.

---

449 Nach BVerfG, NJW 1977, 1387 ff. = **juris**byhemmer.

450 Vgl. BVerfG, NJW 1977, 1387 (1388) = **juris**byhemmer.

451 BVerfG, NJW 1977, 1387, (1388) = **juris**byhemmer.

452 BVerfG, NJW 1977, 1387 (1388) = **juris**byhemmer.

In der zugrundeliegenden Entscheidung hatte das BVerfG in keinem Fall ein unvorhergesehenes und unaufschiebbares Bedürfnis angenommen, sodass der Antrag in vollem Umfang begründet war.

hemmer-Methode: Niemand erwartet, dass Sie diesen (auf einer BVerfG-Entscheidung basierenden) Fall auf diesem Niveau lösen können. Machen Sie sich aber noch einmal die Funktion der Art. 110, 112 GG klar und verfolgen Sie v.a. noch einmal den Argumentationsgang des BVerfG: Gerade die systematische Verfassungsauslegung kann in Staatsrechtsklausuren von großer Bedeutung sein, weshalb hier auch exemplarisch die Entscheidung ausführlich nachvollzogen wurde.

Art. 115 GG: Aufnahme von Krediten nur aufgrund eines Gesetzes

Soweit schließlich die Finanzierung von Bundeshaushalten durch Aufnahme von Krediten und ähnlichen Maßnahmen erfolgt, kann die Regierung nicht eigenmächtig handeln. Die Kreditaufnahme muss durch Bundesgesetz ermöglicht werden, das den Kredit entweder der Höhe nach bestimmt oder so konkrete Voraussetzungen enthält, dass er der Höhe nach bestimmbar ist (Art. 115 GG). 306

E) Wichtige Grundbegriffe

wichtige abgabenrechtliche Begriffe

Oberbegriff für alle Geldleistungspflichten des Bürgers ist der Begriff der Abgabe. Vier der wichtigsten Unterbegriffe sollten bekannt sein.[453] 307

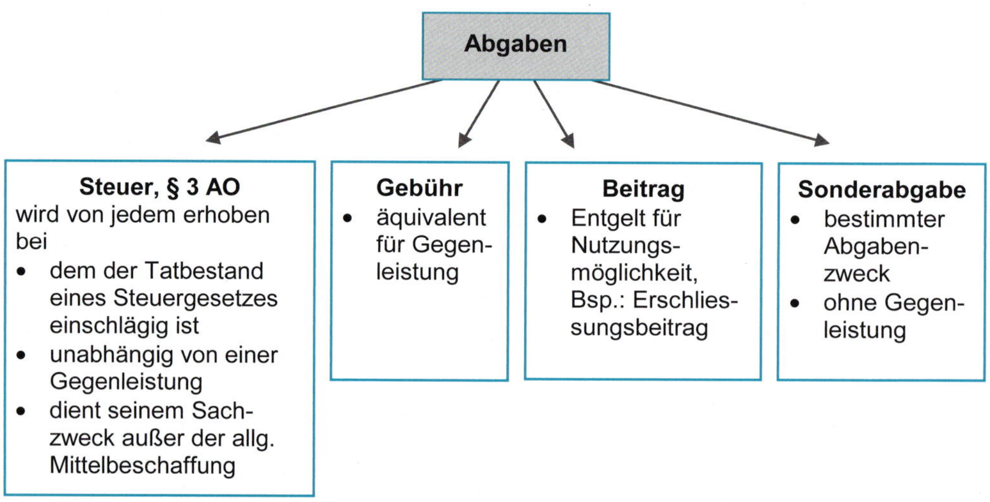

I. Steuern

Steuer: vgl. § 3 AO; unabhängig von Gegenleistung

Der Begriff ist legaldefiniert in § 3 AO. Die wichtigsten Merkmale dieser hoheitlichen Geldleistungspflicht liegen darin, dass sie unabhängig von einer Gegenleistung ist und keinem Sachzweck außer der allgemeinen Mittelbeschaffung des Staates dient. 308

verfassungsrechtliche Ableitung einer Steuerpflicht str.

Wie die Steuerpflicht des Bürgers aus der Verfassung abgeleitet werden muss, ist im Einzelnen umstritten. Jedenfalls die Sozialbindung des Eigentums aus Art. 14 II GG kann dazu nicht verwendet werden. 309

---

453 Vertiefend kann auf folgende Literatur hingewiesen werden:

1) allgemein zum Abgabenrecht (Einführungen): P. Kirchhof, „Die Finanzierung des Leistungsstaates", Jura 1983, 505 ff.; ders. Abgabenrecht in: Achterberg/Püttner, BesVerwR Bd. II, 1992, S. 231 ff.; weiterführend ebenfalls P. Kirchhof, Staatliche Einnahmen, in: Isensee/Kirchhof, HdBStR IV, 1990, S. 87 ff.

2) speziell zur Sonderabgabenproblematik:

a) J. Pietzker, „Abgrenzungsprobleme zwischen Benutzungsgebühr, Verleihungsgebühr, Sonderabgabe und Steuer", DVBl 1987, 774 ff.

b) Hans D. Jarass, „Verfassungsrechtliche Grenzen für die Erhebung nichtsteuerlicher Abgaben", DÖV 1989, 1013 ff.

c) W. Schmidt, „Sonderabgaben in der neuesten Rechtsprechung des Bundesverfassungsgerichts", NVwZ 1991, 36 ff.

Die Steuerpflicht ist keine spezifische Eigentümerpflicht, sondern eine allgemeine Staatsbürgerpflicht, die nicht vorrangig an das Eigentum, sondern primär an die Einkommenserzielung anknüpft.

Teilweise wird versucht die Steuerpflicht als verfassungsrechtliche Grundpflicht zu fassen.[454] Indes geht das Grundgesetz davon aus, dass Staatsaufgaben mittels demokratisch legitimierter Gesetzgebung gelöst werden und sieht daneben keine Notwendigkeit noch irgendwelche selbstständige verfassungsrechtliche Grundpflichten zu postulieren. Auch die Steuerpflicht des Bürgers ist nach dem Text des Bonner Grundgesetzes nicht als „Grundpflicht" gefasst.

Ihre dogmatische Überhöhung zur Grundpflicht würde weiterhin der Systematik der verfassungsrechtlichen Grenzen der Besteuerung widersprechen. Die Steuerpflicht ist keine den Grundrechtspositionen des Bürgers indifferent gegenüberstehende selbstständige Grundpflicht. Als gesetzliche Einschränkung dieser Grundrechtspositionen ist sie vielmehr bestimmten Schranken unterworfen, die sich in ihrem Verhältnis zum Eigentumsgrundrecht bestimmen.[455]

hemmer-Methode: Deswegen kann im Prinzip die Steuerpflicht auch an den Grundrechten gemessen werden.[456] Allerdings ist in einer Klausur hier größte Vorsicht angebracht. Denn meistens wird der funktionale Schutzbereich der Grundrechte gar nicht so weit reichen. Ein typischer Fall für diese Problematik ist die Entscheidung des BVerfG[457] zum Konflikt von Art. 4 GG und der Steuerpflicht. Nach Ansicht des Gerichts wird der Schutzbereich des Art. 4 GG gar nicht berührt. Es bestehe kein Recht, Steuerzahlung aus dem Grund zu verweigern, dass ein bestimmter Teil der Steuern dem Verteidigungshaushalt zukomme.

II. Gebühr

Gebühr: konkrete, reale Gegenleistung; diff. Verwaltungs- und Benutzungsgebühr

Die Gebühr ist dadurch gekennzeichnet, dass ihr eine Gegenleistung gegenüber steht. Man unterscheidet die Verwaltungsgebühr als Gegenleistung für ein Handeln der Verwaltung und die Benutzungsgebühr als Gegenleistung für die Benutzung einer öffentlichen Sache oder Einrichtung. Die Definitionen finden sich in den Kommunalabgabengesetzen der Länder. 310

Im Staatsrecht stellt sich zumeist nur die Frage der Abgrenzung der Abgabenarten. Um zur Steuer abzugrenzen ist dann etwa darzulegen, dass der Abgabe des Bürgers eine echte Leistung gegenübersteht (weil echte Leistungen der Verwaltung selten sind, müssen Sie hier großzügig sein). Die Einzelprobleme, wie Gebührenberechnung und Maßstäbe (Äquivalenzprinzip u.Ä.), gehören ins Kommunalrecht.

III. Beiträge

Beiträge: bloße Möglichkeit der Gegenleistung

Beiträge unterscheiden sich von den Gebühren dadurch, dass der Bürger die Gegenleistung nicht wirklich in Anspruch genommen haben muss, sondern die bloße Möglichkeit des Vorteils genügt.[458] Typisches Beispiel sind die Erschließungsbeiträge, deren Probleme im Baurecht zu diskutieren sind. Im Übrigen findet sich auch hier eine Definition des Beitrags in den Kommunalabgabengesetzen der Länder. 311

454 Vgl. etwa Schuppert, VVDStrL 41, 107; Kirchhoff, VVDStrL 41, 128 ff.

455 Vgl. zum Problem der Grundpflichten auch **Hemmer/Wüst, Staatsrecht I, Rn. 100**.

456 Vgl. dazu Oechsle, „Die steuerlichen Grundrechte in der jüngeren deutschen Verfassungsgeschichte 1993", knappe Zusammenfassung in: DVBl. 1995, 69.

457 BVerfG, NJW 1993, 455.

458 Vgl. BVerfG, Urteil vom 18.07.2018, 1 BvR 1675/16 u.a.: Die Anforderungen an die Möglichkeit der Nutzung sind nicht hoch anzusetzen. Der Gesetzgeber darf bspw. pauschalierend unterstellen, dass jeder Haushalt die Möglichkeit hat, den öffentlichen Rundfunk zu nutzen.

IV. Sonderabgaben

Sonderabgaben: Geldleistungspflicht, die „nur" von Kompetenzen aus Art. 70 ff. GG gedeckt ist (⇨ Gefahr der Umgehung!)

Für diese Abgaben findet sich keine Legaldefinition, denn der Begriff wurde in der Judikatur des BVerfG entwickelt. Er ist nur zu handhaben, wenn man sich seinen Zweck klarmacht. Das BVerfG verwendet den Begriff Sonderabgabe, wenn der Gesetzgeber mit Hilfe der Sachkompetenzen aus Art. 70 ff. GG dem Bürger Geldleistungspflichten auferlegt. Hier besteht die Gefahr, dass sich der Staat mit dem bloßen Vorwand von konkreten Sachzwecken in Wahrheit nur allgemeine Mittel verschaffen will.[459] Im Unterschied zu Gebühr und Beitrag erbringt der Staat keine unmittelbare Gegenleistung. Im Unterschied zur Steuer, die der allgemeinen Finanzbedarfsdeckung dient, verfolgt der Gesetzgeber mit der Sonderabgabe einen bestimmten Zweck. 312

hemmer-Methode: Allerdings muss diese Zweckbindung sich auch aus dem konkreten Abgabengesetz und nicht lediglich aus Erklärungen der Politiker ergeben. Diese versuchen sehr häufig Steuererhöhungen oder neue Steuern damit zu rechtfertigen, dass das Geld für diese oder jene Aufgabe verwendet würde. Tatsächlich besteht aber kein unmittelbarer Zusammenhang zwischen den Mehreinnahmen und dieser Aufgabe. Die Gelder kommen in den „großen Topf" Haushalt, aus dem alle Aufgaben finanziert werden. Es wird keine Sonderkasse geführt.

Dieser bestimmte Zweck ist im Einzelfall der Kompetenztitel aus den Art. 73 ff. GG, auf den die Sonderabgabe gestützt wird. Da Art. 73 ff. GG grundsätzlich nicht zur Umgehung der Art. 104a ff. GG herangezogen werden dürfen, ist eine Sonderabgabe als Annex zur Sachkompetenz nur unter den folgenden Einschränkungen zulässig.

zulässig nur i.R.d. Verfolgung eines Sachzwecks, der über bloße Mittelbeschaffung hinausgeht; belastet werden darf nur homogene Gruppe, die in spezifischer Beziehung zu verfolgtem Zweck steht

Das BVerfG verlangt bei Sonderabgaben aus kompetenzrechtlichen Gründen eine materielle Begrenzung, um die detaillierten Regelungen des Grundgesetzes zur Besteuerungskompetenz und der bundesstaatlichen Finanzverfassung vor einer Aushöhlung zu bewahren. Die Gefahr der Aushöhlung besteht insbesondere dann, wenn die Sonderabgaben unter Berufung auf Sachgesetzgebungskompetenz von Bund und Ländern ausgedehnt und so ausgestaltet werden, dass sie an die Stelle von Steuern treten können. Deshalb ist es dem Gesetzgeber untersagt, Sonderabgaben zur Erzielung von Einnahmen für den allgemeinen Finanzbedarf eines öffentlichen Gemeinwesens zu erheben und das Aufkommen derartiger Abgaben zur Finanzierung allgemeiner Staatsaufgaben zu verwenden. Der Gesetzgeber darf sich dieser Abgabe nur im Rahmen der Verfolgung eines Sachzwecks bedienen, der über die bloße Mittelbeschaffung hinausgeht. Mit einer Sonderabgabe darf nur eine homogene Gruppe belegt werden, die in einer spezifischen Beziehung zu dem mit der Abgabenerhebung verfolgten Zweck steht. Das Abgabenaufkommen muss gruppennützig verwendet werden.

[459] Die Rechtsprechung des BVerfG zur Problematik der Sonderabgaben wurde in den folgenden Urteilen entwickelt: BVerfGE 37, 1 ff. (Weinwirtschaftsabgabe); E 45, 2 ff. (Filmförderungsabgabe); E 55, 274 ff. (Berufsausbildungsabgabe); E 57, 139 ff. (Schwerbehindertenabgabe); E 67, 256 ff. (Investitionshilfeabgabe); E 75, 108 ff. (Künstlersozialabgabe); E 78, 249 ff. (Wohnungsfehlbelegungsabgabe); E 81, 156 ff. (Erstattungspflicht nach § 128 AFG); E 82, 159 ff. (Absatzfondbeiträge); ausführlich BVerfGE 55, 297 - 318. Aus der Rechtsprechung des BVerwG ist insbesondere das Urteil BVerwGE 74, 308; **alle Entscheidungen** = **juris**byhemmer zur naturschutzrechtlichen Ausgleichsabgabe zu nennen.

§ 21 BEISPIELSFÄLLE ZUR ABGABENPROBLEMATIK

aktuelle Beispielsfälle

Arbeiten Sie zur Vertiefung der Problematik und zur Abgrenzung der Abgabenarten noch folgende beiden aktuellen Beispiele durch:

Bsp. 1: *Können die Beiträge zur Pflegeversicherung als Sozialversicherungsbeiträge im Sinne des Art. 74 I Nr. 12 GG angesehen werden?* *313*

Der Wortlaut spricht für die Einstufung des Beitrages als Sozialversicherungsbeitrag.

Nach einhelliger Ansicht in der Rechtsprechung und im Schrifttum[460] ist aber sowohl die vom Gesetzgeber gewählte Bezeichnung als „Beitrag" als auch die konkrete haushaltsmäßige Behandlung des Aufkommens für die finanz-(verfassungs-)rechtliche Qualifikation gleichgültig, es kann für deren Klassifizierung nur einen ersten Anhalt bieten; entscheidend ist allein der materielle Gehalt der Abgabe, wie er sich bei objektiver Betrachtung ergibt.

Begründet wird dies damit, dass es sich um die Abgrenzung von Kompetenzbereichen handelt und es daher nicht darauf ankommt, wie ein Gesetz eine öffentlich-rechtliche Abgabe selbst klassifizieren würde. Es stünde nicht in der Macht des Bundes- oder Landesgesetzgebers, einer Abgabe, die unter den Begriff der Steuer falle, durch ausdrückliche gegenteilige Bestimmung diese rechtliche Qualifikation zu nehmen und dadurch seine Zuständigkeit zu begründen. Es soll mit anderen Worten vermieden werden, dass der Gesetzgeber die Kompetenzverteilung unterläuft und sich zusätzliche Zuständigkeiten zur Steuergesetzgebung verschafft.[461]

A) Einordnung als Steuer

Eine Einordnung als Steuer scheidet aus. Die Leistungspflicht dient hier konkreten Zwecken, wie u.a. der Entlastung der Sozialhilfeträger. Diese Zwecke treten hinter dem allgemeinen Einnahmezweck jedenfalls nicht vollständig zurück. Deswegen dienen diese Abgaben nicht, wie für eine Steuer erforderlich, der allgemeinen staatlichen Mittelbeschaffung.

B) Sozialversicherungsbeitrag

Nach Ansicht des BVerfG ergibt sich die Kompetenz zur Erhebung von Sozialversicherungsbeiträgen bereits aus der Kompetenz des Art. 74 I Nr. 12 GG selbst; diese sei auch auf die Finanzierungsregelung der Sozialversicherung gerichtet. Soweit die gesetzgeberischen Regelungen sich sachlich-gegenständlich im Kompetenzbereich Sozialversicherung halten würden, seien auch die zur Finanzierung der Sozialversicherungsbeiträge getroffenen Regelungen kompetenzrechtlich unbedenklich; der Gesetzgeber könne dann ebenso die Aufbringung der dafür erforderlichen Mittel regeln. Weitergehende Begrenzungen seien aus Kompetenzgründen weder erforderlich noch angezeigt. Insbesondere würden die für Sonderabgaben aufgestellten Voraussetzungen nicht gelten, da Sozialversicherungsbeiträge keine Sonderabgaben im Sinne der Rechtsprechung seien.[462]

Das Pflegeversicherungsgesetz entspricht dem klassischen Sozialversicherungsbild, es gehört zum Recht der Sozialversicherung im Sinne des Art. 74 I Nr. 12 GG. Danach könnte sich zumindest der Beitrag des Arbeitnehmers als Sozialversicherungsbeitrag qualifizieren lassen.

[460] BVerfGE 7, 244 (251 f.); 9, 291 (297); 14, 312 (319); 55, 274 (304 f.): **alle Entscheidungen** = **juris**byhemmer; Arndt, DRV 1987, 284; Friauf, DB 1991, 1776; Isensee, Umverteilung, S. 38; Maschmann, S. 302; Osterloh, NJW 1982, 1618.

[461] BVerfGE 55, 274 (304 f.) = **juris**byhemmer; Isensee, Umverteilung, S. 38.

[462] BVerfGE 75, 108 (147 f.) = **juris**byhemmer; 81, 156 (185) = **juris**byhemmer.

Als Beitragspflichtiger deckt der Arbeitnehmer sich mit dem Empfänger der Versicherungsleistung; der Sozialversicherungsbeitrag kann insofern - wie in der Privatversicherung - als echte Versicherungsprämie zum Kauf des Versicherungsschutzes verstanden werden. Dann folgt er dem Äquivalenzprinzip, das für das gewährte Recht eine Gegenleistung fordert.[463] Der zu leistende Beitrag stellt für den Arbeitnehmer einen Sozialversicherungsbeitrag dar.

Bedenken ergeben sich jedoch hinsichtlich der Arbeitgeberbeiträge, da den Arbeitgebern ein der Beitragspflicht korrespondierender Vorteil nicht entsteht. Sie erlangen selbst weder einen beitragsäquivalenten Versicherungsschutz noch werden sie von einer ihnen anderweitig obliegenden Verpflichtung entlastet. Für den einzelnen Arbeitgeber bedeutet die Aufbürdung der Beitragspflicht damit eine ausschließliche Sonderbelastung im Drittinteresse; diese wird auch als fremdnützige Abgabe sui generis bezeichnet.[464] Die Heranziehung nicht selbst Versicherter zu derartigen Zahlungen bedarf nach Ansicht des BVerfG[465] deshalb eines sachorientierten Anknüpfungspunktes in den Beziehungen zwischen Versicherten und Zahlungspflichtigen. Dieser Anknüpfungspunkt dürfe die Heranziehung nicht außerhalb der Vorstellungen liegen lassen, von denen die Sozialversicherung in ihrem sachlichen Gehalt bestimmt wird.

Ein sachlich orientierter Anknüpfungspunkt könnte hier das Beschäftigungsverhältnis mit allen sich daraus ergebenden Fürsorgepflichten des Arbeitgebers für seine Untergebenen sein. Dieses Fürsorgeverhältnis wird durch das in der Sozialversicherung traditionell verwendete Solidarprinzip verstärkt, es gehört zu den hergebrachten Strukturen der Sozialversicherung. In der gesetzlichen Krankenversicherung, Rentenversicherung und Arbeitslosenversicherung hat der Arbeitgeber die Hälfte der zu leistenden Beiträge aufzubringen, in der gesetzlichen Unfallversicherung den ganzen Beitrag. Es entspricht daher dem Bild, das durch die klassische Sozialversicherung geprägt ist, dass die Arbeitgeber in Erfüllung ihrer sozialen Fürsorgepflicht für ihre Arbeitnehmer - also fremdnützig - einen wesentlichen Teil der Sozialversicherungsbeiträge aufbringen, die von den Versicherungsträgern benötigt werden. Für die Pflegeversicherung muss hierbei gelten, dass es nicht als völlig sachfremd erscheint, an die besonderen Solidaritäts- und Verantwortlichkeitsbeziehungen, die in dem Beschäftigungsverhältnis vorherrschen, anzuknüpfen und damit dem Arbeitgeber eine besondere Verantwortlichkeit in der Bewältigung des Pflegeproblems zu übertragen. Wächst dem Arbeitnehmer ein neues allgemeines Lebensrisiko zu, ist es folglich systemgerecht, die Arbeitgeber auch zu dessen Absicherung mit heranzuziehen. Der zu leistende Beitrag stellt auch für den Arbeitgeber einen Sozialversicherungsbeitrag dar.

Nach Ansicht des BVerfG wäre der zu leistende Beitrag im Pflegeversicherungsgesetz somit als Sozialversicherungsbeitrag zu qualifizieren. Ein Teil im Schrifttum[466] stellt an die Sozialversicherungsabgaben erhöhte Anforderungen. Um nicht die Gesetzgebungskompetenz für die Sozialversicherung nach Art. 74 I Nr. 12 GG zur „offenen Flanke der Finanzverfassung“ werden zu lassen, wird deshalb gefordert, dass alle außersteuerlichen Abgaben grundsätzlich den strengen Voraussetzungen der Sonderabgaben unterworfen werden müssten. Dies bedeutet, dass die für Sonderabgaben entwickelten Voraussetzungen erfüllt sein müssten, damit der zu leistende Beitrag als Sozialversicherungsbeitrag zu qualifizieren ist.

Dabei könnten dann insbesondere Probleme beim Merkmal der homogenen Gruppe entstehen. Denn die Sonderabgabe muss von einer homogenen Gruppe erhoben werden und dann auch gruppennützig verwendet werden.

463 Kirchhof, HStR IV, § 93 Rn. 17.

464 Friauf, DB 1991, 1774; Isensee, Nichtsteuerliche Abgaben, S. 459.

465 BVerfGE 75, 108 (146 f.) = **juris**byhemmer; 81, 156 (185) = **juris**byhemmer.

466 Maunz/Dürig, Art. 74 GG, Rn. 174; Friauf, DB 1991, 1775; Henseler, NJW 1987, 3103 f.; Schmidt, NVwZ 1991, 36 f.; Müller, DB 1993, 90.

Das Problem kann aber offen bleiben. Letztlich sind die Anforderungen die das BVerfG für Sonderabgaben entwickelt hat, auf Beiträge nicht übertragbar. Nichtsteuerliche Abgaben sind immer nur dann Sonderabgaben, wenn es zu einer Konkurrenzsituation zur Steuer kommt und damit typischerweise ein Konflikt mit den Regelungen der Finanzverfassung droht. Danach sind Geldleistungspflichten ohne Abgabencharakter, die wie Sozialversicherungsbeiträge Gegenleistungsansprüche begründen, keine Sonderabgaben. Zu bedenken ist außerdem, dass die Finanzmasse der Sozialversicherung tatsächlich und rechtlich von den allgemeinen Staatsfinanzen getrennt ist. Wenn demzufolge Sozialversicherungsbeiträge nicht in Konkurrenz zur Steuer treten und nicht der allgemeinen Finanzmittelbeschaffung dienen, besteht keine Notwendigkeit, ihnen nicht erforderliche - systemfremde - Voraussetzungen aufzuerlegen. Praktisch gesehen kann eine sinnvolle Regelung der Sozialversicherung durch Art. 74 I Nr. 12 GG nur erfolgen, wenn der Gesetzgeber auch gleichzeitig die Frage der Finanzierung dieser Versicherung regeln darf.

Festzuhalten ist somit, dass Sozialversicherungsbeiträge und Sonderabgaben sich gegenseitig ausschließen. Die Voraussetzungen für die Qualifizierung der im Pflegeversicherungsgesetz zu leistenden Beiträge als Sozialversicherungsbeiträge sind gegeben.

Bsp. 2: *Nach § 8 Verstromungsgesetz (in der Fassung vom 17.11.1980) ist der sogenannte Kohlepfennig zu erheben. Nach Begründung des Entwurfes durch die Bundesregierung stellt dies eine „wirtschaftsverwaltungsrechtliche Ausgleichsabgabe“ dar. Sie werden nicht dem allgemeinen Staatshaushalt zugeführt, sondern einem speziellen Fonds, welcher der Finanzierung des Steinkohleeinsatzes bei der Verstromung dient.*[467] 314

Das BVerfG knüpft in seiner dem Beispiel zugrundeliegenden Entscheidung vor allem daran an, dass der Kohlepfennig an die Endverbraucher weitergegeben wird und dies rechtlich auch soll. Dies sei die vorgesehene Regelmöglichkeit. Die Verbraucher bilden dann eine Allgemeinheit von Betroffenen, ähnlich wie bei sonstigen Verbrauchssteuern. Auch eine besondere Verantwortlichkeit gegenüber dem geregelten Sachproblem der Kohleverstromung komme dem Endverbraucher nicht zu. Im Ergebnis sieht das BVerfG im Kohlepfennig eine verfassungswidrige Abgabe, da für die Sonderabgabe die Voraussetzung einer homogenen Gruppe und einer Verantwortlichkeit der Gruppe gegenüber dem geregelten Sachzweck fehlen.

Bearbeiten Sie die Wiederholungs- und Vertiefungsfragen zum 5. Kapitel!

467 Vgl. BVerfG, DVBl. 1995, 100 ff. = **juris**byhemmer.

6. KAPITEL: AUSWÄRTIGE BEZIEHUNGEN

§ 22 AUSWÄRTIGE BEZIEHUNGEN

Auch die Probleme der auswärtigen Beziehungen spielen traditionell eine geringere Rolle in Klausuren. Andererseits sind hier durch die Zunahme internationaler Verknüpfungen gerade in jüngerer Zeit manche Fragen aufgetaucht, die es als naheliegend erscheinen lassen, dass auch im Pflichtfach zumindest die Grundzüge der Stellung der Bundesrepublik im Verhältnis zu anderen Staaten bekannt sein sollten. 315

A) Völkerrecht und innerstaatliches Recht

h.M.: dualistische Theorie: Völkerrecht und innerstaatl. Recht als zwei voneinander getrennte Rechtsgebiete

Die Bundesrepublik ist ein Völkerrechtssubjekt, d.h. sie kann mit anderen Staaten in völkerrechtlichen Rechtsverhältnissen stehen. Was das Verhältnis dieser völkerrechtlichen Regelungen zum innerstaatlichen Recht angeht, geht die h.M. von der sog. dualistischen Theorie aus, nach der beide Rechtsbereiche grds. selbstständig und voneinander zu unterscheiden sind.[468] 316

Die entgegengesetzte monistische Theorie geht von einem einheitlichen Rechtssystem von Völkerrecht und nationalem Recht aus, wobei regelmäßig ein „Primat des Völkerrechts“ angenommen wird. 317

⇨ Erfordernis der Transformation

Allerdings entspricht die politische Praxis der dualistischen Theorie und auch aus Art. 25 GG lässt sich nichts anderes ableiten, da bei einem Primat des Völkerrechts ja gerade nicht nur die allgemeinen Regeln des Völkerrechts vorrangig vor dem Bundesrecht wären. Auch die wichtigste Konsequenz des dualistischen Ansatzes, nämlich dass das Völkerrecht innerstaatliche Geltung erst durch seine Umsetzung erlangt, ist im Grundgesetz vorgezeichnet: man könnte schon Art. 25 GG als Transformationsnorm für die allgemeinen Regeln des Völkerrechts ansehen. V.a. aber für den Bereich des Völkervertragsrechts stellt Art. 59 II S. 1 GG ein Transformationserfordernis[469] für die innerstaatliche Geltung[470] auf (dazu unten Rn. 328 ff.). 318

B) Völkerrechtliche Verträge

Im Bundesstaat stellen sich beim Abschluss völkerrechtlicher Verträge eine Reihe von Fragen: ob der Bund oder die Länder die Abschlusskompetenz innehaben, welche Organe innerhalb dieser Abschlusskompetenzen vertretungsberechtigt sind und welche sonstigen innerstaatlichen Mitwirkungserfordernisse bestehen.[471] 319

hemmer-Methode: Es handelt sich um ein Prüfungsgeflecht, wie es sich im öffentlichen Recht häufiger findet: Auch wenn z.B. eine Gemeinde handelt, ist bei der Frage der formellen Rechtmäßigkeit zwischen der Verbandskompetenz (darf die Gemeinde handeln?) und der Organkompetenz (muss das gemeindliche Kollegialorgan oder die Verwaltungsspitze handeln?) zu unterscheiden.

---

468 Vgl. Maunz/Zippelius, § 54 I S. 1.

469 Zur Transformation und den anderen Ansätzen für eine Umsetzung von Völkerrecht in innerstaatliches Recht (Inkorporation, Adaption) vgl. Zuleeg, JA 1983, 1 (6).

470 Vgl. Jarass/Pieroth, Art. 59 GG, Rn. 5.

471 Vgl. hierzu Trüe, „Die Bundesstaatlichkeit der Bundesrepublik Deutschland – Auswirkungen auf die Umsetzung völkerrechtlicher Verträge und ihren Vollzug“, JuS 1997, 1092 ff.

I. Bundes- und Landeskompetenz

Kompetenz für völkerrechtliche Verträge: Art. 32 I GG, grds. Bund

Der Abschluss völkerrechtlicher Verträge gehört zur „Pflege der Beziehung zu auswärtigen Staaten“ und ist demnach gemäß Art. 32 I GG grds. Sache des Bundes. Dies gilt auch dann, wenn der Vertrag nicht mit „auswärtigen Staaten“ i.e.S., sondern mit nichtstaatlichen Völkerrechtssubjekten abgeschlossen wird.[472] 320

nach Art. 32 III GG aber Länder, soweit Gesetzgebungskompetenz

Allerdings bestimmt Art. 32 III GG, dass die Länder „mit Zustimmung der Bundesregierung mit ausländischen Staaten Verträge abschließen“ können, soweit sie für die Gesetzgebung zuständig sind. 321

hemmer-Methode: Lesen Sie zu den Gesetzgebungskompetenzen noch einmal überblicksartig oben Rn. 144 ff. durch. Auf diese Weise könnte Art. 32 III GG in der Klausur einmal ein Einstieg in die Prüfung der geläufigeren Problematik der Gesetzgebungskompetenzen werden.

Soweit es um Gebiete der konkurrierenden Gesetzgebungs- bzw. der Rahmenkompetenz geht, darf auch hier noch keine (abschließende) Bundesregelung, auch in Form eines völkerrechtlichen Vertrages, vorliegen. Ergeht nach Abschluss des Vertrages durch ein Land ein entsprechendes Bundesgesetz, wird der Vertrag jedenfalls innerstaatlich unwirksam.[473]

str., ob in Fällen des Art. 32 III GG nur Länder abschlusskompetent sind

Problematisch im Regelungsgefüge des Art. 32 I, III GG ist aber v.a. die Frage, ob den Ländern in den Bereichen, in denen ihnen eine ausschließliche Gesetzgebungskompetenz zusteht (z.B. allgemeines Sicherheitsrecht und Kultusangelegenheiten), auch eine ausschließliche Abschlusskompetenz für völkerrechtliche Verträge zukommt, mit anderen Worten ob Art. 32 III GG zu lesen ist: „können auch sie (sc. die Länder) (...) Verträge abschließen“ oder „können nur sie (...) Verträge abschließen“. 322

h.M.: zentralistische Theorie, auch Bund abschlussberechtigt

Die zentralistische Theorie nimmt an, dass der Bund in allen Bereichen Verträge abschließen kann, Art. 32 III GG die Länder also nur neben dem Bund berechtigt.[474] 323

a.A.: Konvergenzprinzip

Dagegen geht die dem Konvergenzprinzip zuneigende Ansicht davon aus, dass sich die Zuständigkeit zum Vertragsschluss jeweils nach der Gesetzgebungszuständigkeit richtet, sodass der Bund keine Verträge im Bereich der ausschließlichen Landesgesetzgebungskompetenz schließen kann.[475] 324

Obwohl die zuletzt genannte Ansicht gute Gründe aus der Entstehungsgeschichte des Grundgesetzes anführen kann,[476] ist angesichts der Offenheit des Wortlauts wohl der zentralistischen Theorie zu folgen, die auch unter praktischen Gesichtspunkten überzeugt. Gerade supranationale Organisationen werden eher Interesse daran haben, einen Vertrag mit dem Bundesstaat als mit einzelnen Ländern abzuschließen. Außerdem bleiben die Interessen der Länder gewahrt, da die Transformationskompetenz gleichwohl bei den Ländern bleiben kann (dazu näher unten Rn. 332). 325

---

[472] Vgl. BVerfGE 2, 374; dagegen gilt Art. 32 I GG nach Ansicht des BVerfG (E 6, 309, 362) = jurisbyhemmer nicht für Verträge mit dem Heiligen Stuhl, a.A. Jarass/Pieroth, Art. 32 GG, Rn. 2, AK, Art. 32 GG, Rn. 14.

[473] Vgl. zum Ganzen Jarass/Pieroth, Art. 32 GG, Rn. 5 m.w.N.

[474] Vgl. Jarass/Pieroth, Art. 32 GG, Rn. 3; AK, Art. 32 GG, Rn. 20.

[475] Vgl. Maunz/Dürig, Art. 32 GG, Rn 41; Maunz/Zippelius, § 54 IV 1.

[476] Vgl. dazu Maunz/Zippelius, a.a.O.

in der Praxis: „Lindauer Abkommen“

Jedenfalls in der Praxis kann ein Vertragsschluss durch den Bund auch in Angelegenheiten stattfinden, für die die Länder die ausschließliche Gesetzgebungskompetenz haben. Darauf haben sich zur Beilegung dieser Streitfrage Bund und Länder im „Lindauer Abkommen“[477] von 1957 geeinigt. Die Länder haben dem Bund die Abschlusskompetenz zugestanden, dieser sich dafür verpflichtet, die Zustimmung der Länder einzuholen. 326

hemmer-Methode: Den unterschiedlichen Auffassungen zur Auslegung des Art. 32 I, III GG entsprechend nimmt eine Ansicht einen rein deklaratorischen, die Gegenmeinung einen konstitutiven Charakter des Zugeständnisses an den Bund an, z.T. wird sogar die Verfassungsmäßigkeit bezweifelt.[478] Für die Klausur ist zweierlei zu beachten: Ohne Hilfsmittel ist von Ihnen keinesfalls mehr als die Kenntnis von der Existenz des Lindauer Abkommens zu erwarten! Wenn Sie sich daran erinnern, sollten Sie aber gleichwohl nicht gleich darauf zusteuern, sondern erst die Problematik um die Auslegung des Art. 32 I, III GG abarbeiten. Es handelt sich hier um eines der Probleme in diesem Abschnitt, dessen Kenntnis von einer guten Bearbeitung erwartet werden kann.
Beachten Sie, dass für Art. 32 GG für den Bereich der europäischen Integration von Art. 23 GG verdrängt wird.

II. Organkompetenz

Vertretung: Art. 59 I S. 1 GG, Bundespräsident

Soweit der Bund völkerrechtliche Verträge abschließt, wird er nach Art. 59 I S. 1 GG durch den Bundespräsidenten völkerrechtlich vertreten. Die völkerrechtliche Vertretung der Länder wird dagegen durch Art. 59 GG nicht berührt. Obwohl im Wortlaut des Art. 59 GG nicht zum Ausdruck gebracht, nimmt die ganz h.M. die (stillschweigende) Vertretungsermächtigung der Bundesregierung bzw. der Bundesminister an,[479] nur die Ratifikation, d.h. die völkerrechtlich bindende Vertragserklärung selbst ist wohl dem Bundespräsidenten vorbehalten. 327

innerstaatl. Willensbildung aber bei Regierung und Parlament

Allerdings regelt Art. 59 I GG nicht die innerstaatliche Kompetenzverteilung. Vielmehr bleibt die Willensbildung über den Inhalt des Vertrages der Bundesregierung bzw. dem Parlament vorbehalten.[480] Gerade die Rechte des Parlaments werden durch Art. 59 II S. 1 GG noch einmal für bestimmte Bereiche ausdrücklich klargestellt:

III. Zustimmungserfordernis

Art. 59 II S. 1 GG: Zustimmungserfordernis in bestimmten Fällen

Nach Art. 59 II S. 1 GG bedürfen Verträge, die entweder die politischen Beziehungen des Bundes regeln oder Gegenstände der Bundesgesetzgebung zum Inhalt haben, der Zustimmung bzw. der Mitwirkung der Körperschaft, die für eine entsprechende Gesetzgebung zuständig wäre, also regelmäßig des Bundestags, z.T. auch des Bundesrats.[481] Dabei ist entgegen dem Wortlaut nicht entscheidend, dass sich der Gegenstand des völkerrechtlichen Vertrages dem sachlichen Bereich der Bundesgesetzgebungskompetenz zuordnen lässt; vielmehr geht es um die Frage, ob gesetzliche Regelungen zur Erfüllung des Vertrages erforderlich sind.[482] 328

477 Abgedruckt bei Maunz/Dürig, Art. 32 GG, Rn. 45.; siehe hierzu den Artikel von Friehe, „Kulturabkommen des Bundes“, JA 1983, 177 ff.

478 Zu den Fragen vgl. Erichsen, Jura 1986, 337 (342).

479 Vgl. BVerfGE 68, 1 (82) = **juris**byhemmer; Jarass/Pieroth, Art. 59 GG, Rn. 1 m.w.N.

480 Vgl. Jarass/Pieroth, Art. 59 GG, Rn. 3.

481 Zur (hier weitgehend parallel zu beantwortenden, vgl. Jarass/Pieroth, Art. 59 GG, Rn. 10. Frage nach Art und Umfang der Beteiligung des Bundesrates vgl. o. Rn. 173 ff.; bei Verträgen, die allein die politischen Beziehungen des Bundes regeln, dürfte eine Beteiligung des Bundesrates entbehrlich sein, vgl. Jarass/Pieroth, a.a.O. m.w.N.

482 So bereits BVerfGE 1, 388 ff. = **juris**byhemmer; Dieses Problem wird dann relevant, wenn man den Bund auch in Bereichen ausschließlicher Landesgesetzgebungskompetenzen für den Abschluss eines völkerrechtlichen Vertrages als zuständig erachtet, vgl. Rn. 320 ff.

Die politischen Beziehungen des Bundes regeln nur solche Verträge, die „wesentlich und unmittelbar den Bestand des Staates und dessen Stellung und Gewicht innerhalb der Staatengemeinschaft oder die Ordnung der Staatengemeinschaft betreffen“,[483] v.a. also Friedens- und Neutralitätsverträge sowie Verträge i.S.d. Art. 24 I, II GG.[484] 329

Funktion der Vertragsgesetze

Diese sog. Vertragsgesetze haben v.a. zweierlei Funktion:

Ermächtigungsgrundlage i.S.d. Art. 59 II S. 1 GG

Zum einen liefern sie die nach Art. 59 II S. 1 GG erforderliche Ermächtigungsgrundlage, wobei sie aber umgekehrt nicht zum Vertragsschluss verpflichten sollen. Erst wenn das Vertragsgesetz beschlossen ist, darf der Bundespräsident den Vertrag endgültig ratifizieren; ein ohne erforderliches Gesetz ratifizierter Vertrag ist zumindest innerstaatlich unwirksam.[485] 330

Transformationswirkung

Zum anderen hat das Vertragsgesetz Transformationswirkung, d.h. es verleiht dem Vertrag zugleich innerstaatliche Geltung, sobald es vom Bundespräsidenten ausgefertigt und verkündet ist. 331

hemmer-Methode: Deshalb wird in den Fällen eines Gesetzes nach Art. 59 II S. 1 GG auch eine Ausnahme davon gemacht, dass keine präventive abstrakte Normenkontrolle nach Art. 93 I Nr. 2 GG möglich sein soll. Fehlen bei Zustimmungsgesetzen nur noch die Ausfertigung durch den Bundespräsidenten und die Verkündung, ist eine abstrakte Normenkontrolle bereits möglich, um so ein völkerrechtliches Inkrafttreten und damit ein Auseinanderfallen von völkerrechtlichen und verfassungsrechtlichen Pflichten zu vermeiden.[486]

IV. Transformationskompetenz

Transformationskompetenz: u.U. Zustimmungsgesetz durch Bund und Land erforderlich

Problematisch ist das Erfordernis des Zustimmungsgesetzes in Angelegenheiten der ausschließlichen Landesgesetzgebungskompetenz, wenn man mit der wohl h.M. keine strenge Konvergenz zwischen Gesetzgebungs- und Abschlusskompetenz annimmt:[487] Es kann so nämlich geschehen, dass die Länder und der Bund jeweils ein Vertragsgesetz erlassen müssten, während der Bund alleine den Vertrag abgeschlossen hat:[488] 332

- ⇨ ein Bundesgesetz ist als Ermächtigungsgrundlage zum Vertragsschluss erforderlich,
- ⇨ ein Landesgesetz ist zur Transformation in innerstaatliches Recht erforderlich.

Praktisch wird sich hier kein Problem ergeben, wenn die Vorgehensweise nach dem Lindauer Abkommen eingehalten wurde. Im Übrigen ist eine Lösung über die Grundsätze der Bundestreue bzw. umgekehrt des länderfreundlichen Verhaltens zu suchen.

---

483 BVerfGE 1, 372 (382) = **juris**byhemmer.

484 Vgl. dazu auch unten Rn. 336 ff.; zur Einordnung von Verträgen nach Art. 24 II GG vgl. aus neuerer Zeit BVerfG, NJW 1994, 2210 = **juris**byhemmer.

485 Vgl. Jarass/Pieroth, Art. 59 GG, Rn. 7; auch eine völkerrechtliche Bindung soll zumindest dann nicht eintreten, wenn der Partner erkennen musste, dass eine Zustimmung erforderlich war und nicht vorlag, vgl. Maunz/Zippelius, § 54 IV 2 d).

486 Vgl. BVerfGE 1, 396 (413) = **juris**byhemmer; 36, 1 (15) = **juris**byhemmer.

487 Vgl. dazu oben Rn. 322 ff.

488 Vgl. zum Problem Bleckmann, NVwZ 1989, 311 ff.

C) Verwaltungsabkommen, Art. 59 II S. 2 GG

Verwaltungsabkommen: Verträge, die nicht unter Art. 59 II S. 1 GG fallen

Unter Verwaltungsabkommen i.S.d. Art. 59 II S. 2 GG versteht man all diejenigen völkerrechtlichen Verträge des Bundes, die nicht unter Art. 59 II S. 1 GG fallen.[489] Für Verwaltungsabkommen der Länder, die in erheblichem Umfang möglich sind, gelten allein die entsprechenden Vorschriften des Landesrechts. 333

Problematisch ist auch hier die Verbandskompetenz: Würde man Art. 32 III GG eng auslegen und zugleich abschließend verstehen, hätten die Länder eine Abschlusskompetenz nur im Bereich ihrer Gesetzgebungskompetenz, nicht aber in den viel weiter gehenden Bereichen der Verwaltungskompetenz.[490] Dagegen könnten die Länder in allen Bereichen Abkommen abschließen, in denen sie die Verwaltungskompetenz haben, wenn man entweder Art. 59 II S. 2 GG seinerseits als Kompetenznorm versteht oder auch hinsichtlich der Verwaltungskompetenz vom Konvergenzprinzip ausgeht.[491] Die wichtigsten Streitfragen in der Praxis sind allerdings auch durch das Lindauer Abkommen geklärt. 334

hemmer-Methode: Versuchen Sie sich das komplexe Zusammenspiel noch einmal klar zu machen, das hier möglich ist: Bei der Frage nach der Abschlusskompetenz für ein Verwaltungsabkommen, das im Zusammenhang mit einem völkerrechtlichen Vertrag abgeschlossen werden soll, käme es u.U. darauf an, wer die Verwaltungskompetenz für die Ausführung des (transformierenden) Vertragsgesetzes hat. Dies bestimmt sich möglicherweise wieder danach, wer dieses zu erlassen hat, in Bereichen ausschließlicher Landeskompetenz (z.B. Kultusangelegenheiten) können Transformations- und Abschlusskompetenz wieder auseinanderfallen, vgl. o. Auf diese Weise könnten mit dem Aufhänger eines solchen Abkommens die Grundzüge der völkerrechtlichen Vertretung nach dem Grundgesetz mit einem Ausflug durch das gesamte Gebiet der Gesetzgebungs- und Verwaltungskompetenzen kombiniert werden!

Abschluss durch Exekutivorgan

Verwaltungsabkommen werden nicht vom Bundespräsidenten ratifiziert, sondern von Organen der Exekutive (Regierung bzw. Fachminister) abgeschlossen, wobei z.T. in Art. 59 II S. 2 GG eine Sonderregelung bzw. von der h.M. eine generelle stillschweigende Ermächtigung durch den Bundespräsidenten angenommen wird. 335

Eine Umsetzung der Verwaltungsabkommen erfolgt nicht durch Transformationsgesetz, sondern je nach Art der Regelung durch Verordnung, Verwaltungsakt oder Verwaltungsvorschrift.

D) Bundesrepublik in zwischenstaatlichen Gemeinschaften

Art. 24 GG zur internationalen Integration; für EU Art. 23 GG lex specialis

Art. 24 GG bringt eine grundsätzliche Entscheidung des Grundgesetzes zur internationalen Integration zum Ausdruck, welche auch auf einem gewandelten Verständnis vom Staat beruht: an die Stelle des Modells von „geschlossenen Systemen von Hoheitsrechten“ ist die Erkenntnis der internationalen Interdependenz getreten. Dabei ist in Art. 24 II GG die Einordnung in militärische Systeme (dazu unten Rn. 339 ff.), in Art. 24 I GG die Übertragung von Hoheitsrechten auf zwischenstaatliche Einrichtungen geregelt. 336

489 Vgl. Jarass/Pieroth, Art. 59 GG, Rn. 20.

490 Zur Verwaltungskompetenzverteilung vgl. o. Rn. 182 ff.

491 So Maunz/Zippelius, § 54 IV 2 g) a.E.; zum Ganzen auch Zuleeg, JA 1983, 1 (4 f.).

Die früher ebenfalls auf Art. 24 I GG gestützte Einordnung in die Europäische Gemeinschaft wird nun spezieller erfasst vom 1992 neu eingefügten Art. 23 GG, der v.a. auch das Verfahren und die Beteiligung der Länder ausführlich vorschreibt.[492]

Hoheitsrechte i.S.d. Art. 24 I GG: Ausübung öffentl. Gewalt

I. Hoheitsrechte i.S.d. Art. 24 I GG sind alle Formen der Ausübung öffentlicher Gewalt im innerstaatlichen Bereich, also Exekutive, Legislative und Judikative. Art. 24 I GG kann auch im militärischen Bereich einschlägig sein, wenn nicht deutsche Organe über den Einsatz von Waffen entscheiden, die auf deutschem Boden lagern,[493] Art. 24 II GG ist insofern keine Sonderregelung. 337

„Übertragung" = Verzicht auf ausschließl. Ausübung der Hoheitsrechte

Der Begriff der „Übertragung" in Art. 24 I GG ist missverständlich, vielmehr ist darunter nach h.M. nur die Rücknahme bzw. der Verzicht auf die ausschließliche Ausübung der öffentlichen Gewalt durch deutsche Organe zu verstehen.

Diese Übertragung kann nur an zwischenstaatliche Einrichtungen erfolgen, also weder an Körperschaften des öffentlichen Rechts, die dem deutschen Recht unterstehen, noch umgekehrt an einen anderen Staat.[494]

Voraussetzung: Bundesgesetz

II. Voraussetzung für eine „Übertragung von Hoheitsrechten i.S.d. Art. 24 I GG ist ein (nach h.M. förmliches) Bundesgesetz. Materielle Grenze einer solchen Übertragung ist zumindest Art. 79 III GG. Wohl noch strenger (dafür aber relativ vage) fordert das BVerfG, dass nicht „die Identität der Bundesrepublik Deutschland durch Einbruch in ihr Grundgefüge, in die sie konstituierenden Strukturen" aufgegeben werden darf.[495] 338

Die Frage, inwiefern eine zunehmende Integration in die EU bei deren weiterer Kompetenzzunahme, die an die Grenzen zwischen einer zwischenstaatlichen Einrichtung und einem „staatsähnlichen Gebilde" führt, von Art. 24 I GG gedeckt wäre,[496] spielt angesichts der Schaffung des neuen Art. 23 GG nun keine große Rolle mehr.

E) Bundesrepublik in militärischen Bündnissen

Einordnung in System kollektiver Sicherheit, Art. 24 II GG

Nach Art. 24 II GG kann sich der Bund „zur Wahrung des Friedens einem System gegenseitiger kollektiver Sicherheit einordnen". Diese Regelung ist (wie schon erwähnt) nicht abschließend für den militärischen Bereich, vielmehr ist Art. 24 I GG heranzuziehen, soweit Hoheitsrechte übertragen werden. 339

hemmer-Methode: Auch die Einordnung in militärische Bündnisse gehört sicher nicht zum absoluten Kernbereich dessen, was man im Examen unbedingt wissen muss. Allerdings ist gerade diese Frage in der jüngeren Zeit so lebhaft diskutiert und auch Gegenstand von Verfassungsgerichtsentscheidungen gewesen, dass es dringend empfohlen wird, sich wenigstens den folgenden kurzen Überblick zu verschaffen.[497]

---

492 Vgl. zu Art. 23 näher **Hemmer/Wüst, Europarecht, Rn. 28 ff.**

493 Vgl. BVerfGE 68, 1 (90 ff.) = **juris**byhemmer; Jarass/Pieroth, Art. 24 GG, Rn. 4; zur Konsequenz für die Frage nach der Rechtsgrundlage für den externen Einsatz deutscher Truppen im Natobündnisfall vgl. zum einen BVerfGE 68, 1 (93) = **juris**byhemmer, wo für die Stationierung von Raketen auf deutschem Boden von Art. 24 I GG ausgegangen wird.

494 Vgl. dazu Jarass/Pieroth, Art. 24 GG, Rn. 5 m.w.N.

495 BVerfGE 73, 339 (375 f.) = **juris**byhemmer, wiederholte Rspr.

496 Vgl. dazu Kirchner/Haas, JZ 1993, 760 ff.

497 Für interessiertere Leser sei verwiesen auf die Entscheidung BVerfG, NJW 1994, 2207 = **juris**byhemmer sowie die Besprechungen von Blumenwitz, BayVBl 1994, 641 ff. und Schroeder, JuS 1995, 398 ff.

Begriff

Systeme gegenseitiger kollektiver Sicherheit sind nach allgemeinem völkerrechtlichen Sprachgebrauch solche, in denen sich die Mitglieder gegenseitig Nichtangriff sowie Hilfe für den Fall eines Angriffs durch einen anderen Mitgliedstaat versprechen.[498] 340

Der Funktion der Vorschrift entsprechend werden aber nach Ansicht des BVerfG[499] auch Bündnisse zum Schutz gegen Angriffe von dritter Seite erfasst, also z.B. die NATO, soweit sie rein defensiven Charakter haben.

Art. 87a II GG

Für Einsätze außerhalb des Verteidigungs- bzw. Bündnisfalls ist der Einsatz der Bundeswehr in Art. 87a II GG geregelt, wonach ein Einsatz der Streitkräfte nur zulässig ist, soweit das Grundgesetz dies vorsieht. Deshalb werden z.T. Überlegungen angestellt, ein Tätigwerden der Bundeswehr jedenfalls bei gewaltlosem peace-keeping gar nicht als Einsatz i.S.d. Art. 87a II GG zu verstehen oder dessen Anwendungsbereich auf Bundeswehreinsätze im Inneren zu beschränken.[500] Allerdings sind Einsätze auch im Rahmen der Beteiligung an Truppen der Vereinten Nationen über Art. 24 II GG möglich, da diese jedenfalls ein System gegenseitiger kollektiver Sicherheit darstellen, wenn man an die Erfüllung des Merkmals des defensiven Einsatzes angesichts der schwierig zu bewerkstelligenden Trennung zwischen friedenserhaltenden und friedensschaffenden Maßnahmen der VN-Truppen keine zu strengen Maßstäbe anlegt.[501] 341

Rolle des Bundestages

Fraglich und politisch heftig umstritten war außerdem, welche Befugnisse bei solchen Einsätzen dem Bundestag zustehen. Zur Entsendung der Truppen bzw. zur Signalisierung der Bereitschaft, deutsche Truppen teilnehmen zu lassen, ist grds. die Bundesregierung zuständig. Fraglich war aber, ob eine Beteiligung des Bundestages erforderlich ist: 342

nach BVerfG zwar keine (analoge) Anwendung des Art. 59 II S. 1 GG, aber gleichwohl vorheriges und konstitutives Beschlussrecht

Eine Beteiligung nach Art. 59 II S. 1 GG (ggf. in entsprechender Anwendung) lehnte das BVerfG zwar mangels Vorliegen eines Vertrages ab.[502] Allerdings ist das BVerfG der Ansicht, dass sich aus einer Gesamtschau der Art. 45a, 45b, 87a und 115a GG ein Parlamentsvorbehalt ergibt,[503] sodass der Bundestag das Recht hat, „über jeden von der Regierung geplanten Auslandseinsatz vorher und konstitutiv mit einfacher Mehrheit gemäß Art. 42 II GG zu beschließen“.[504]

hemmer-Methode: Für Inlandseinsätze hat das BVerfG einen vergleichbaren allgemeinen Parlamentsvorbehalt verneint, was aber natürlich nichts zur Verfassungsgemäßheit des Einsatzes im Übrigen besagt. Diese ist an Art. 87a II GG i.V.m. (u.a.) Art. 35 II, III GG zu messen.[505]

unilaterale Auslandseinsätze der Bundeswehr

Eine Frage, die in der angesprochenen Entscheidung des BVerfG[506] nicht beantwortet wurde, ist die nach der Verfassungsmäßigkeit von unilateralen Auslandseinsätzen der Bundeswehr. 342a

---

498 Vgl. Jarass/Pieroth, Art. 24 GG, Rn. 20 f.; Schweitzer, Rn. 212.

499 Vgl. zuletzt BVerfG, NJW 1994, 2207 (2209) = **juris**byhemmer.

500 Vgl. zu diesen Ansätzen Schroeder, JuS 1995, 398 (401) m.w.N.

501 Vgl. BVerfG, NJW 1994, 2207 (2210) = **juris**byhemmer.

502 Vgl. BVerfG, NJW 1994, 2207 (2212) = **juris**byhemmer; überdies ist zumindest zweifelhaft, ob ein nach Art. 59 II S. 1 GG zustimmungsbedürftiger Vertrag vorliegen würde, vgl. Schroeder, JuS 1995, 398 (403).

503 Vgl. BVerfG, NJW 1994, 2207 (2218) = **juris**byhemmer.

504 Schroeder, JuS 1995, 398 (404).

505 BVerfG, NVwZ-RR 2010, 41 = **Life&Law 08/2010, 538** = **juris**byhemmer.

506 BVerfG, NJW 1994, 2207 ff. = **juris**byhemmer.

Diese Problemstellung wurde akut, als am 17. März 1997 fünf Hubschrauber der Bundeswehr auf dem Flughafen Tiranas (Albanien) landeten, um insgesamt 120 Menschen aus 22 Nationen (darunter 20 Deutsche) aus der Krisenregion auszufliegen, nachdem aufgrund andauernder Unruhen die staatliche Ordnung Albaniens zusammengebrochen und die Sicherheit der sich dort befindlichen Ausländer nicht mehr gewährleistet war.

Hierbei stellt sich vor allen Dingen die Frage, ob Art. 87a II GG zur Anwendung kommt und wenn ja, wie der Begriff „Verteidigung" auszulegen ist.

Die hierzu vertretenen Auffassungen reichen von einer Gleichstellung des Begriffs mit dem des Verteidigungsfalls in Art. 115a I S. 1 GG, über eine Heranziehung des Art. 6 des NATO-Vertrags bis hin zu einer an völkerrechtlichen Maßstäben orientierten Auslegung des Begriffs.[507]

hemmer-Methode: Wenn auch eine ausführliche Darstellung dieses Problems sicherlich den Rahmen dieses Skriptes sprengen würde, so sollten Sie sich dennoch einen Überblick über diese Materie verschaffen. In diesem Bereich werden von Ihnen sicherlich keine Spezialkenntnisse erwartet. Dennoch war in den letzten Jahren der Einsatz von Bundeswehreinheiten immer wieder Anlass zu verfassungsrechtlichen und politischen Diskussionen. Gerade also für die mündliche Prüfung sollten Sie sich Grundkenntnisse auf diesem Gebiet aneignen, um sich positiv von den anderen absetzen zu können. Arbeiten Sie daher die hier nur in Grundzügen aufgezeigte Problematik anhand der angegebenen Literatur nach!

Bearbeiten Sie die Wiederholungs- und Vertiefungsfragen zum 6. Kapitel!

507 Vgl. hierzu den lesenswerten Artikel von Kreß, ZaöRV 1997, 329 ff., insbesondere 349 ff. m.w.N.

7. KAPITEL: POLITISCHE PARTEIEN

§ 23 POLITISCHE PARTEIEN

Die politischen Parteien[508] haben über ihre Rechtsnatur als bürgerlich-rechtliche (i.d.R. nicht rechtsfähige) Vereine hinaus für das Staatswesen eine praktische Bedeutung erlangt, vor der weder der Verfassungsgeber noch die Verfassungsrechtsprechung die Augen verschließen konnten. So sind sie in Art. 21 GG ausdrücklich genannt und mit einigen Regelungen bedacht, und das BVerfG hat sie mit der Zuerkennung einer Antragsbefugnis im Organstreitverfahren in gewisser Weise Staatsorganen gleichgestellt. 343

Klausurbedeutung

Die Parteien besitzen insofern eine relativ große Klausurrelevanz, als sie in verschiedenen Zusammenhängen im Verfassungs- und z.T. auch im Verwaltungsrecht spezifische Problembereiche eröffnen, die in verschiedenen Klausurtypen abgefragt werden können.

hemmer-Methode: Im schwer überschaubaren Staats- und (besonderen) Verwaltungsrecht ist es besonders wichtig, dass Sie die wenigen Klassiker beherrschen. Ordnen Sie deshalb die politischen Parteien beim Lernen gleich in die Problemfelder ein, in der sie in der Klausur typischerweise abgefragt werden.

A) Begriff der politischen Partei

Begriff im GG nicht geregelt

Definition in § 2 I PartG

Art. 21 GG enthält selbst keine Definition des Begriffs der politischen Partei, sodass auf die allgemeine Anschauung nach den vorverfassungsrechtlichen Leitbildern zurückzugreifen ist. Obwohl der Inhalt der Verfassung natürlich nicht durch den einfachen Gesetzgeber bestimmt werden kann, ist für die Klausur als Ausgangspunkt die Legaldefinition in § 2 I PartG heranzuziehen (lesen!), die diesen Anschauungen entspricht und deren Vereinbarkeit mit Art. 21 GG vom BVerfG mehrfach bestätigt wurde.[509] 344

<u>Die wesentlichen Strukturprinzipien dieser Definition sind:</u>

- ⇨ Personenvereinigung mit fester Organisation
- ⇨ Beteiligung an den Wahlen zu Bundes- oder Landtag
- ⇨ Gewähr einer gewissen Dauerhaftigkeit

h.M.: „Rathausparteien“ nicht erfasst

Bemerkenswert daran ist zum einen, dass sog. Kommunale Wählervereinigungen („Rathausparteien“) nicht unter den Begriff der politischen Partei fallen. Dies heißt aber nicht, dass nicht auch diese in mancherlei Hinsicht (ähnlich) wie Parteien zu behandeln sind, was z.B. die steuerliche Absetzbarkeit von Spenden angeht. 345

> ***Bsp.:** Wollte eine kommunale Wählervereinigung plakatieren, genösse sie zwar nicht den Schutz aus Art. 21 GG, die vergleichbare Funktion für die Willensbildung auf kommunaler Ebene müsste aber auch ins Ermessen eingestellt werden, wobei natürlich das Ergebnis anders ausfallen könnte als bei einer Partei.*

---

508 Einen guten Überblick geben die Beiträge von Maurer, JuS 1991, 881 ff. und JuS 1992, 296 ff.

509 Vgl. z.B. BVerfGE 24, 260 (264); 44, 198 (222); 79, 379 (384): **alle Entscheidungen** = **juris**byhemmer.

hemmer-Methode: Schöpfen Sie argumentativ den Rahmen der Klausur aus! Machen Sie zum einen klar, dass nach h.M. kommunale Wählervereinigungen keine Parteien sind und dass es Unterschiede geben muss.
Denken Sie aber nicht nur in den Kategorien schwarz oder weiß, sondern beziehen Sie deren Bedeutung unabhängig vom verfassungsrechtlichen Schutz zumindest in die Argumentation mit ein.

Lit. z.T. kritisch

Die Verengung des Parteibegriffs wird in der Literatur verbreitet angegriffen,[510] was hinsichtlich der Funktion für die politische Willensbildung verständlich ist. Für die h.M., die auch das BVerfG vertritt,[511] sprechen aber historische Argumente ebenso wie die Tatsache, dass das Entscheidungsmonopol des BVerfG nach Art. 21 II GG für jede Kleinstgruppierung wenig sinnvoll erscheint.

Was die Gewähr der Dauerhaftigkeit angeht, muss bei neuen Parteien u.U. eine Prognose angestellt werden, bei der man nicht allzu streng sein sollte: es besteht sonst die Gefahr, dass die Entstehung und Verfestigung neuer politischer Kräfte zu sehr erschwert wird. Entsprechend ist auch in der Klausur eine gewisse Großzügigkeit angezeigt.

hemmer-Methode: Der Begriff der Partei ist wichtig gerade für das Parteienprivileg des Art. 21 II GG. Während Parteien allein durch das BVerfG verboten werden können, ist Verbotsbehörde bei anderen Vereinen der Bundes- bzw. Landesinnenminister, vgl. § 3 VereinsG.

B) Verfassungsrechtliche Stellung der Parteien

verschiedene Stufen des Verhältnisses von Staat zu Parteien im GG z.T. verfassungsmäßige Inkorporation

Bereits in den späten zwanziger Jahren wurde für die historische Entwicklung des Verhältnisses des Staates zu den politischen Parteien die Stufenfolge „Bekämpfung - Ignorierung - Anerkennung und Legalisierung – verfassungsmäßige Inkorporation" beschrieben.[512] Die letzte Stufe ist zumindest formell mit dem Grundgesetz erreicht, in dem den Parteien in Art. 21 I S. 1 GG folgende Aufgabe zugedacht wurde: „Die Parteien wirken bei der politischen Willensbildung des Volkes mit.“ 346

Die Ein- bzw. Zuordnung zum gesellschaftlichen oder staatlichen Bereich ist damit aber noch nicht klar entschieden und entsprechend werden bzw. wurden auch unter der Geltung des Grundgesetzes noch zwei entgegengesetzte Modelle vertreten:

- *Parteienstaat*

⇨ das Modell vom Parteienstaat,[513] wonach nur die Parteien die Möglichkeit haben, im modernen Flächenstaat die Wählermassen politisch noch zu aktionsfähigen Gruppen zusammenzuschließen 347

- *Parteienwettbewerb*

⇨ das Modell vom Parteienwettbewerb,[514] wonach Parteien freie „Vergesellschaftungen“ zum Zwecke der Machtgewinnung darstellen 348

BVerfG: beide Ansätze kombiniert

Beide Auffassungen schließen sich nicht aus, vielmehr wird nur bei der ersten Sicht die Bedeutung für das Funktionieren des Staates, bei der zweiten die Verankerung im gesellschaftlichen Bereich betont. So ist es auch kein Zufall, dass das BVerfG je nach Regelungszusammenhang in seinen Entscheidungen mal eher die erste Komponente,[515] mal eher die zweite[516] betont hat. 349

---

510 Vgl. z.B. Jarass/Pieroth, Art. 21 GG, Rn. 6 m.w.N.; AK, Art. 21 GG, Rn. 27.

511 Vgl. z.B. BVerfGE 47, 253 (272) = **juris**byhemmer; zur Darstellung der Streitfrage in einer Klausurbearbeitung vgl. diejenige von Berg/Dragunski, JuS 1995, 238 (239 f.).

512 Vgl. Triepel, Die Staatsverfassung und die politischen Parteien, 1928, S. 12.

513 Vgl. Leibholz, Der Parteienstaat des Bonner Grundgesetzes, 1951.

514 Vgl. Max Weber, Wirtschaft und Gesellschaft, 1956.

515 So z.B. in BVerfGE 1, 208 (223 ff.) = **juris**byhemmer.

516 So z.B. in BVerfGE 20, 56 (100 f.) = **juris**byhemmer.

zwar Verwurzelung im gesellschaftlichen Bereich, aber große Bedeutung für politische Willensbildung und i.d.R. Identität von Mehrheitspartei und Staatsleitung

Diese zweite Sichtweise der Verwurzelung im gesellschaftlichen Bereich und somit der Zurechnung zur gesellschaftlichen, nicht der staatlichen Sphäre hat sich wohl im Grundsatz durchgesetzt, wobei aber v.a. in zwei Richtungen die enge Verknüpfung zum staatlichen Bereich besonders deutlich wird und auch zu berücksichtigen ist: Zum einen kanalisieren die Parteien die politische Willensbildung und bilden gewissermaßen die Zwischenglieder zwischen dem Einzelnen und dem Staat.[517] Zum anderen ist es de facto so, dass Mehrheitsparteiführung und Staatsleitung i.d.R. personenidentisch sind.

hemmer-Methode: Es handelt sich hier keineswegs um theoretische Fragen ohne Klausurbedeutung. Wenn es um die Auslegung einzelner Normen oder um das Verhältnis der Parteien zu staatlichen Hoheitsträgern geht, ist die Einordnung der Parteien u.U. ein wichtiger Argumentationsstrang: im Ausgangspunkt sind sie dem gesellschaftlichen Bereich zugeordnet, können also des Schutzes „gegen den Staat" bedürfen. Aus ihrer Bedeutung für das Staatswesen einer- und ihrer engen Verknüpfung mit ihm andererseits aber können sich besondere Konsequenzen ergeben.

Bsp. 1: Die Partei „Die Blauen“ (hervorgegangen aus der „Blauen alkoholisierten Liste“, die sich vorrangig gegen die Herabsetzung der Promille-Werte im Straßenverkehr wendet) beantragt bei der zuständigen Behörde die Erlaubnis, für die anstehende Bundestagswahl auf den Gehsteigen Plakatständer aufzustellen. Die Behörde versagt die Sondernutzungserlaubnis unter Hinweis auf die einschlägige straßen- und wegerechtliche Vorschrift, da die Sicherheit des Verkehrs durch die Ablenkung durch die Plakate beeinträchtigt würde. 350

Wenn man davon ausgeht, dass es sich wegen der drohenden Behinderungen grds. um eine Sondernutzung handelt und man nicht bereits einen erweiterten Gemeingebrauch oder eine zulassungsfreie Sondernutzung aus verfassungsrechtlichen Gründen annimmt, bedarf die Partei einer Erlaubnis, deren Erteilung im Ermessen der Behörde steht. In das Ermessen muss allerdings die besondere Bedeutung der Parteien für die politische Willensbildung im Allgemeinen und im Vorfeld einer Bundestagswahl im Besonderen einbezogen werden. Deshalb wird in der konkreten Situation ein gebundener Anspruch bzw. eine Ermessensreduzierung auf Null bestehen, wenn nicht besondere Umstände vorliegen; solche könnten z.B. bei besonders gefährlichen Verkehrsknotenpunkten gegeben sein oder bei ausreichendem Zurverfügungstellen von städtischen Plakatwänden durch die Behörde.

Bsp. 2:[518] „Die Blauen“ haben aufgrund ihres überzeugenden Wahlprogramms und der flächendeckenden Plakatierungen die absolute Mehrheit erhalten und stellen die Regierung. Als vier Jahre später die nächste Wahl ansteht, betreibt die Regierung um Kanzler Anton Immervoller intensive Öffentlichkeitsarbeit, in der sie ihre Erfolge als solche der Blauen anpreist und sich abfällig über die Programme der Oppositionsparteien äußert. Diese halten ein solches Vorgehen für unzulässig.

Aus der Demokratie ergibt sich das Gebot der Willensbildung vom Volk zu den Staatsorganen. Ordnet man einerseits die Parteien dem gesellschaftlichen Bereich zu, sieht man aber andererseits die Tatsache, dass die Parteien de facto die obersten Staatsorgane beherrschen, ergibt sich ein Konflikt.

Dieser kann nur dadurch gelöst werden, dass sich der Staat als solcher parteipolitisch neutral verhält. Die Staatsorgane dürfen sich in ihrer amtlichen Eigenschaft nicht mit bestimmten Parteien identifizieren und sie unter Einsatz staatlicher Mittel unterstützen. Dies gilt auch für die Öffentlichkeitsarbeit der Regierung. Eine solche darf zwar stattfinden, und es ist wohl unvermeidbar, dass sich Aussagen darin mit Teilen von Parteiprogrammen sehr nahe stehen.

---

[517] Vgl. BVerfG, a.a.O. = jurisbyhemmer.

[518] Nach BVerfGE 44, 125 = jurisbyhemmer.

Allerdings ist dort eine Grenze zu ziehen, wo Wahlwerbung betrieben wird, wo also „werbende Einflussmaßnahme zugunsten einzelner Parteien ebenso wie willkürliche, ungerechtfertigt herabsetzende und polemische Äußerungen über andere Parteien"[519] stattfinden. Die Grenzen von Öffentlichkeitsarbeit und Wahlwerbung ergeben sich aus dem Zusammenspiel von z.B. Inhalt, Aufmachung und Adressatenkreis der Äußerungen und sind im Beispiel eindeutig überschritten.

hemmer-Methode: Die beiden Beispiele zeigen noch einmal, dass die Parteien in beiden Bereichen, Staat und Gesellschaft, verwurzelt sind. Setzt man aber eine Trennung dieser beiden Seiten voraus, ist verständlich, dass die Argumentation in verschiedenen Situationen unterschiedlich verlaufen muss. Dies kann man auch nicht dadurch hinwegdiskutieren, dass man den Dualismus von Staat und Gesellschaft durch die Institutionalisierung der Parteien für überwunden betrachtet. Die Lösung unterschiedlicher funktionaler Probleme erfordert gerade eine differenzierende Behandlung der beiden Seiten der Parteien. Denken Sie in diesem Zusammenhang schon hier an den verfassungsrechtlichen Rechtsschutz: Je nach beeinträchtigter Position können Parteien entweder wie Staatsorgane auf das Organstreitverfahren oder wie Bürger auf die Verfassungsbeschwerde zurückgreifen.

C) Weitere einfachgesetzliche Regelungen des Parteiwesens

Art. 21 III GG ⇨ PartG

Art. 21 III GG bestimmt, dass das Parteiwesen durch ein Bundesgesetz näher zu regeln sei. Dadurch wird nach h.M. außerhalb der Art. 70 ff. GG eine ausschließliche Gesetzgebungskompetenz des Bundes begründet.[520] Dieser Gesetzgebungsauftrag wurde durch das oben schon angesprochene Parteiengesetz (PartG) nach mehreren Anläufen 1967 erfüllt. 351

hemmer-Methode: Auch hinsichtlich der übrigen Regelungen des PartG gilt wieder: Die Verfassung kann durch einfaches Gesetzesrecht selbst bei Vorliegen eines Regelungsauftrages nicht verbindlich ausgelegt werden, vielmehr sind im Zweifelsfall die Regelungen des PartG an Art. 21 GG zu messen. Um die Parteien im Zusammenhang darzustellen und auch das nötige einfachgesetzliche Hintergrundwissen zu vermitteln, werden hier gleichwohl die wichtigsten Regelungskomplexe genannt.

wichtige Regelungen z.B. §§ 3, 5, 6 ff. PartG

I. Erwähnenswert erscheinen zunächst v.a. §§ 3 und 5 PartG (Aktiv- und Passivlegitimation und Gleichbehandlungsgrundsatz), welche jedoch ausführlicher im Zusammenhang mit den Rechten der Parteien (unten Rn. 364 ff.) und ihrer Stellung im Prozess (unten Rn. 372 ff.) dargestellt werden sollen. §§ 6 ff. PartG regeln die innere Ordnung der Parteien, wobei hierbei den Anforderungen des Art. 21 I S. 3 GG[521] genügt werden muss. Näheres aktives Einzelwissen ist hier in der Klausur nicht erforderlich, wichtig ist ggf. dass die Vorschriften gefunden und entsprechend (evtl. sub specie Art. 21 GG) ausgelegt werden. 352

Weiterhin werden in §§ 23 ff. PartG der Vollzug der Rechenschaftslegungspflicht aus Art. 21 I S. 4 GG (dazu unten Rn. 369) und in §§ 32, 33 PartG das Parteiverbot (dazu unten Rn. 370 ff.) näher geregelt.

[519] BVerfGE 44, 125 (149) = jurisbyhemmer.

[520] Maurer, JuS 1991, 881 (882) m.w.N.; Jarass/Pieroth, Art. 21 GG, Rn. 2; a.A.: Bonner Komm., Art. 21 GG, Rn. 80.

[521] Dazu unten Rn. 368.

§§ 18 ff. PartG: Parteienfinanzierung

II. In §§ 18 ff. PartG ist die Parteienfinanzierung geregelt, die vielfach geändert wurde und seit jeher Gegenstand heftiger Kontroversen ist.[522] Gerade auch in diesem Zusammenhang ist der Streit um die verfassungsrechtliche Stellung der Parteien virulent geworden. Ihre Bedeutung für die politische Willensbildung, ihre Sprachrohr- und Mittlerfunktion lassen eine finanzielle Unterstützung als grds. angemessen erscheinen. Andererseits zwingt die Verankerung im gesellschaftlichen Bereich dazu, der staatlichen Parteienfinanzierung Grenzen zu ziehen, damit diese nicht in eine so starke Abhängigkeit geraten, dass der Weg der Willensbildung vom Volk zu den Staatsorganen gefährdet wäre. Als zusätzliches Problem der Finanzierung stellt sich das Gebot der Chancengleichheit dar. 353

Finanzierung durch Spenden, Beiträge, eigenes Vermögen etc.

Während die Finanzierung der Parteien durch Mitgliederbeiträge, Einkünfte aus eigenem Vermögen und aus z.B. Veranstaltungen oder dem Vertrieb von Druckschriften grds. unproblematisch sind, ergeben sich Schwierigkeiten sowohl bei der Finanzierung der Parteien durch Private in Form von Spenden als auch bei der staatlichen Finanzierung: 354

1. Dass Parteien überhaupt Spenden erhalten dürfen, ist in § 25 PartG ausdrücklich festgeschrieben, in dem auch die Ausnahmen genannt sind, von wem Parteien keine Spenden empfangen dürfen. Die grundsätzliche Zulässigkeit von Parteispenden ist dann wenig problematisch, wenn man die Verankerung der Parteien im gesellschaftlichen Bereich betont, weil dann keine unmittelbare Gefahr der Käuflichkeit staatlichen Einflusses besteht.[523] 355

steuerliche Geltendmachung von Parteispenden

Problematischer ist die Frage der steuerlichen Berücksichtigung von Parteispenden durch Steuerermäßigung bzw. Abzugsfähigkeit. Hierin liegt nämlich zumindest eine indirekte staatliche Finanzierung der Parteien. Auch dies ist zwar nach dem BVerfG grds. zulässig,[524] wobei nicht in erster Linie auf die Steuergesetzgebungskompetenz, sondern auf die Bedeutung der Parteien für die politische Willensbildung und z.B. ihre Aufwendungen zur Vorbereitung von Wahlen etc. abgestellt wird. Im Interesse einer gerechteren Verteilung bei dieser Form der mittelbaren Finanzierung fordert das BVerfG für die steuerliche Berücksichtigung, dass sowohl die Steuerermäßigungen als auch die steuerliche Absetzbarkeit auf bestimmte absolute Höchstbeträge begrenzt seien: Nur so ist nämlich gewährleistet, dass Großverdiener nicht einen unverhältnismäßig größeren Einfluss mit mittelbar staatlich finanzierten Spenden nehmen können.[525] 356

2. Daneben findet auch noch eine unmittelbare oder direkte staatliche Finanzierung statt.

unmittelbare (= direkte) Finanzierung: teilweise zulässig

Dabei tritt noch deutlicher das Zuordnungsproblem der Parteien in den Vordergrund, vgl. o. Dem oben genannten Verständnis entsprach die Tendenz, eine institutionelle staatliche Finanzierung zu untersagen, eine funktionelle Unterstützung aber zuzulassen,[526] v.a. für den Bereich der Vorbereitung der Wahlen. In einer neueren Entscheidung ist das BVerfG noch großzügiger und lässt darüber hinaus allgemein eine Teilfinanzierung zu, da die Aufgaben der Parteien über streng abgrenzbare Beiträge zur Wahlvorbereitung hinausgingen. 357

---

522 Zur Änderung im Jahr 2002 vgl. von Arnim, DVBl. 2002, 1068.

523 Selbst unter der stärkeren Betonung der Parteien als quasi Staatsorgane wurden Spenden grds. für zulässig gehalten von BVerfGE 8, 51 = **juris**byhemmer.

524 Vgl. BVerfGE 8, 51 (63) = **juris**byhemmer.

525 Vgl. BVerfGE 73, 40 = **juris**byhemmer, v.a. 75 ff.

526 Vgl. dazu BVerfGE 20, 56 = **juris**byhemmer; 73, 40 (89 f.) = **juris**byhemmer.

Allerdings auch nur eine Teilfinanzierung, da die Parteien auch wirtschaftlich und organisatorisch auf die Unterstützung durch die Bürger angewiesen bleiben müssen, um den Weg der Willensbildung vom Volk zum Staat zu gewährleisten.[527] Direkte staatliche Parteienfinanzierung kann durch die Erstattung von Wahlkampfkosten und einen sog. Chancenausgleich erfolgen, wofür nach dem PartG folgende Regelungen gelten:

§ 18 PartG: Wahlkampfkostenerstattung

Zur Erstattung der Wahlkampfkosten erhalten die Parteien bestimmte Beträge für jede für ihre Liste abgegebene gültige Stimme (vgl. näher § 18 III PartG). Um eine überwiegende staatliche Finanzierung zu verhindern, darf nach § 18 V PartG dadurch die Summe der selbst erwirtschafteten Einnahmen nicht überschreiten. Die Gesamtsumme der Parteifinanzierung ist aus dem gleichen Grund auf 133 Millionen Euro beschränkt, vgl. § 18 II ParteiG. *358*

Chancenausgleich (§ 22a PartG a.F.)

Für das Institut des Chancenausgleichs war man davon ausgegangen, dass durch die steuerliche Berücksichtigung von Spenden und Beiträgen der Staat ca. 40 % der Finanzierung mittelbar übernimmt, vgl. o. Um die Nachteile auszugleichen, die spenden- oder mitgliedsschwächere Parteien dadurch erleiden, wurde diesen nach § 22a PartG a.F. nachträglich aus Steuergeldern ein Zuschuss gewährt. Das BVerfG hatte dies zunächst zwar für verfassungsgemäß erachtet[528] und sogar als Ausgleichsmechanismus für die verfassungsrechtlich bedenkliche steuerliche Berücksichtigung betrachtet, in einer neuen Entscheidung aber gleichwohl als verfassungswidrig bewertet.[529] Entsprechend ist im PartG in seiner aktuell geltenden Fassung eine solche Regelung nicht enthalten. Stattdessen erhält eine Partei für jeden Euro erhaltener Spende 0,38 € als Finanzierungsbetrag, vgl. § 18 III Nr. 3 ParteiG *359*

D) Verfassungsrechtliche Rechte und Pflichten

Eine exakte Trennung zwischen einfachgesetzlichen und verfassungsrechtlichen Rechten und Pflichten ist nicht möglich, da letztere oft durch gesetzliche Regelungen konkretisiert werden bzw. umgekehrt die Verfassung bei der Auslegung des Gesetzesrechts eine Rolle spielt. Es soll aber im Folgenden um Problemfelder gehen, zu denen Art. 21 GG eine Regelung enthält oder zu deren Lösung er zumindest herangezogen wird. *360*

I. Rechte der Parteien

1. Gründungsfreiheit, Art. 21 I S. 2 GG

Gründungsfreiheit, Art. 21 I S. 2 GG: auch Beitritt und Austritt erfasst

Gründungsfreiheit bedeutet, dass sich Bürger grds. ohne Einschränkungen formeller und materieller Art zu einer Partei zusammenschließen können. Das impliziert zugleich die Programmfreiheit, da die Gründung nur mit einem bestimmten Programm dem Sinn des Art. 21 I S. 2 GG nicht gerecht würde.[530] Außerdem ist auch der Beitritt in die oder Austritt aus der Partei durch den Einzelnen geschützt. In all diesen Gesichtspunkten besteht eine Nähe zur Vereinigungsfreiheit nach Art. 9 GG.[531] *361*

527 Vgl. dazu BVerfGE 85, 264 (285 ff.) = **juris**byhemmer.

528 Vgl. BVerfGE 73, 40 (89 f.) = **juris**byhemmer.

529 Vgl. BVerfGE 85, 264 (296 ff.) = **juris**byhemmer.

530 Vgl. auch Maurer, JuS 1991, 881 (885) = **juris**byhemmer.

531 Vgl. dazu **Hemmer/Wüst, Staatsrecht I, Rn. 245 ff.**

hemmer-Methode: Diese Bei- und Austrittsfreiheit richtet sich primär nur gegen den Staat! Inwieweit verfassungsrechtlich ähnliche Freiheiten gegenüber der Partei selbst gewährleistet sind, ist problematisch. Man könnte dabei auf eine mittelbare Drittwirkung der Grundrechte oder auch das Demokratiegebot des Art. 21 I S. 3 GG zurückgreifen. Das PartG hat in § 10 I, IV die Aufnahme in die freie Entscheidung der Parteien gestellt, den Ausschluss dagegen erheblich erschwert. § 10 I PartG ist aber wohl verfassungsrechtlich haltbar, da die Entscheidung über die Aufnahme neuer Mitglieder zumindest mittelbar von der Gründungsfreiheit der übrigen Mitglieder geschützt ist.

2. Betätigungsfreiheit

Betätigungsfreiheit: Konkretisierung und Erweiterung durch Einzelgrundrechte, z.B. Art. 5, 8 GG

Eine Betätigungsfreiheit ist zwar in Art. 21 I GG nicht genannt, muss aber ähnlich wie die Programmfreiheit letztlich aus der Gründungsfreiheit abgeleitet werden, um diese nicht leer laufen zu lassen. Was Abwehrrechte angeht, wird freilich Art. 21 I GG durch viele Einzelgrundrechte noch konkretisiert und erweitert, z.B. durch Art. 5 und 8 GG. Was den Anspruch auf staatliche Leistungen angeht, ist Zurückhaltung davor geboten, einen solchen freischwebend aus Art. 21 GG abzuleiten, allerdings hat Art. 21 GG Einfluss auf die Ermessensausübung,[532] was bis zu einer Reduzierung auf Null führen kann. 362

hemmer-Methode: Denken Sie bei der Betätigungsfreiheit an die parallele Problematik bei Art. 9 GG, welcher durch Art. 21 GG häufig verdrängt wird. Ähnlich wie dort gehen speziellere Grundrechte in ihrem Regelungsbereich vor, wobei es bei Art. 21 GG aber ratsam sein kann, diesen z.B. bei der Abwägung in der Verhältnismäßigkeitsprüfung ergänzend heranzuziehen. In der Leistungsdimension kann ein Anspruch bzw. eine Ermessensreduzierung bei Art. 21 GG leichter zu bejahen sein als bei Art. 9 GG, weil neben der subjektiven Rechtsposition der Partei (-mitglieder) auch die Bedeutung der Parteien für das Staatswesen zu berücksichtigen ist, soweit es um die Erfüllung der Aufgaben aus Art. 21 I S. 1 GG, § 1 II PartG geht.

3. Teilnahme an Parlamentswahlen

Teilnahme an Parlamentswahlen

Auch die Teilnahme an den Parlamentswahlen wird - obgleich in Art. 21 GG nicht ausdrücklich genannt - als dort verankert betrachtet.[533] Denn v.a. dadurch können sie die ihnen zugedachte Mitwirkung bei der politischen Willensbildung stärker als andere gesellschaftliche Gruppierungen durchführen. 363

Einzelheiten ergeben sich aus dem Bundeswahlgesetz (BWG), wobei die wichtigste Sonderstellung der Parteien dadurch begründet wird, dass nur sie nach § 27 I BWG Landeslisten für die Zweitstimmen einreichen können.[534]

4. Recht auf Chancengleichheit und Gleichbehandlung

Recht auf Chancengleichheit und Gleichbehandlung, Art. 21, 3 GG

Von großer praktischer (und aufgrund der dort ergehenden Entscheidungen auch) Klausurrelevanz ist das Recht der Parteien auf Chancengleichheit und Gleichbehandlung. Auch dieses ist mittelbar in Art. 21 GG verankert,[535] da es aus dem Mehrparteiensystem und damit in gewisser Weise wieder aus der Gründungsfreiheit abzuleiten ist. 364

532 Vgl. dazu das Bsp. oben Rn. 350 (Bsp. 1).

533 Vgl. Maurer, JuS 1991, 881 (885).

534 Zum Wahlsystem allgemein vgl. Rn. 241 ff.

535 Vgl. Jarass/Pieroth, Art. 21 GG, Rn. 16.

Teilweise wird auch Art. 3 GG zur Begründung dieses Rechts herangezogen. Dabei ist auf Art. 21 GG jedenfalls im Organstreitverfahren zurückzugreifen, auf Art. 3 GG bei einer Verfassungsbeschwerde.

hemmer-Methode: Praktisch hat die Chancengleichheit v.a. deshalb Bedeutung, weil die staatliche Neutralität dann besonders sorgfältig überwacht werden muss, wenn die Staatsführung mit den Parteispitzen identisch ist: Hier ist die Gefahr einer Benachteiligung von Minderheiten oder Oppositionen greifbar. Entsprechende Entscheidungen eignen sich aber auch für eine Klausur, weil sich die Abgrenzungs- und Einordnungsprobleme hier gut abfragen lassen und verwaltungsrechtliche Konstellationen mit staatsorganisationsrechtlichen Problemen verbunden werden können.

§ 5 I S. 1 PartG

Sachlich ergeben sich jedoch zwischen Art. 3 GG und Art. 21 GG insofern keine Unterschiede: Art. 21 GG verlangt ebenso wie die einfachgesetzliche Konkretisierung in § 5 I S. 1 PartG eine strenge formale Gleichbehandlung; zum gleichen Ergebnis kommt man aber auch über Art. 3 GG, der durch die Wertungen des Art. 21 GG entsprechend streng auszulegen ist. Dies gilt v.a. für die Wahl selbst, aber auch für deren Vorbereitung und besonders den Wahlkampf. 365

§ 5 I S. 2 - 4 PartG: nach Bedeutung abgestufte Gleichbehandlung

Allerdings lässt das BVerfG z.T. recht großzügig Ungleichbehandlungen zu, wenn besonders zwingende Gründe dies rechtfertigen. Dies soll z.B. bei der für die Funktionsfähigkeit des parlamentarischen Regierungssystems angeblich unverzichtbaren Fünf-Prozent-Klausel so sein.[536] Noch weiter geht die einfachgesetzliche Regel in § 5 I S. 2 - 4 PartG, der nur noch eine nach der Bedeutung der Partei abgestufte Gleichbehandlung vorschreibt. Kein eine Ungleichbehandlung rechtfertigender Grund ist wegen Art. 21 II GG aber jedenfalls die vermeintliche Verfassungswidrigkeit einer Partei. Bis zu einem Verbot durch das BVerfG ist jede Partei zwingend als verfassungsgemäß zu behandeln.[537] 366

Bsp.: Sendeplätze für Wahlwerbung

Ein im Zusammenhang mit der Chancengleichheit häufiger Gegenstand von Gerichtsentscheidungen waren in der jüngeren Zeit Streitigkeiten um die Vergabe von Sendeplätzen an die Parteien für Fernsehwerbung wie in folgendem 367

Bsp.:[538] *Die am rechten Flügel angesiedelte Partei der deutschen Gründlichkeit (PDG), die für die Landtagswahl im Bundesland L zugelassen ist, beantragt beim privaten Fernsehsender L-TV die Ausstrahlung von vier Werbespots von je 90 Sekunden in der Zeit zwischen dem 08.03.1994 und dem 10.03.1994 jeweils zwischen 15.00 Uhr und 19.00 Uhr.*

Das einschlägige Landesrundfunkgesetz sah dabei vor, dass die Anbieter eines regionalen Voll- oder Teilprogramms den zugelassenen Parteien angemessene Sendezeiten entsprechend § 5 I PartG zuteilen. Der Geschäftsführer von L-TV lehnt dies u.a. mit dem Argument ab, dass er die geplanten Äußerungen der PDG für politisch völlig verfehlt und ihre Bedeutung für die Landespolitik in L für „gleich Null" halte.

Ein Anspruch auf Zuteilung der Sendezeiten könnte sich aus der entsprechenden Vorschrift des Landesrundfunkgesetzes ergeben. Zumindest soweit L-TV den anderen Parteien Sendezeiten zubilligt, kann dahingestellt bleiben, ob die entsprechenden Vorschriften eine echte Anspruchsgrundlage bilden[539] oder ob sie - wie für § 5 I PartG von der h.M. angenommen - nur zur Wahrung der Chancengleichheit verpflichten.

---

536 Vgl. bereits BVerfGE 1, 208 (249 ff.); auch 24, 300 (341) sowie aus jüngerer Zeit 82, 322 (338): **alle Entscheidungen** = **juris**byhemmer.

537 Vgl. hierzu bspw. SächsVerfGH, Urt. v. 21.3.0213, Vf 95 – I – 12.

538 Vgl. dazu aus jüngerer Zeit OLG Köln, NJW 1994, 56; OVG Hamburg, NVwZ 2004, 117 = **juris**byhemmer; vgl. auch BVerwGE 75, 67 = **juris**byhemmer; 75, 79 = **juris**byhemmer; 87, 270 = **juris**byhemmer.

539 Dies kommt sicher auch im Einzelfall auf die Formulierung an. Den Anspruchscharakter entsprechender Bestimmungen bejaht haben z.B. das BVerwG, NJW 1991, 938 = **juris**byhemmer; OVG Bremen, AfP 1991, 777 f. = **juris**byhemmer.

Jedenfalls ist im Rahmen einer Sendeverteilung der Grundsatz der Chancengleichheit zu beachten, sodass letztlich die Wertungen der Art. 21 I GG, § 5 PartG darüber entscheiden, wie bei der Vergabe vorzugehen ist.

Es entspricht dabei der h.M., dass dieser Grundsatz auch von privaten Rundfunkveranstaltern zu beachten ist,[540] was im Landesrundfunkgesetz von L noch dadurch unterstrichen wird, dass dieses auf § 5 I PartG verweist.

hemmer-Methode: Ein Problem mehr! Während bei den öffentlich-rechtlichen Rundfunkanstalten als Körperschaften des öffentlichen Rechts die Bindung an Art. 21 GG, § 5 PartG unproblematisch ist, muss sie bei Privatsendern entweder aus der entsprechenden Vorschrift des Landesrundfunkgesetzes oder aus ihrer besonderen Bindung wegen der Bedeutung des Rundfunks begründet werden. Streitigkeiten mit den privaten Rundfunkanstalten müssen vor den Zivilgerichten ausgetragen werden. Nach der Rechtsprechung ausgeschlossen ist ein (verwaltungsgerichtlich durchzusetzender) Anspruch auf Einschreiten der Landesmedienanstalten, da diese nur der objektiven Rechtskontrolle, nicht dem subjektiven Rechtsschutz dienen sollen.

Da die Chancengleichheit auch grds. mit der Programmfreiheit der Partei korrespondiert, kann (auch eine private) Rundfunkanstalt die Ausstrahlung nicht ablehnen, weil der betreffende Spot ihr politisch verfehlt erscheint.[541] Eine Ablehnung kommt vielmehr erst in Betracht, wenn eine Verletzung strafrechtlicher Normen evident sei, wofür hier freilich im Sachverhalt weitere Anhaltspunkte fehlen. Hinsichtlich eventueller Befürchtungen über die Verfassungswidrigkeit der Partei ist auch in diesem Zusammenhang an das unten[542] näher dargestellte sog. Parteienprivileg zu denken.

Weiterhin macht L-TV aber die Bedeutungslosigkeit der PDG geltend. Orientiert man sich dazu an § 5 I PartG, ist zwar zu beachten, dass die zur Verfügung stehenden Sendezeiten nicht schematisch in absolut gleichem Umfang auf alle Parteien verteilt werden müssen, vielmehr die Bedeutung der jeweiligen Partei bis zu einem gewissen Grad in Rechnung gestellt werden darf.[543] Maßgebliche Kriterien sind dabei neben den Ergebnissen bei der letzten Wahl die Zeitdauer des Bestehens der Partei, ihre Kontinuität, ihre Mitgliederzahl sowie ihre Vertretung auch in Parlamenten und Regierungen von Bund und (anderen) Ländern.

Insoweit fehlen im Sachverhalt entsprechende Vergleichszahlen, es ist aber nach der Rechtsprechung allgemein nicht zu beanstanden, wenn eine Abstufung nach den „großen Parteien“ (SPD und CDU/CSU), sonstigen in Fraktionsstärke vertretenen Parteien und den übrigen Parteien getroffen wird (etwa im Verhältnis 8:4:2).[544] Nach a.A. ist auch bei den kleinen, bisher nicht vertretenen Parteien weiter zu differenzieren,[545] wobei insoweit aber ohnehin keine festen Grenzen bestehen, sondern alle oben genannten Kriterien zu berücksichtigen sind. Was die Länge der Spots angeht, ist diese so zu bemessen, dass bei entsprechend kurzer Fassung die Inhalte noch aussage- und schlagkräftig transportiert werden können, wofür u.U. schon 30 Sekunden reichen können.

hemmer-Methode: Obwohl es sich um relativ aktuelle Fälle handelt und es zu diesem Thema zuletzt eine Menge Entscheidungen gab, müssen Sie natürlich nicht die hier aufgezählten Einzelheiten wissen. Sie sollten sich nur die groben Tendenzen einprägen. Im Übrigen werden sich im Klausursachverhalt genügend Anhaltspunkte für Ihre Argumentation finden lassen.[546]

540 Vgl. LG Mainz, NJW 1990, 2557; Gounolakis, NJW 1990, 2532 (2533); Dörr, JuS 1994, 794.

541 Vgl. BVerfGE 69, 257 (268 ff.) = **juris**byhemmer; OLG Celle, NJW 1994, 2237 = **juris**byhemmer.

542 Vgl. dazu unten Rn. 370 f. mit Beispielsfall.

543 Vgl. BVerfGE 47, 198 (227) = **juris**byhemmer; OLG Köln, NJW 1994, 56.

544 So OLG Köln, NJW 1994, 56.

545 So z.B. OVG Hamburg, NJW 1994, 72.

546 Vgl. auch OVG Koblenz, NJW 2005, 3593 = **Life&Law 03/2006, 205** = **juris**byhemmer.

Ein Problem mehr ergibt sich, wenn es sich nicht um Wahlwerbespots, sondern um Diskussionen oder Hearings mit den Vertretern der Parteien handelt. Auch hier spricht viel für ein Gebot zur Gleichbehandlung, da auch dieses Podium auf den Ausgang der Wahl Einfluss nehmen kann.
Allerdings sind Diskussionen mit einem Dutzend Vertretern kaum sinnvoll und man muss den Fernsehanstalten auch im Hinblick auf deren Rechte aus Art. 5 I GG einen gewissen Freiraum bei der Programmgestaltung einräumen.[547]

II. Pflichten und Bindungen der Parteien

1. Demokratische innere Ordnung, Art. 21 I S. 3 GG

Art. 21 I S. 3 GG: Pflicht zur demokratischen inneren Ordnung (vgl. §§ 6 ff. PartG)

dabei aber weniger strenge Vorgaben als an Staat selbst

Art. 21 I S. 3 GG fordert, dass die Parteien ihre innere Ordnung demokratischen Grundsätzen entsprechend einrichten. Dieses Gebot ist verständlich, wenn man sich ihren immensen Einfluss auf die politische Willensbildung vergegenwärtigt, welche ja im Staat auch nach demokratischen Prinzipien zu erfolgen hat, Art. 20 I GG.[548] Allerdings ist zu beachten, dass die Parteien im Gegensatz zum Staat keine Zwangskörperschaften sind, sodass man bei der Beurteilung der parteiinternen Regelungen großzügiger sein kann. Die interne Demokratie gebietet deshalb v.a., dass der Willensbildungsprozess auch innerhalb der Partei von den Mitgliedern zur Parteiführung verläuft, sich diese also nicht gleichsam verselbstständigt.[549] *368*

hemmer-Methode: Obwohl vom Demokratieprinzip zu trennen, werden z.T. auch die Elemente des Art. 20 II GG (Volks-, d.h. hier Mitgliedersouveränität, Willensbildung durch Wahlen und Abstimmungen und Gewaltenteilung) in entsprechender Weise auf die Parteien übertragen. Zeigen Sie hier in der Klausur Verständnis für die Problematik: Die verfassungsrechtlichen Vorgaben für den Staat sind nicht unmittelbar auf die Parteien zu übertragen, sollen aber zumindest für die von den Parteien kanalisierte Willensbildung in ähnlicher Weise gelten. Prüfen Sie deshalb in der Klausur, ob die entsprechende Organisation den demokratischen Willensbildungsprozess unzulässig beeinträchtigt oder ob sie sich noch als Ausfluss der Gründungsfreiheit der Parteien als Vereinigung Privater verstehen lässt.

Die in den Grenzen von Art. 21 I GG grds. verfassungsrechtlich freie Organisation wird durch §§ 6 ff. PartG (und die ergänzenden Vorschriften des BGB) in der Rechtswirklichkeit relativ stark vorgeschrieben, hinsichtlich spezieller Vorgänge finden sich auch Sonderregelungen in Spezialgesetzen, z.B. §§ 18 BWG für die Aufstellung von Parlamentskandidaten.

2. Rechenschaftspflicht, Art. 21 I S. 4 GG

Art. 24 I S. 4 GG: Rechenschaftspflicht (vgl. §§ 23 ff. PartG)

Art. 21 I S. 4 GG verlangt von den Parteien eine öffentliche Rechenschaftsablegung über ihre Einkünfte und Ausgaben sowie ihr Vermögen.[550] Dies dient dazu, zum einen dem Wähler einen Einblick in die finanziellen Hintergründe der Parteien zu gewähren, zum anderen einer Kontrolle vor verdeckter politischer Einflussnahme durch Mäzene. Auch eine Überprüfung der Parteienfinanzierung (vgl. o. Rn. 353 ff.) kann dadurch eher erreicht werden. Eine nähere Ausgestaltung findet sich in §§ 23 ff. PartG.[551] *369*

---

547 BVerfG, NJW 2002, 2939 (Kanzlerduell ohne Westerwelle!).

548 Zum Demokratieprinzip vgl. Rn 90 ff.

549 Vgl. Jarass/Pieroth, Art. 21 GG, Rn. 23; Maurer, JuS 1991, 881 (887).

550 Der Rechenschaftsbericht muss inhaltlich richtig sein, BVerfG, NJW 2005, 126 = **juris**byhemmer; vertiefend zu dieser Entscheidung Wieland, NJW 2005, 110.

551 Fraglich ist, welche Konsequenzen ein unrichtiger Rechenschaftsbericht nach sich zieht, bzw. wann ein Rechenschaftsbericht als nicht (rechtzeitig) eingereicht i.S.d. § 23 IV S. 3 PartG gilt. Folge ist der Verlust des Anspruchs auf Parteienfinanzierung. Hierzu VG Berlin, NJW 2001, 1367 = **ju-**

3. Pflicht zur Verfassungstreue und Parteiverbot, Art. 21 II GG

Die Parteien haben keine Pflicht zur Staats- oder Verfassungstreue. Art. 21 II GG bildet aber eine Schranke für ihr Freiheitsrecht, indem er zumindest ein Einschreiten gegen die Partei, zwar nicht schon bei einer „nicht-positiven Einstellung“, aber bei einer gegen die freiheitliche demokratische Grundordnung und den Bestand der Bundesrepublik Deutschland gerichteten Ausrichtung[552] zulässt. 370

Art. 21 II S. 1 GG: Pflicht zur Verfassungstreue

Folge einer solchen Ausrichtung ist die Verfassungswidrigkeit der Partei, Art. 21 II S. 1 GG, die aber nur vom BVerfG festgestellt werden darf, Art. 21 II S. 2 GG. Das Verfahren dazu ist in §§ 43 ff. BVerfGG näher geregelt, wobei v.a. zu beachten ist, dass nach § 43 I BVerfGG grds. nur Bundestag, Bundesrat und Bundesregierung antragsberechtigt sind.

hemmer-Methode: Auch der enge Kreis der potenziellen Antragsteller begünstigt die Parteien und passt sich in die grundsätzliche Gewährung der Parteienfreiheit ein, die durch das Entscheidungsmonopol des BVerfG auch zum Ausdruck gebracht wird.

bei Verstoß konstitutive Feststellung der Verfassungswidrigkeit nur durch BVerfG „Parteienprivileg“)

Entgegen dem etwas missverständlichen Wortlaut des Art. 21 II S. 1 GG ist die Entscheidung des BVerfG eine konstitutive,[553] zumindest aber darf eine Partei bis zur Entscheidung des BVerfG (und bei Feststellung der Verfassungswidrigkeit auch erst ab diesem Zeitpunkt) als verfassungswidrig behandelt werden (sog. Parteienprivileg).[554] Dies hat nicht nur in der staatsrechtlichen, sondern auch und v.a. in verwaltungsrechtlichen (insbes. kommunalrechtlichen) Klausuren Relevanz. Ein geradezu klassisches Standardproblem steckt hinter folgendem 371

Bsp.: *Die PDG versucht nicht nur durch Fernsehspots, sondern auch durch öffentliche Veranstaltungen auf sich aufmerksam zu machen. Der ansässige Ortsverband beantragt dazu bei der Gemeinde G, gestützt auf die entsprechende landesrechtliche Vorschrift,[555] die Zulassung zur Stadthalle in G zur Abhaltung einer Wahlkampfveranstaltung. Die zuständige Behörde lehnt dies mit der Begründung ab, sie halte die PDG für verfassungswidrig und ein Träger hoheitlicher Gewalt könne nicht verpflichtet sein, einer verfassungswidrigen Partei auch noch Räumlichkeiten für ihre gefährliche Demagogie zur Verfügung zu stellen.*

Ein Anspruch auf Zulassung ergibt sich aus der einschlägigen Vorschrift, wenn man davon ausgeht, dass Parteiveranstaltungen in der Stadthalle auch sonst abgehalten werden und somit innerhalb des Widmungszwecks liegen. Dieser Anspruch ist grds. auch gebunden, wenn nicht ein Ermessensspielraum dadurch entsteht, dass sich mehrere Parteien gleichzeitig um eine Zulassung bewerben.

Dem Anspruch könnte aber als Ausschlussgrund die Verfassungswidrigkeit der PDG entgegenstehen. Die Verfassungswidrigkeit an sich könnte dabei zwar sicherlich geltend gemacht werden, da die Gemeinde hoheitliche Gewalt ausübt und mit dieser keine verfassungswidrige Organisation unterstützen darf. Allerdings kommt der PDG insoweit das Parteienprivileg aus Art. 21 II GG zugute, nach dem die Verfassungswidrigkeit einer Partei nicht rechtlich geltend gemacht werden kann, wenn nicht (bzw. bis) die Verfassungswidrigkeit vom BVerfG festgestellt wurde. Mit dieser Begründung kann also G den Antrag der PDG nicht zurückweisen.

---

risbyhemmer, Kritik bei Masing, NJW 2001, 2353 sowie das Berufungsurteil bei OVG Berlin, NJW 2002, 2896 = **juris**byhemmer.

552 Zu den Voraussetzungen vgl. näher Jarass/Pieroth, Art. 21 GG, Rn. 24 ff.

553 Vgl. Jarass/Pieroth, Art. 21 GG, Rn. 33.

554 Vgl. z.B. BVerfG, NJW 1998, 3631 = NVwZ 1999, 60 = **juris**byhemmer.

555 Vgl. z.B. Art. 21 BayGO, § 10 II BadWürttGO, § 20 I HessGO, § 18 II NRWGO, § 14 II RhPfGO, § 19 I SaarlKSVG, § 18 I SchlHGO.

hemmer-Methode: Art. 21 II GG gilt aber nicht für sonstige politisch engagierte Gruppierungen, z.B. Vereine etc. Aus diesem Grund ist die Definition des Begriffs „Partei" sehr wichtig. Ist eine Gruppierung keine Partei, kann Sie nach dem VereinsG von dem zuständigen Innenminister verboten werden. Durch das NPD-Verbotsverfahren hat dieser Problemkreis wieder deutlich an Examensrelevanz gewonnen!
Denken Sie an die weiteren typischen Probleme in derart gelagerten Fällen: auch die Befürchtung von gewalttätigen Ausschreitungen durch Gegenveranstaltungen führt i.d.R. nicht zu einem Ausschluss des Anspruchs, vielmehr muss die Gemeinde die Durchführung der Veranstaltung gegen die Störer schützen, soweit nicht der Veranstalter selbst ebenfalls Gewaltbereitschaft gezeigt hat bzw. ein sog. polizeilicher Notstand vorliegt. Etwas anderes gilt dagegen, wenn aus den Ankündigungen der Partei zu erwarten ist, dass bei den Veranstaltungen Ordnungswidrigkeiten bzw. Straftaten (z.B. als Volksverhetzung zu qualifizierende Äußerungen) auf Initiative der veranstaltenden Partei stattfinden werden.

E) Politische Parteien im Prozess

prozessuale Stellung der Parteien

Hinsichtlich der prozessualen Behandlung von politischen Parteien sind v.a. zwei klassische und gerne geprüfte Problemfelder zu beachten, nämlich der verfassungsrechtliche Rechtsschutz und die Frage nach der Parteifähigkeit im Verwaltungsprozess.

I. Verfassungsgerichtlicher Rechtsschutz

Antragsberechtigung im Organstreit

Wie schon oben (Rn. 5) dargestellt, sind die Parteien nach der Rechtsprechung des BVerfG antragsberechtigt im Organstreitverfahren,[556] können aber auch „Jedermann" i.S.d. Verfassungsbeschwerde sein. Hier spiegelt sich prozessual der Streit um die verfassungsrechtliche Stellung der Parteien wieder. Als Faustregel gilt deshalb: 372

bei Betroffenheit als gesellschaftl. Gruppierung: Verfassungsbeschwerde

Sind die Parteien „staatsorganähnlich" betroffen, können sie aufs Organstreitverfahren zurückgreifen, tritt der Staat ihnen als Gruppierung aus dem gesellschaftlichen Bereich wie Jedermann gegenüber, können sie Verfassungsbeschwerde erheben. 373

Manchmal kann diese Abgrenzung problematisch sein, es kann insofern aber die geltend gemachte Rechtsposition weiterhelfen: Soweit es um Rechte unmittelbar aus Art. 21 GG geht, liegt das Organstreitverfahren näher, Soweit Art. 21 GG durch speziellere Grundrechte verdrängt wird, spricht dies für eine Verfassungsbeschwerde.

II. Beteiligtenfähigkeit im Verwaltungsprozess

Parteien traditionell als nichtrechtsfähige Vereine

Häufig wird eine Partei in der Klausur in eine verwaltungsrechtliche Streitigkeit verwickelt (vgl. das Bsp. oben). Fraglich ist dann, woraus sich die Beteiligtenfähigkeit ergeben kann: als Ausgangspunkt ist festzuhalten, dass Parteien traditionell als nichtrechtsfähige Vereine gestaltet sind. 374

Parteifähigkeit für Bundes- und Landesverbände nach § 3 PartG

Für die Bundes- und Landesverbände ergibt sich aber die Beteiligtenfähigkeit (auch im Verwaltungsprozess) aus § 3 PartG. Für Ortsverbände dagegen kann § 3 PartG nicht herangezogen werden.

für Ortsverbände u.U. nach § 61 Nr. 2 VwGO i.V.m. einfachgesetzlicher Berechtigungsnorm (z.B. Zulassungsanspruch)

Dafür kann sich für diese, v.a. im klausurrelevanten Fall der Zulassung zu öffentlichen Einrichtungen, die Beteiligtenfähigkeit aus § 61 Nr. 2 VwGO i.V.m. der einschlägigen Norm des Landesrechts, sofern der Zulassungsanspruch auch örtlichen Vereinigungen i.w.S. zugesprochen wird.

Bearbeiten Sie die Wiederholungsfragen zum 7. Kapitel!

[556] Vgl. BverfG, NVwZ 2004, 1224 = jurisbyhemmer.

Schon gewusst? Wiederholen Sie die Fragen und Antworten mit den **hemmer AudioCards**! Hören und Lesen optimieren Ihren Lernerfolg. Profitieren Sie von **unseren mp-3-fähigen Audio-Dateien**. Fragen und Antworten sind von langjährigen Repetitoren erstellt und garantieren, dass die wichtigsten Problemfelder komprimiert vermittelt werden. Die ideale Wiederholung des Skripts! **Machen Sie aus Leerlaufphasen (Auto, Bahn etc.) Lernphasen!**

WIEDERHOLUNGSFRAGEN .... Randnr.

Einleitung

Das Organstreitverfahren

Die abstrakte Normenkontrolle

18. Wann ist eine abstrakte Normenkontrolle begründet? ... *23*

19. Was sind die Folgen einer Nichtigerklärung des Gesetzes? ... *23 ff.*

20. Welchen Sonderfall betrifft Art. 93 I Nr. 2a GG? ... *25*

Die konkrete Normenkontrolle

21. Die konkrete Normenkontrolle ist in Art. 93 I GG nicht genannt. Ihre Voraussetzungen sind aber in Art. 100 I GG und einfachgesetzlich in den §§ 13 Nr. 11, 80 bis 82 BVerfGG geregelt. Inwiefern ist die Normenkontrolle nach Art. 100 GG eine "konkrete"? ... *26*

22. Nennen Sie die Zulässigkeitsvoraussetzungen der konkreten Normenkontrolle! ... *26 ff.*

23. Wer ist bei der konkreten Normenkontrolle vorlageberechtigt? ... *28*

24. Was ist Vorlage- beziehungsweise Prüfungsgegenstand bei der konkreten Normenkontrolle? ... *29*

25. Reichen Zweifel an der Verfassungsmäßigkeit für eine zulässige konkrete Normenkontrolle aus? ... *30*

26. Wann ist eine Norm entscheidungserheblich im Sinne des Art. 100 GG? ... *31*

27. Wann verzichtet das Bundesverfassungsgericht auf die strengen Anforderungen der Entscheidungserheblichkeit? ... *31*

28. Wie ist das Verhältnis der konkreten Normenkontrolle nach Art. 100 GG zu anderen eventuell anhängigen Verfassungsrechtsbehelfen? ... *33*

29. Wann ist die konkrete Normenkontrolle begründet? ... *34*

Der Bund-Länder-Streit

30. Welche Arten von föderativen Streitigkeiten sind dem Bundesverfassungsgericht zugewiesen? ... *35 ff.*

31. Was ist im Rahmen der Zulässigkeit bei einem Bund-Länder-Streit gem. Art. 93 I Nr. 3 GG, der näher in den §§ 13 Nr. 7, 68 bis 70 BVerfGG geregelt ist, zu prüfen? ... *36 ff.*

32. Wer ist parteifähig im kontradiktorischen Bund-Länder-Streit? ... *37*

33. Was ist Streitgegenstand bei einem Bund-Länder-Streit? ... *38*

34. Was ist hinsichtlich der Antragsbefugnis beim Bund-Länder-Streit zu beachten? ... *39*

35. Wann muss im Rahmen des Bund-Länder-Streits ein Vorverfahren eingehalten werden? ... *40*

36. Wann ist der Bund-Länder-Streit begründet? ... *41*

Die einstweilige Anordnung

37. Auch der Verfassungsprozess kennt die Möglichkeit des vorläufigen Rechtsschutzes gem. § 32 BVerfGG. Nennen Sie die Zulässigkeitsvoraussetzungen der einstweiligen Anordnung! ... *45 ff.*

38. Für welche Verfahrensarten vor dem Bundesverfassungsgericht ist ein Antrag auf einstweiligen Rechtsschutz gem. § 32 BVerfGG statthaft? ... *46*

39. Wie jedes Verfahren vor dem Bundesverfassungsgericht ist auch die einstweilige Anordnung grundsätzlich gem. § 23 BVerfGG durch einen Antrag einzuleiten. Streitig ist indes, ob eine einstweilige Anordnung auch ohne Antrag von Amts wegen erlassen werden kann. Skizzieren Sie kurz diesen Streit! ... *47*

40. Wer ist antragsberechtigt im Verfahren der einstweiligen Anordnung? ... *48*

41. Wie wirkt sich eine evidente Unzulässigkeit, wie eine evidente Unbegründetheit in der Hauptsache auf die Zulässigkeit des Antrags auf einstweiligen Rechtsschutz aus? ... *49 f.*

42. Aus dem Charakter der einstweiligen Anordnung als Entscheidung zur vorläufigen Sicherung und Regelung folgt, dass in diesem Verfahren grundsätzlich die Entscheidung in der Hauptsache nicht vorweggenommen werden darf. Unter welchen Voraussetzungen ist im einstweiligen Verfahren ausnahmsweise eine Vorwegnahme der Hauptsache zulässig? ... *51*

43. Im Verfahren der einstweiligen Anordnung muss der Antragsteller ein besonderes, auf den Erlass einer einstweiligen Anordnung bezogenes Rechtsschutzbedürfnis besitzen. Gerade die vorläufige Entscheidung des Bundesverfassungsgerichts muss erforderlich und geeignet sein, die rechtlich geschützten Interessen des Antragstellers zu wahren. Wann kann das Rechtsschutzinteresse für einen Antrag auf einstweiligen Rechtsschutz fehlen? ... *52*

44. Die einstweilige Anordnung kann gem. § 32 BVerfGG erlassen werden, wenn sie zur Abwehr schwerer Nachteile, zur Verhinderung drohender Gewalt oder aus einem anderen wichtigen Grund zum gemeinen Wohl dringend geboten ist. Nach welcher Formel prüft das Bundesverfassungsgericht die Begründetheit der einstweiligen Anordnung? ... *55*

Die Staatszielbestimmungen

45. Welche sind die wichtigsten Staatszielbestimmungen des Grundgesetzes? ... *63*

46. Wo findet das Sozialstaatsprinzip seine verfassungsrechtliche Verankerung und wofür hat es Bedeutung? ... *68*

47. Welches sind die wichtigsten Inhalte des Sozialstaatsprinzips? ... *69 ff.*

48. Inwiefern können sich Spannungen zwischen dem Sozialstaats- und dem Rechtsstaatsprinzip ergeben? ... *74*

49. Wie ist der Begriff des Bundesstaats in den Kontext von Zentralstaat und Staatenbund einzuordnen? ... *75*

50. Gibt es durch das Bundesstaatsprinzip eine Bestandsgarantie für die Bundesländer allgemein und konkret für einzelne Länder? ... *77*

51. Kann die bundesstaatliche Ordnung vollständig aufgehoben werden und die Bundesrepublik als Einheitsstaat neu verfasst werden? ... *77*

52. Welches sind die zentralen Normen über den Bundesstaat nach dem Grundgesetz? ... *81 ff.*

53. Was ist mit der Homogenitätsklausel im Sinne des Art. 28 I GG gemeint? ... *82*

54. Die Kompetenzklausel des Art. 30 GG enthält die grundsätzliche Verteilungsregelung für die Ausübung staatlicher Befugnisse und die Erfüllung staatlicher Aufgaben. Beide Aufgaben sind Sache der Länder, „soweit dieses Grundgesetz keine andere Regelung trifft oder zulässt". Durch welche Regelungskomplexe wird die Grundregel des Art. 30 GG konkretisiert bzw. modifiziert? ... *83*

55. Grundsätzlich gelten bei Gesetzeskollisionen die Regeln, dass das speziellere Gesetz dem allgemeineren vorgeht und das Gesetz von höherem Rang dem niederrangigeren Gesetz. Art. 31 GG ist eine Kollisionsklausel, wonach Bundesrecht Landesrecht bricht. Welchen Anwendungsbereich hat Art. 31 GG? ... *84*

56. Inwiefern ist Art. 142 GG lex specialis zu Art. 31 GG? ... *84 f.*

57. Was ist unter dem Grundsatz der Bundestreue zu verstehen? Ist er im Grundgesetz kodifiziert? ... *87*

58. Art. 20 I GG gibt als Staatsform die Demokratie vor. Was versteht man unter dieser Staatsform? ... *90*

59. Wie unterscheiden sich die Begriffe Demokratie und Republik? ... *90*

60. Welche wichtigen Inhalte und Grundentscheidungen enthält das Demokratieprinzip? ... 90

61. Welche normativen Ausprägungen des Demokratieprinzips enthält das Grundgesetz? ... 92

62. Wie unterscheiden sich die Begriffe der Wahlen und der Abstimmungen in Art. 20 II GG? ... 93 ff.

63. Welche Arten von Abstimmungen gibt es? ... 94

64. Welche Stufen demokratischer Legitimation bestehen nach dem Grundgesetz? ... 95

65. Welche Grenzen sind dem Mehrheitsprinzip nach dem Grundgesetz gesetzt? ... 97

66. Welches sind die wichtigsten Inhalte des Rechtsstaatsprinzips nach deutscher Tradition? ... 105

67. Erklären Sie den Unterschied zwischen formellem und materiellem Rechtsstaat! ... 100 ff.

68. Welche Funktion hat das Prinzip der Gewaltenteilung? ... 106 ff.

69. Wie wird das Prinzip der Gewaltenteilung nach dem Grundgesetz realisiert? ... 107

70. Wie unterscheiden sich Inkompatibilität und Inelegibilität? ... 108

71. Was ist unter dem "Primat des Rechts" zu verstehen? ... 110

72. Wie unterscheiden sich förmliche und nichtförmliche Gesetze? ... 113

73. Wie ist eine Rechtsverordnung dogmatisch einzuordnen? ... 114 f.

74. Sind beim Erlass einer Verordnung die Art. 76 ff. GG einzuhalten? ... 116

75. Nach Art. 80 I S. 2 GG muss die Ermächtigungsgrundlage zum Verordnungserlass „Inhalt, Zweck und Ausmaß der erteilten Ermächtigung" bestimmen. Wie hat das Bundesverfassungsgericht dies konkretisiert? ... 117 f.

76. Wie lassen sich Vorrang und Vorbehalt des Gesetzes schlagwortartig definieren? ... 120

77. Muss nach dem Vorbehalt des Gesetzes belastendes Verwaltungshandeln immer unmittelbar durch ein Parlamentsgesetz legitimiert sein? ... 121

78. Gilt der Vorbehalt des Gesetzes auch im Grundrechtsbereich? ... 121

79. Gilt der Vorbehalt des Gesetzes auch in Sonderstatusverhältnissen? ... 122

80. Welche grundsätzlichen Ansichten werden zur Geltung des Vorbehalts des Gesetzes im Rahmen der Leistungsverwaltung vertreten? ... 126 ff.

81. Was ist unter dem Grundsatz des Vertrauensschutzes zu verstehen? ... 131

82. Welches Grundrecht bietet unter anderem eine spezielle Ausprägung des Grundsatzes des Vertrauensschutzes? ... 131

83. In welchem Rechtsgebiet ist jede belastende Rückwirkung von Normen ausdrücklich verboten? ... 131

84. Wie differenziert der 1. Senat des Bundesverfassungsgerichts terminologisch bei der Frage nach der Rückwirkung von Gesetzen? ... 131

85. Belastende Gesetze mit echter Rückwirkung sind wegen Verstoßes gegen das rechtsstaatliche Gebot der Rechtssicherheit grundsätzlich nichtig. Wann ist ausnahmsweise eine belastende echte Rückwirkung möglich? ... 135, 139

86. Sind Gesetze mit unechter Rückwirkung zulässig? ... 133 ff.

87. In welcher Vorschrift des Grundgesetzes wird der Schutz der natürlichen Lebensgrundlagen geregelt? ... 142

88. In welcher Vorschrift des Grundgesetzes wird die Europäische Einigung geregelt? ... 143

Die Staatsgewalten und die Kompetenzen

Die Legislative

89. Welche Gesetzgebungskompetenzen kennt das Grundgesetz? 144

90. Wer hat im Bundesstaat grundsätzlich die Gesetzgebungskompetenz? 145

91. Welche Konsequenz hat die ausschließliche Bestimmung einer Bundeskompetenz für Ländergesetze? 147

92. Welche Norm enthält die meisten Gegenstände der ausschließlichen Gesetzgebungskompetenz? 148

93. Durch Art. 72 GG wird die sogenannte konkurrierende Gesetzgebungskompetenz normiert. Wann haben die Länder bei der konkurrierenden Gesetzgebung die Kompetenz? .... 150 ff.

94. Nennen Sie eine Ausnahme von der Sperrwirkung für die Länder, solange und soweit der Bund von seiner Kompetenz Gebrauch gemacht hat! 156

95. Welches ist die wichtigste Norm für die Gegenstände der konkurrierenden Gesetzgebung? 154

96. In den Fällen des Art. 72 II GG hat der „Bund das Gesetzgebungsrecht" nur, „wenn und soweit die Herstellung gleichwertiger Lebensverhältnisse im Bundesgebiet oder die Wahrung der Rechts- oder Wirtschaftseinheit eine bundesgesetzliche Regelung erforderlich macht." Was ist unter der Herstellung gleichwertiger Lebensverhältnisse, was unter der Wahrung der Rechts- und Wirtschaftseinheit im gesamtstaatlichen Interesse zu verstehen? .... 157 f.

97. Wann ist eine Regelung erforderlich im Sinne des Art. 72 II GG? 159

98. Was war unter Rahmengesetzgebung zu verstehen? .... 160 ff.

99. Welche ungeschriebenen Gesetzgebungskompetenzen des Bundes werden weitgehend anerkannt? 164

100. Wann liegt eine Kompetenz kraft Sachzusammenhangs vor? 165

101. Wann liegt eine Annexkompetenz vor in Abgrenzung zur Kompetenz kraft Sachzusammenhangs? 166

102. Wann liegt eine Kompetenz kraft Natur der Sache vor? 167

103. In welche drei großen Abschnitte lässt sich das Gesetzgebungsverfahren unterteilen? 168

104. Wer hat das Recht zur Gesetzesinitiative? .... 169 f.

105. Welches Organ beschließt über formelle Gesetze? 172

106. Hinsichtlich der Beteiligung des Bundesrats ist nach Art. 78 GG zwischen Einspruchs- und Zustimmungsgesetzen zu unterscheiden. Zustimmungsgesetze sind im Gegensatz zu Einspruchsgesetzen solche, bei denen die Zustimmungsbedürftigkeit im Grundgesetz geregelt ist. Beschreiben Sie das Einspruchsverfahren! .... 173 ff.

107. Beschreiben Sie das Zustimmungsverfahren! 175

108. Wann ist die Änderung eines ursprünglich zustimmungspflichtigen Gesetzes zustimmungspflichtig? 175

109. Eine Verfassungsänderung wird grundsätzlich nach den in Art. 76 ff. GG normierten Vorschriften durchgeführt. Welche Besonderheiten sind aber formell und materiell zu beachten? .... 178 ff.

Die Exekutive

110. Wie lässt sich der Begriff der Verwaltung negativ umschreiben? 181

Die Judikative

Die obersten Staatsorgane

Der Bundespräsident

129. Für ein umfassendes materielles Prüfungsrecht des Bundespräsidenten wird vorgebracht, dass er durch seinen Amtseid gem. Art. 56 GG auf den Gesamtinhalt der Verfassung verpflichtet sei, nicht nur auf die formellen Vorschriften. Welche Bedenken bestehen gegen diese Argumentation? .... *218 f.*

130. Gegen ein materielles Prüfungsrecht des Bundespräsidenten wird das Verhältnis von Bundespräsident und Bundesverfassungsgericht beziehungsweise das Normverwerfungsmonopol des Bundesverfassungsgerichts angeführt. Weshalb greift diese Argumentation nicht? *220*

131. Welche allgemeinen systematischen Erwägungen sprechen dafür, mit der wohl herrschenden Meinung ein materielles Prüfungsrecht des Bundespräsidenten anzunehmen? *222*

Die Bundesregierung

132. Die Amtsperiode des Bundeskanzlers ist an die Wahlperiode des Bundestags gekoppelt, so dass jeder neu gewählte Bundestag das Recht, aber auch die Pflicht hat, einen Bundeskanzler zu wählen. Skizzieren Sie den Ablauf der Wahl des Bundeskanzlers im Regelfall! .... *227 ff.*

133. Nennen Sie die drei Regierungsprinzipien, die in Art. 65 GG festgelegt sind! .... *231 ff.*

134. Erläutern Sie das Kanzlerprinzip! *231*

135. Erläutern Sie das Ressortprinzip! *233*

136. Was ist unter dem Kollegialprinzip zu verstehen? *234*

137. Hat der Bundestag zu dem gewählten Bundeskanzler kein Vertrauen mehr, kann er auf Initiative eines Viertels der Mitglieder dem Bundeskanzler das Misstrauen aussprechen. Inwiefern ist das Misstrauensvotum nach Art. 67 I GG ein "konstruktives"? *236*

138. Nach Art. 68 GG hat auch der Bundeskanzler selbst die Möglichkeit, zu beantragen, dass der Bundestag ihm das Vertrauen ausspricht. Welche Möglichkeiten hat der Bundeskanzler bei Verneinung der Vertrauensfrage? .... *238 f.*

139. Was ist unter dem "Verbot der Selbstauflösung des Parlaments" zu verstehen und welche Bedeutung hat dieses Prinzip für die Vertrauensfrage? *239*

Der Bundestag

140. Der Bundestag ist die Versammlung der vom Volk gewählten Volksvertreter, der Abgeordneten, und das zentrale Organ der mittelbaren Demokratie. Inwiefern ist die Begrenzung der Wahlperiode auf vier Jahre Ausfluss des Demokratieprinzips? *242*

141. Erläutern Sie die Begriffe "Verhältniswahlsystem" und "Mehrheitswahlsystem"! .... *243 ff.*

142. Erklären Sie, weshalb das in der Bundesrepublik geltende Wahlsystem eine Mischform darstellt! *246*

143. Nach Art. 38 I GG werden die Abgeordneten des Deutschen Bundestags in allgemeiner, unmittelbarer, freier, gleicher und geheimer Wahl gewählt. Was ist unter dem Grundsatz der allgemeinen Wahl in Art. 38 I GG zu verstehen? *248*

144. Ist nach dem Grundsatz der allgemeinen Wahl jede Voraussetzung für die Teilnahme an der Wahl unzulässig? .... *249 f.*

145. Wenn in Art. 20 II GG vom „Volk" die Rede ist, so ist damit das deutsche Staatsvolk gemeint. Warum hat der frühere Streit um das Wahlrecht für Ausländer heute stark an Bedeutung verloren? *251*

146. Welchen Inhalt hat der Grundsatz der unmittelbaren Wahl? *252*

147. Welchen Inhalt hat der Grundsatz der freien Wahl? *253*

148. Was gebietet der Grundsatz der gleichen Wahl? *255*

Die Finanzverfassung

167. Der Ertrag der Finanzmonopole und das Aufkommen der Steuern werden grundsätzlich nach einzelnen Steuern getrennt dem Bund und den Ländern zugewiesen, vgl. Art. 106 I und II GG. Die Finanzausstattung der Kommunen ist in Art. 106 V – IX GG geregelt. Gibt es auch Steuern, die Bund und Ländern gemeinsam zustehen? .... *299 f.*

168. Wenn alle Länder aus den Gemeinschaftssteuern einen Anteil enthalten, warum kann es dann zur Notwendigkeit eines Finanzausgleichs kommen? *301*

169. Was ist der Unterschied zwischen Haushaltsplan und Haushaltsgesetz? *302*

170. Art. 110 GG regelt die Aufstellung und gesetzliche Verabschiedung des Bundeshaushaltsplans. Welche Modifizierungen des Art. 110 GG sind in Art. 111 bis 113 und 115 GG festgeschrieben? .... *303 ff.*

171. Erläutern Sie den Begriff der Steuern! .... *308 f.*

172. Was ist eine Gebühr? *310*

173. Definieren Sie den Begriff Beitrag! *311*

174. Was ist eine Sonderabgabe nach der Rechtsprechung des Bundesverfassungsgerichts? *312*

175. Welche Gefahr stellt sich bei der Festsetzung solcher Sonderabgaben, wann sind sie deshalb nur zulässig? *312*

Die auswärtigen Beziehungen

176. Die Bundesrepublik ist ein Völkerrechtssubjekt, das heißt sie kann mit anderen Staaten in völkerrechtlichen Rechtsverhältnissen stehen. Welches Verhältnis zwischen Völkerrecht und innerstaatlichem Recht besteht dabei nach herrschender Ansicht? .... *316 ff.*

177. Prüfungsort der auswärtigen Beziehungen ist z.B. im Rahmen einer abstrakten Normenkontrolle das Zustimmungsgesetz zum völkerrechtlichen Vertrag, das schon vor Ausfertigung und Verkündigung Gegenstand der Kontrolle sein kann. Dort ist in der Begründetheit die formelle Verfassungsmäßigkeit des Zustimmungsgesetzes, d.h. die Abschlusskompetenz und die Transformation, zu überprüfen. Wie sind die Kompetenzen zum Abschluss völkerrechtlicher Verträge nach dem Grundgesetz geregelt? .... *320 ff.*

178. Wer vertritt die Bundesrepublik völkerrechtlich? *327*

179. Nach Art. 59 II S. 1 GG bedürfen Verträge, die entweder die politischen Beziehungen des Bundes regeln oder Gegenstände der Bundesgesetzgebung zum Inhalt haben, der Zustimmung bzw. der Mitwirkung des Bundestags, zum Teil auch des Bundesrats. Welche beiden Funktionen hat ein Zustimmungsgesetz im Sinne des Art. 59 II S. 1 GG? .... *328 ff.*

180. Weshalb müssen unter Umständen sowohl Bund als auch Länder ein Vertragsgesetz zu einem einzigen völkerrechtlichen Vertrag erlassen? *332*

181. Was sind Verwaltungsabkommen im Sinne des Art. 59 II S. 2 GG und wer ist dafür abschlusskompetent? .... *333 ff.*

182. Skizzieren Sie den unterschiedlichen Anwendungsbereich der Art. 23, 24 I und 24 II GG! .... *336 ff.*

183. Gem. Art. 87a II GG dürfen die Streitkräfte außer zur Verteidigung nur eingesetzt werden, soweit das Grundgesetz dies vorsieht. Welche Befugnisse kommen dem Bundestag bei der Entsendung deutscher Truppen außerhalb des Verteidigungsfalles zu? *342*

Die politischen Parteien

184. Wo ist der Begriff der politischen Partei legal definiert? *344*

185. Sind so genannte Rathausparteien, also kommunale Wählervereinigungen, Parteien im Sinne des Art. 21 GG und § 2 I PartG? *345*

186. Welches Problem ergibt sich daraus, dass die Staatsgewalten meist von Personen ausgeführt werden, die auch in einer Partei Leitungsfunktion innehaben? *350*

187. Welche Finanzquellen stehen den Parteien vor allen Dingen zur Verfügung? .... *353 ff.*

188. Dass Parteien überhaupt Spenden erhalten dürfen, ist in § 25 PartG ausdrücklich festgeschrieben, in dem auch die Ausnahmen genannt sind, d.h. von wem Parteien keine Spenden empfangen dürfen. Welche Problematik liegt in der steuerlichen Absetzbarkeit von Parteispenden, vor allem aber auch in der direkten staatlichen Parteienfinanzierung? .... *356 ff.*

189. Was ist unter dem so genannten Chancenausgleich zu verstehen? *359*

190. Was umfassen Gründungs- und Betätigungsfreiheit gem. Art. 21 I GG? .... *361 f.*

191. Wo ist das Recht auf Chancengleichheit der Parteien in der Verfassung geregelt? .... *364 ff.*

192. Was ist unter der Verpflichtung der Parteien zur demokratischen inneren Ordnung zu verstehen? *368*

193. Welche inhaltlichen Anforderungen an die Parteien stellt das Grundgesetz? *370*

194. Was ist unter dem so genannten Parteienprivileg zu verstehen? *371*

195. Welche Möglichkeiten verfassungsrechtlichen Rechtsschutzes gibt es für Parteien? .... *372 f.*

196. Wonach regelt sich die Beteiligtenfähigkeit von Parteien im Verwaltungsprozess für Bundes- oder Landesverbände sowie Ortsverbände? *374*

Die Zahlen verweisen auf die Randnummern des Skripts

A

B

D

E

W

Z

2018 Produktliste

hemmer/wüst
Verlagsgesellschaft mbH

Mergentheimer Str. 44 / 97082 Würzburg
Tel.: 09 31 /7 97 82 38 / Fax: 09 31/7 97 82 4
Internet: www.hemmer-shop.de

Reihe intelligentes Lernen

ISBN 978-3-86193

Auflage/Jahr/Euro

Grundwissen für Anfangssemester

GW10	(-732-6)	BGB-AT Theorieband zu den wicht. Fällen	9.A/18 · 9,90
GW11	(-481-3)	SchuldR-AT Theorieband zu den wicht. Fällen	7.A/16 · 9,90
GW12	(-775-3)	SchuldR-BT I Theorieband zu den wicht. Fällen	8.A/18 · 9,90
GW13	(-694-7)	SchuldR-BT II Theoriebd. zu den wicht. Fällen	7.A/18 · 9,90
GW14	(-598-8)	Sachenrecht I Theorieband zu den wicht. Fällen	7.A/17 · 9,90
GW15	(-455-4)	Sachenrecht II Theorieband zu den wicht. Fällen	6.A/16 · 9,90
GW20	(-525-4)	Strafrecht AT Theorieband zu den wicht. Fällen	7.A/16 · 9,90
GW21	(-594-0)	Strafrecht BT Theorieband zu den wicht. Fällen	6.A/17 · 9,90
GW30	(-545-2)	StaatsR Theorieband zu den wicht. Fällen	7.A/17 · 9,90
GW31	(-523-0)	VerwaltungsR Theorieband zu den wicht. Fällen	7.A/16 · 9,90

Die wichtigsten Fälle

DF0	(-198-0)	Sonderband: Der Streit- und Meinungsstand im neuen Schuldrecht	5.A/13 · 14,80
DF1	(-700-5)	76 Fälle - BGB AT	10.A/18 · 12,80
DF2	(-613-8)	55 Fälle - Schuldrecht AT	10.A/17 · 12,80
DF3	(-691-6)	51 Fälle - Schuldrecht BT - Kauf/WerkV	10.A/18 · 12,80
DF4	(-518-6)	42 Fälle - GoA/Bereicherungsrecht	9.A/16 · 12,80
DF5	(-631-2)	45 Fälle - Deliktsrecht	8.A/17 · 12,80
DF6	(-517-9)	44 Fälle - Verwaltungsrecht	9.A/16 · 12,80
DF25	(-632-9)	30 Fälle - Verwaltungsrecht BT Bayern	5.A/17 · 12,80
DF7	(-709-8)	32 Fälle - Staatsrecht	11.A/18 · 12,80
DF8	(-763-0)	34 Fälle - Strafrecht AT	11.A/18 · 12,80
DF9	(-551-3)	44 Fälle Strafrecht BT I - Vermögensd.	10.A/17 · 12,80
DF10	(-618-3)	44 Fälle Strafrecht BT II - Nicht-Vermögensd.	9.A/17 · 12,80
DF11	(-715-9)	50 Fälle - Sachenrecht I	9.A/18 · 12,80
DF12	(-752-4)	43 Fälle - Sachenrecht II - ImmobiliarSR	10.A/18 · 12,80
DF13	(-567-4)	40 Fälle - ZPO I - Erkenntnisverfahren	8.A/17 · 12,80
DF14	(-738-8)	25 Fälle - ZPO II - ZwangsvollstreckungsV	8.A/18 · 12,80
DF15	(-707-4)	35 Fälle - Handelsrecht	8.A/18 · 12,80
DF16	(-767-8)	36 Fälle - Erbrecht	8.A/18 · 12,80
DF17	(-747-0)	26 Fälle - Familienrecht	9.A/18 · 12,80
DF18	(-680-0)	32 Fälle - Gesellschaftsrecht	7.A/18 · 12,80
DF19	(-783-8)	39 Fälle - Arbeitsrecht	8.A/18 · 12,80
DF20	(-533-9)	35 Fälle - Strafprozessrecht	6.A/16 · 12,80
DF21	(-701-2)	23 Fälle - Europarecht	6.A/18 · 12,80
DF22	(-682-4)	10 Fälle - Musterkl. Examen ZivilR	8.A/18 · 14,80
DF23	(-475-2)	10 Fälle - Musterkl. Examen StrafR	6.A/16 · 14,80
DF24	(-591-9)	8 Fälle - Musterkl. Examen SteuerR	9.A/17 · 14,80

Skripten Basics (110)

BI/1	(-448-6)	Zivilrecht I - BGB AT u.vertragl. SchuldV	10.A/16 · 16,90
BI/2	(-674-9)	Zivilrecht II - Sachenrecht/gesetzl. SV	9.A/18 · 16,90
BI/3	(-724-1)	Zivilrecht III - FamilienR/ErbR	9.A/18 · 16,90
BI/4	(-605-3)	Zivilrecht IV - ZivilprozessR	9.A/17 · 16,90
BI/5	(-486-8)	Zivilrecht V - Handels-/GesellschR	8.A/16 · 16,90
BI/6	(-522-3)	Zivilrecht VI - ArbeitsR	6.A/16 · 16,90
BII	(-542-1)	Strafrecht	7.A/17 · 16,90
BIII/1	(-751-7)	Öffentliches Recht I -VerfassR/StaatsHR	7.A/18 · 16,90
BIII/2	(-388-5)	Öffentliches Recht II - VerwaltungsR	7.A/15 · 16,90
BIV	(-733-3)	Steuerrecht - EstG & AO	10.A/18 · 16,90
BV	(-512-4)	Europarecht	9.A/16 · 16,90

ISBN 978-3-86193

Auflage/Jahr/E

Skripten Zivilrecht (120)

1	(-727-2)	BGB-AT I, Ensteh.d.Primäranspruchs	15.A/18 · 1
2	(-728-9)	BGB-AT II, Scheitern des Primäranspr.	15.A/18 · 1
3	(-659-6)	BGB-AT III, Erlösch.d. Primäranspruchs	14.A/17 · 1
4	(-278-9)	Schadensersatzrecht I	8.A/14 · 1
5	(-492-9)	Schadensersatzrecht II	7.A/16 · 1
6	(-532-2)	Schadensersatzrecht III (§§ 249 ff.)	12.A/17 · 1
7	(-342-7)	Verbraucherschutzrecht	4.A/14 · 1
51	(-624-4)	Schuldrecht AT	11.A/17 · 1
52	(-683-1)	Schuldrecht BT I	10.A/18 · 1
53	(-772-2)	Schuldrecht BT II	11.A/18 · 1
8	(-519-3)	Bereicherungsrecht	15.A/16 · 1
9	(-697-8)	Deliktsrecht I	13.A/18 · 1
10	(-581-0)	Deliktsrecht II	10.A/17 · 1
11	(-619-0)	Sachenrecht I	14.A/17 · 1
12	(-737-1)	Sachenrecht II	12.A/18 · 1
12A	(-642-8)	Sachenrecht III	13.A/17 · 1
13	(-564-3)	Kreditsicherungsrecht	12.A/17 · 1
14	(-483-7)	Familienrecht	13.A/16 · 1
15	(-459-2)	Erbrecht	13.A/16 · 1
16	(-606-0)	Zivilprozessrecht I	13.A/17 · 1
17	(-633-6)	Zivilprozessrecht II	12.A/17 · 1
18	(-717-3)	Arbeitsrecht	16.A/18 · 1
19A	(-462-2)	Handelsrecht	11.A/16 · 1
19B	(-579-7)	Gesellschaftsrecht	14.A/17 · 1
31	(-450-9)	Herausgabeansprüche	7.A/16 · 1
32	(-254-3)	Rückgriffsansprüche	7.A/13 · 1

Skripten Strafrecht (120)

20	(-511-7)	Strafrecht AT I	13.A/16 · 1
21	(-671-8)	Strafrecht AT II	13.A/17 · 1
22	(-722-7)	Strafrecht BT I	13.A/18 · 1
23	(-711-1)	Strafrecht BT II	13.A/18 · 1
30	(-675-6)	Strafprozessordnung	12.A/17 · 1

Skripten Öffentliches Recht (120/130)

24	(-734-0)	Verwaltungsrecht I	14.A/18 · 1
25	(-630-5)	Verwaltungsrecht II	13.A/17 · 1
26	(-597-1)	Verwaltungsrecht III	13.A/17 · 1
27	(-524-7)	Staatsrecht I	12.A/16 · 1
28	(-287-1)	Staatsrecht II	9.A/14 · 1
29	(-655-8)	Europarecht	13.A/17 · 1
40	(-729-6)	Staatshaftungsrecht	5.A/18 · 1
33	(-662-6)	Baurecht/Bayern	12.A/17 · 1
33	(-505-6)	Baurecht/Nordrhein-Westfalen	9.A/16 · 1
33	(-666-4)	Baurecht/Baden-Württembg.	5.A/17 · 1
33	(-331-1)	Baurecht/Hessen	2.A/14 · 1
33	(-847-0)	Baurecht/Saarland	1.A/08 · 1
34	(-736-4)	Polizeirecht Bayern	11.A/18 · 1
34	(-698-5)	Polizei- u. Ordnungsrecht/NRW	6.A/18 · 1
34	(-432-5)	Polizeirecht/Baden-Württembg.	4.A/15 · 1
34	(-417-2)	Polizei- u. Ordnungsrecht/Hessen	2.A/15 · 1
34	(-028-0)	Polizei- u. Ordnungsrecht/Rheinl.-Pfalz	1.A/11 · 1
34	(-877-7)	Polizei- u. Sicherheitsrecht/Saarland	1.A/09 · 1
35	(-719-7)	Kommunalrecht/Bayern	11.A/18 · 1
35	(-076-1)	Kommunalrecht/NRW	8.A/11 · 1
35	(-541-4)	Kommunalrecht/Baden-Württembg.	5.A/17 · 1

hemmer/wüst Verlagsgesellschaft mbH
Mergentheimer Str. 44 / 97082 Würzburg
Tel.: 09 31 /7 97 82 38 / Fax: 09 31/7 97 82 40
Internet: www.hemmer-shop.de

ISBN 978-3-86193 — Auflage/Jahr/Euro

Lexikon/Definitionen

1 (-288-8)	Definitionen Strafrecht - schnell gemerkt	4.A/14 · 19,90

Skripten Schwerpunkt (120)

1 (-429-5)	Kriminologie	7.A/15 · 21,90
2 (-746-3)	Völkerrecht	9.A/18 · 21,90
4 (-349-6)	Kapitalgesellschaftsrecht	5.A/14 · 21,90
7 (-243-7)	Rechtsgeschichte I	3.A/13 · 21,90
8 (-119-5)	Rechtsgeschichte II	2.A/12 · 21,90
11 (-085-3)	Rechts- und Staatsphilosophie sowie Rechtssoziologie	2.A/11 · 21,90
12 (-183-6)	Insolvenzrecht	3.A/12 · 21,90

Skripten Steuerrecht (120)

2 (-528-5)	Abgabenordnung	9.A/16 · 21,90
3 (-760-9)	Einkommensteuerrecht	9.A/18 · 21,90

Skripten für BWL´er, WiWi & Steuerberater

1 (-430-1)	PrivatR f. BWL'er, WiWi & Steuerberat	8.A/15 · 19,90
2 (-102-7)	Ö-Recht f. BWL'er, WiWi & Steuerberat	4.A/12 · 19,90
3 (-480-9)	Musterkl. für´s Vordiplom PrivatR	2.A/04 · 19,90
4 (-197-6)	Musterkl. für´s Vordiplom Ö-R	1.A/00 · 19,90
F1 (-472-1)	Die 74 wicht. Fälle (BGB AT, SchuldR AT/BT)	5.A/16 · 19,90
F2 (-247-5)	Die 44 wicht. Fälle (GoA, BerR, GesR, ...)	2.A/13 · 19,90

Basics Karteikarten

K1 (-329-8)	Basics - Zivilrecht	6.A/14 · 16,90
K2 (-441-7)	Basics - Strafrecht	4.A/15 · 16,90
K3 (-320-5)	Basics - Öffentliches Recht	4.A/14 · 16,90

Karteikarten Zivilrecht

K1 (-603-9)	BGB-AT I	10.A/17 · 16,90
K2 (-496-7)	BGB-AT II	8.A/16 · 16,90
K3 (-539-1)	Schuldrecht AT I	10.A/17 · 16,90
K4 (-507-0)	Schuldrecht AT II	8.A/16 · 16,90
K5 (-476-9)	Schuldrecht BT I (Kauf-u.WerkVR)	8.A/16 · 16,90
K6 (-480-6)	Schuldrecht BT II	7.A/16 · 16,90
K7 (-464-6)	Arbeitsrecht	5.A/16 · 16,90
K8 (-413-4)	Bereicherungsrecht	7.A/15 · 16,90
K9 (-531-5)	Deliktsrecht	7.A/16 · 16,90
K11 (-484-4)	Sachenrecht I	9.A/16 · 16,90
K12 (-482-0)	Sachenrecht II	8.A/16 · 16,90
K13 (-495-0)	Kreditsicherungsrecht	4.A/16 · 16,90
K14 (-336-6)	Familienrecht	4.A/14 · 16,90
K15 (-699-2)	Erbrecht	5.A/18 · 16,90
K16 (-566-7)	ZPO I	7.A/17 · 16,90
K17 (-491-2)	ZPO II	6.A/16 · 16,90
K18 (-358-8)	Handelsrecht	5.A/14 · 16,90
K19 (-383-0)	Gesellschaftsrecht	6.A/15 · 16,90

ISBN 978-3-86193 — Auflage/Jahr/Euro

Die Shorties (Minikarteikarten) inkl. Box

SH1 (686-2)	**Box 1:** BGB AT, Schuldrecht AT	10.A/18 · 24,90
SH2/I (735-7)	**Box 2/1:** vertragliches Schuldrecht	6.A/18 · 24,90
SH2/II (-514-8)	**Box 2/2:** gesetzliches Schuldrecht	6.A/16 · 24,90
SH3 (-546-9)	**Box 3:** Sachenrecht, ErbR, FamR	8.A/17 · 24,90
SH4 (-547-6)	**Box 4:** ZPO I/II, GesellschaftsR, HGB	7.A/17 · 24,90
SH5 (-759-3)	**Box 5:** Strafrecht	11.A/18 · 24,90
SH6 (-764-7)	**Box 6:** Grundrecht, StaatsOrgR, BauR, u.a.	9.A/18 · 24,90
SH7 (-534-6)	**Box 7:** EuropaR, StaatshaftungsR	1.A/16 · 24,90
SH8 (-513-1)	**Box 8:** ArbeitsR, StPO	1.A/16 · 24,90

Karteikarten Strafrecht

KK20 (-540-7)	Strafrecht AT I	9.A/17 · 16,90
KK21 (-673-2)	Strafrecht-AT II	9.A/17 · 16,90
KK22 (-488-2)	Strafrecht-BT I	9.A/16 · 16,90
KK23 (-696-1)	Strafrecht-BT II	9.A/18 · 16,90
KK24 (-409-7)	StPO	6.A/15 · 16,90

Karteikarten Öffentliches Recht

KK25 (-538-4)	Verwaltungsrecht I	9.A/17 · 16,90
KK26 (-758-6)	Verwaltungsrecht II	7.A/18 · 16,90
KK27 (-352-6)	Verwaltungsrecht III	6.A/14 · 16,90
KK28 (-608-4)	Staats- u. Verfassungsrecht	10.A/17 · 16,90
KK29 (-470-7)	Europarecht	4.A/16 · 16,90

Überblickskarteikarten

ÜK I (-669-5)	BGB im Überblick I	13.A/17 · 30,00
ÜK II (-536-0)	BGB im Überblick II (Nebengebiete)	8.A/17 · 30,00
ÜK III (-607-7)	StrafR im Überblick	10.A/17 · 30,00
ÜK IV (-784-5)	Öffentl.-R im Überblick	11.A/18 · 19,90
ÜK V (-725-8)	Öffentl.-R im Überblick II Bayern	9.A/18 · 19,90
ÜK VI (-468-4)	Öffentl.-R im Überblick II NRW	3.A/16 · 19,90
ÜK VII (-706-7)	Europarecht	6.A/18 · 19,90

Assessor-Basics/Theoriebände (410)

A IV (-730-2)	Die zivilrechtl. Anwaltsklausur/Teil 1	12.A/18 · 19,90
A VII (-543-8)	Das Zivilurteil	12.A/17 · 19,90
A VIII (-544-5)	Die Strafrechtskl. im Assessorexamen	8.A/17 · 19,90
A IX (-412-7)	Die Assessorklausur Öffentl. Recht	6.A/15 · 19,90

Assessor-Basics/Klausurentraining

A I (-774-6)	Zivilurteile	18.A/18 · 19,90
A II (-535-3)	Arbeitsrecht	15.A/17 · 19,90
A III (-411-0)	Strafrecht	12.A/15 · 19,90
A V (-731-9)	Zivilrechtl. Anwaltsklausuren/Teil 2	12.A/18 · 19,90
A VI (-390-8)	Öff.rechtl. u. strafrechtl.Anwaltskl.	6.A/15 · 19,90

Assessorkarteikarten

AK I (-645-9)	Zivilprozessrecht im Überblick	7.A/17 · 19,90
AK II (-778-4)	Strafprozessrecht im Überblick	9.A/18 · 19,90
AK III (-721-0)	Öffentliches Recht im Überblick	6.A/18 · 19,90
AK IV (-676-3)	Familienrecht im Überblick	3.A/18 · 19,90

hemmer/wüst
Verlagsgesellschaft mbH

Mergentheimer Str. 44 / 97082 Würzburg
Tel.: 09 31 /7 97 82 38 / Fax: 09 31/7 97 82 40
Internet: www.hemmer-shop.de

Sonderartikel

		Euro
	Lernkarteikartenbox (28.01)	
LB ______	Die praktische Lernbox für die Karteikarten	1,99
S 810 ____	Din A4, 80 Blatt 10er Pack	17,50
S5 ______	**Coach dich! (70.05)** Psychologischer Ratgeber	19,80
S6 ______	**Lebendiges Reden (70.06)** Psychologischer Ratgeber inkl. Audio-CD	21,80
S7 ______	**NLP für Einsteiger (71.01)** Psychologischer Ratgeber	12,80
S8 ______	**Prüfungen als Herausforderung (70.08)** Psychologischer Ratgeber	14,80
__________	**Wiederholungsmappe (75.01)** Intelligentes Lernen inkl. Handbuch und Kurzskript	9,90
__________	**Ordner hemmer.group (88.20)** Ringbuchmappe für Einlagen, DIN A4	2,50

(-200-0)____ **Die wahren Paradiese** - **15 traumhafte Gärten** — *Neuer Preis!* **29,80**

Gebunden (Hardcover) mit Schutzumschlag, 208 Seiten (275 x 255 mm)

Ein grünes Band verbindet 15 Gärtnerinnen und Gärtner aus Deutschland und Österreich, die ihre Gartenparadiese mit Hingabe und Leidenschaft angelegt haben und pflegen.
Jeder Garten wird mit einer Vielzahl von Fotos ausführlich porträtiert. Die Besitzer erzählen in diesem reizvollen Bildband ihre ganz eigene Gartengeschichte. Eine höchstpersönliche Führung durch die Traumgärten!

(-500-1)____ **Vom „Baumeland" zum Traumgarten** — *Neuer Preis!* **24,80**

Ein ländlicher Garten mit mediterranem Charme

Gebunden (Hardcover) mit Schutzumschlag, 180 Seiten (275 x 255 mm)

Ein Buch über den eigenen Garten
Die intensive Beschäftigung mit dem Thema Garten seit mehr als zwanzig Jahren, all die Tätigkeiten im Jahreslauf, das Erleben der Natur und die Erfahrungen, die ich gemacht habe, fließen in dieses Werk über unseren Garten ein. Es werden sowohl die Entstehung der Gartenanlage als auch die vier Jahreszeiten mit den dazugehörenden Aufgaben im Garten beschrieben.

Life&Law

		Euro
__________	Einzelheft der Life&LAW	6,80
AboLL ____	Probe-Abonnement der Life&LAW	
	Life&Law die ersten 3 Monate zum Preis von	9,80
	danach erhalten Sie die Life&Law zum Preis von	5,80
LLJ_______	Life&LAW Jahrgangsband 1999 - 2016	
__________	bitte Jahrgang eintragen	je 50,00
LLJ14_____	Life&LAW Jahrgangsband 2017	80,00
LLE ______	Einband für Life&LAW Jahrgang	je 6,00

Endsumme:

Lieferung erfolgt in aktueller Auflage

Kundennummer D | | | | | |

Prüfen Sie in Ruhe zuhause!
Alle Produkte dürfen innerhalb von 14 Tagen an den Verlag (Originalzustand) zurückgeschickt werden. Es wird ein uneingeschränktes gesetzliches Rückgaberecht gewährt. Hinweis: Der Besteller trägt bei einem Bestellwert bis 40 Euro die Kosten der Rücksendung. Über 40 Euro Bestellwert trägt er ebenfalls die Kosten, wenn zum Zeitpunkt der Rückgabe noch keine (An-) Zahlung geleistet wurde.

Die Lieferung erfolgt (ausschließlich innerhalb Deutschlands) versandkostenfrei an Ihre angegebene Adresse.
Ich weiß, dass meine Bestellung nur bearbeitet wird, wenn ich zum Einzug ermächtige. Bestellungen auf Rechnung können nicht berücksichtigt werden.
Bei fehlerhaften oder unleserlichen Angaben, sowie einer Rücklastschrift aufgrund Nichtdeckung meines Kontos wird der branchenübliche Schaden in Rechnung gestellt. Der Kunde ist berechtigt, diesem Pauschalbetrag den Nachweis entgegenzuhalten, dass nur ein geringerer Schaden entstanden ist. Die Lieferung erfolgt unter Eigentumsvorbehalt.

Name: ______________________ Vorname: ______________________

Adresse: ____

Telefon: ______________________ e-mail-adresse: ______________________

Buchen Sie die Endsumme von meinem Konto ab:

Konto-Nr.: ______________________ Bankleitzahl: ______________________

Bank: ______________________ BIC: ______________________

IBAN: | | | | | | | | | | | | | | | | | | | | | | |

Ort, Datum: ______________________ Unterschrift: ______________________